KB130086

노자 新국역서

노자新주석서

올바른 삶의 지침서

| 임주완 지음 |

지식공감

들어가며

    동양학은 동양사상의 근본이 되는 학문으로 전공의 유무를 떠나 사서삼경(四書三經)이니 사서오경(四書五經)이니 하는 말을 들어보았을 것이다. 그 중 《역경(易經, 주역)》이란 말을 모르는 사람이 없을 것이다. 이 주역에 근거하여 사상(思想)과 음양(陰陽)이 생겨났음을 근래에 와서 많이 알려졌다고 본다. 역경은 우주 삼라만상의 끊임없는 변화를 관찰하고 그 변화의 의미를 이해하여 미래의 변화를 예측하는 방편을 밝힌 지혜서라면, 노자(老子)의 서물(書物, 도덕경)은 우주의 운행 원리, 생성과 소멸, 그리고 이 우주에서 우리 인간이 어떻게 살아가야 하는지의 가치관을 논하고 있다.

    노자의 서물은 쓰여 있는 그대로의 문자해석만으로는 이해할 수 없는 대목이 많아 도리어 홀대(忽待)를 받게 되었다고 한다면 이해가 쉬울 수도 있을 것이다. 우리 역사에서 판단오류로 유가(儒家)의 성리학(주자학)을 선호하고 노자를 배척했던 실수를 이제는 불식(拂拭)해야 할 때가 되었다고 본다. 다만 문제점이자 아쉬운 점은 우리말과 글로 노자의 서물(書物)을 해설한 기존의 책들은 유가(儒家)적 입장에서 서술한 것들뿐이라는 것이다. 이는 마치 초등학생이 대학원생의 논문을 판단하고 비평(批評)한 격이며, 따라서 노자의 직관과 깊은 사유(思惟)를 올바른 관점에서 제대로 파악하고 해석한 서적은 아직 이 세상에 나오지 않았다고 할 수 있다.

필자의 혁신적인 개념의 노자 신주석서(新註釋書)는 기존 유가(儒家)입장에서 노자의 서물을 〈도경(道經)〉와 〈덕경(德經)〉으로 구분했던 것과 달리 〈우주편〉, 〈인류편〉, 〈치세편〉으로 분류하였다. 본서(本書)는 노자의 서물에 최초로 주석을 붙인 왕필의 견해와는 근본적으로 다르기에 기존의 해설서와는 차원이 다른 신선한 충격을 줄 것이다. 동양의 대표적인 천재로 불리는 왕필이 17세를 전후로 하는 나이에 노자의 서물(書物)을 81장(章)으로 분류하여 주석을 달고 제목까지 《도덕경(道德經)》이라 붙였으나 지혜가 부족한 탓으로 이를 도(道)와 덕(德)을 논한 글로 판단해 유가(儒家)의 입장에서 해석할 수밖에 없었다고 본다.

동서양의 고전(古典)은 모두 대화체(對話體)인데 유일하게 노자의 서물만큼은 대화체가 아니고 진리를 직관(直觀)과 통찰로써 탐구하여 직설

(直說)해 놓은 경전이다. 또 우주와 그곳에서 살아가는 인간과의 관계를 논했기에 시대적인 배경을 초월하여 적용될 수 있는 내용이다.

　노자의 핵심사상은 도(道 : 天道·人道·治道)를 귀하게 여기라는데 있다. 21세기는 그동안 눈부신 과학의 진전과 풍족한 물질문명의 반대급부로 정신적인 혼돈과 윤리적 가치관의 상실, 이분법적 사고 등 불확정성 시대에 직면했다. 이에 대한 타개책(打開策)으로서 노자사상(老子思想)에서 그 해답을 찾을 수 있다고 본다. 본 주석서를 제대로 읽고 나면 우주와 이 세상을 이해하기가 한결 쉬워질 것이라고 필자는 확신한다. 혼돈과 혼탁한 사회를 살아가는 현대인의 정신적 안정과 새로운 가치관의 정립에 있어, 필자의 혁신적인 주석서는 하나의 밀알이 될 것으로 의심치 않으며, 세상에 널리 보급되고 읽힘으로써 새로운 세상에 이정표가 되길 바라는 마음이다.

끝으로, 필자의 철학 분야의 은사이신 지봉(志峯) 선생님께서 금년 초여름에 지병(持病)으로 유명(幽明)을 달리하셨다. 이를 계기로 스승께 사사(師事)받은 내용을 토대로 하여 기존 유가(儒家)의 관점이 아닌, 노자가 직관(直觀)의 직설(直說)로 써 내려간 그 사유(思惟)를 근간으로 하는 노자의 신 주석서(註釋書)를 집필하고자 마음을 굳히게 되었다. 스승의 유지(遺志)를 받들어, 비록 지혜는 가볍지만 최선을 다해 신개념의 노자 주석서를 사상(史上) 최초로 출간하면서 지봉 선생님의 영전(靈前)에 바친다.

空喩 임주완

《 》 안의 번호는 원래의 왕필통행본을 재배치한 편집 순서임*

I. 우주편 宇宙篇

II. 인류편 人類篇

Ⅲ. 치세편 治世篇

일러두기

한문(漢文)은 문장의 맥락에 의거해 그 뜻을 해석해야 하므로 커뮤니케이션(Communication)에 그렇게 좋은 수단은 못 된다. 특히나 오래된 고문(古文)의 경우 한문이 현재와 같은 문법체계가 갖춰지기 이전의 글이기에 더더욱 해독(解讀)이 어려운 것이다. 체제와 문법이 정립되지 않은 때여서 현재 쓰이는 문법과 글자의 뜻으로 해석하면 필자의 생각과 글이 왜곡될 수밖에 없다. 왕필이 17세를 전후로 하는 나이에 노자의 서물(書物)에 대하여 81장(章)으로 분류하여 주석을 달고 제목까지 도덕경(道德經)이라 붙였으나 지혜가 부족한 탓으로 도와 덕을 논한 글로 알고 유가(儒家)의 입장에서 해석할 수밖에 없었다고 본다.

필자는 신 주석서(註釋書)를 펴내면서 3가지의 큰 주제로 분류하였다.

① 우주편 : 그의 직관적 사색으로 도출한 결론만을 서술해 놓은 것으로 우주 천체의 이치를 밝혀 놓은 부분
② 인류편 : 인간이 살아가는 규범 등을 적시해 놓은 부분
③ 치세편 : 다스림과 전쟁에 대한 그의 견해를 피력해 놓은 부분

이 세 부분으로 분류하는 혁신적인 방법으로 해석해 내면서 필자 나름으로 장의 순서를 새롭게 편집하여 넘버링(Numbering)하고 후대에 가필된 것도 걸러내고 싶었지만, 독자들로 하여금 불편함을 초래할 수도

있겠다는 생각에서 기존에 붙여진 장(章)의 순서는 그대로 유지하고 원문(原文)도 가능한 한 왕필통행본(王弼通行本)을 근간으로 하여 집필하고 분류하였음을 알려드린다. 노자가 세상으로 나가기 전 마지막으로 함곡관에 머물면서 자신의 직관(直觀)을 직설적(直說的)으로 죽간(竹簡)에 써 내려간 서물(書物)이 상당 기간 창고에 방치되면서 묶어놓았던 끈이 삭아 뒤섞인 것을 수습하는 과정에 그 순서가 뒤죽박죽되었을 뿐만 아니라 진시황(秦始皇)의 분서갱유(焚書坑儒)를 겪으면서 숨겨 보관되는 과정에서도 순서가 바뀌었을 수도 있을 것으로 추정되기에 기존에 붙여진 장의 순서는 큰 의미가 없다고 본다.

노자의 서물(書物)을 읽다보면 도(道)와 덕(德), 그리고 성인(聖人)이라는 글자가 자주 나온다. 본문으로 들어가기 전에 이에 대한 개념의 정의가 필요하다고 판단되어 간략히 정리해 둔다.

1. 도(道) : 노자의 서물에 대한 기존의 해설서들을 보면 천편일률적으로 윤리(倫理)적인 도(道)와 그에 따른 덕(德)의 개념으로서의 道에서 근본적으로 벗어나지 못하고 있다. 본 필자는 이 道라는 의미를 크게 3가지로 구분하여 정의하였다.

① 우주편에서 언급해 놓은 道는 우주에서 천체의 생성과 소멸 운행 등 우주의 원리와 블랙홀을 지칭한다.

② 인류편에서는 인간 세상에서 돌아가는 포괄적인 현상의 인륜지도 (人倫之道)로서의 의미를 담고 있으며 기존의 윤리도덕(倫理道德)의 도(道), 바로 그 개념이다.

③ 치세편에서 언급해 놓은 도(道)는 인간 세상을 경영하는 통치자가 그 세상을 다스리는 치도(治道)로서의 도(道)인 것이다.

2. 덕(德) : 이 덕(德)은 일원론적이고 보편적인 의식상태로서 도(道)를 진리 혹은 원리라고 본다면 덕(德)은 도를 따르는 실천적 의미이다. 이를 체용(體用)의 개념에 대입시킨다면, 도(道)를 체(體)로 본다면 덕(德)은 용(用)의 관계인 것이다. ① 우주편에서 본다면 덕(德)은 우주 만물의 근원이나 변화의 법칙으로 봐야 하고 ② 인류편에서의 덕(德)은 인간세상의 근본적인 진리와 이치로 봐야 하고 ③ 치세편의 관점에서 본다면 덕(德)은 치세에 필요한 기본적인 규범의 의미로 볼 수 있다.

3. 성인(聖人) : 이 단어도 꽤 많이 나오는데 그 의미는 현대인들이 흔히들 생각하고 있는 종교의 창시자나 역사적으로 극소수의 위대한 인물에 대한 극존칭이 아니다. 이 성인(聖人)을 해석할 때는 그 해당하는 문장의 전후를 살핀 다음 '깨달은 사람', '수양이 완성된 자' 혹은 '가장 잘난 사람', '제대로 된 사람' 정도로 그 의미를 부여하여 이해하면 될 것이다. 또한 노자가 2,600여 년 전에 살았던 인물인 만큼 지금의 세대와는 시대상황과 가치관에 다른 점이 있으니 인간이 살아가는 규범 등을 적시해 놓은 인류편과 다스림과 전쟁에 대한 그의 견해를 피력해 놓은 치세편에 대한 부분에서는 현대의 관점에서 판단하고 이해하는 기준이라면 주의 깊은 고려가 반드시 따라야 할 것이다.

서론 序論

　　이제는 과거의 노자 해석은 버리고 완전히 새로운 차원에서의 재해석으로 바뀌어야만 한다. 필자는 노자가 기술(記述)해 놓은 창작물(創作物)을 두고 '노자의 서물(書物)'이라고 하면서 《도덕경(道德經)》이라고 부르지 않았다. 노자는 주(周)나라의 수장실사(守藏室史)로서 그의 직책은 왕의 도서 관리자(지금의 방식으로 말하면 왕립 도서관장)였다. 그는 퇴임 후 함곡관을 나가면서 관지기의 요구대로 좋은 글이라도 남기라고 해서 써놓은 것일 뿐, 노자 자신이 도덕경이라고 이름 붙인 적도 없고, 81개의 장으로 나눈 적도 없이 죽간(竹簡)에 써놓은 글일 따름이다. 오랜 세월 동안 창고에 보관되어 있던 것이 뒤늦게 발견되면서 흐트러진 죽간 조각들을 이리저리 꿰맞춘 것이어서 실제로는 노자가 어느 순서로 쓴 것인 줄조차 모른다.

　　다만, 노자의 유일한 서물(書物)을 두고 '도덕경(道德經)'이라고 제목을 붙인 인물을 왕필로 추정하고 있다. 결론적으로 얘기하자면 노자가 지은 서물(書物)은 도(道)와 덕(德)을 논하는 도덕경이 아니다.

　　필자는 노자의 서물(書物)을 3가지의 큰 주제로 분류하였다. 그의 직관적 사색으로 도출한 결론만을 서술한 것으로 우주 천체의 이치를 밝혀 놓은 우주편, 인간이 살아가는 규범 등을 적시해 놓은 인류편, 그리고 다스림과 전쟁에 대한 그의 견해를 피력해 놓은 치세편으로 분류하는 사상(史上) 최초의 혁신적인 방법으로 새롭게 주석서(註釋書)를 펴내게 되었다. 노자의 시대에는 한문도 체제와 문법이 정립되지 않은 때여서 현재 쓰이는 문법과 글자의 뜻으로 해석하면 저자의 생각과 글이 왜곡될 수밖에 없기 때문이다.

시대와 관직으로 보아 노자는 《周易(주역)》이라는 점술서이면서 우주론인 책을 엮어내는 위치에 있었고, 따라서 주역을 만든 사람들 중에 속한다고 본다. 그러한 노자가 쓴 글이기에 주역을 제대로 이해하지 않은 사람들이 써놓은 《도덕경》해설은 해설자의 私說(사설 - 개인적인 객설)에 불과할 수밖에 없다. 이 노자의 서물(書物)을 읽으면서 아인슈타인의 상대성원리와 양자역학 등 천체물리학을 함께 공부하면 양쪽이 모두 쉽게 이해될 것으로 본다. 물론 81장의 내용면에서 지금과는 시대 상황이 다른 만큼 현세대와 가치관이 다른 점도 있으니 인류편과 치세편을 논한 부분은 그 시대상을 연구하면서 읽어야 한다. 이 노자를 제대로 읽고 나면 우주와 이 세상을 이해하기가 한결 쉬워질 것이라고 필자는 단언한다.

현재까지 전해지는 노자(老子)의 서물(書物)을 대분류하자면 왕필통행본(王弼通行本)이 있고 죽간본(竹簡本)과 금서본(帛書本)에서 그 기본 유래를 삼고 있는데 가끔씩은 이들 판본(版本)에서 상당한 차이를 보여주는 대목도 존재한다. 진(秦)나라 시황제(始皇帝)가 집권하기 이전에 쓰인 《주역(周易)》을 제외한 노자의 서물을 비롯한 모든 경서(經書)들은 분서갱유(焚書坑儒)로 인해 거의 사라졌는데 이때 경서(經書)들을 무덤이나 건물의 벽 속에 숨겼던 사람들이 있었고, 이렇게 숨겨져 있던 경서들이 나중에 발견되기도 했다. 왕필통행본(王弼通行本)은 왕필(AD225~249)이 최초로 노자의 서물에 주석을 단 것이다. 금서본(帛書本, 금본)이란 1973년 11월 호북성(湖北省) 마왕퇴(馬王堆)에 있었던 한(漢)나라 시대의 묘(墓)에서 발굴(發掘)된 비단에 쓰인 판본(版本)이다. 죽간본(竹簡本, 간본)은 1993년 10월 호북성(湖北省) 형문시(荊門市) 사양구(沙洋區) 사방향(四方鄕) 곽점촌(郭店村)의 전국시대(戰國時代) 묘(墓)에서 발굴(發掘)된 죽간(竹簡)에 쓰인 판본(版本)을 말한다. 마왕퇴의 금서본은 B.C. 160~170년 정도에 쓴 것으로, 곽점촌의 죽간본은 B.C. 300~320년경의 쓰인 것으로 추정된다. 노자의 서물(書物)은 위의 두 판본이 가장 오래된 것이지만 간본(簡本)과 금본(帛本)이 20세기 말엽에 발견된 까닭으로 왕필의 통행본(通行本)을 중심으로 하여 알려져 있다.

고대 중국에서는 춘추전국시대에 사상의 꽃밭이 피었다. 이는 인도 문명과 거의 흡사하다. 그때 중국에는 제자백가(諸子百家)들이 제각기 어느 한 분야를 파고들어 진리 찾기에 경쟁을 했다고 볼 수 있다. 노자, 공자, 맹자, 묵자, 한비자, 손자, 열자, 장자, 귀곡자, 혜자, 순자, 증자, 공손자, 관자, 양자, 광자, 기자, 남백자, 미자, 만자, 안성자, 장오자 등 수 많은 학자들이 제각기 서로 다른 학설들을 주창하고 있었다.

보다시피 각 학설의 가문에 속한 각각의 제자들을 보면, 모두가 그들의 성씨를 쓰고 그 성의 뒤에 '자(子)'를 붙여 하나씩의 집단을 이룬 것으로 되어 있다. 그런데 노자(老子)는 성씨가 이(李) 씨이고 이름은 이(耳)이며 자는 백양(伯陽)이고 시호는 담(聃)인데도 스승이라는 뜻의 자(子)를 성씨에 붙이지 아니하고 老(노, 라오)를 앞세우고 그 뒤에 자를 붙였다.

고대의 중국에서는 '라오(老)'는 늙었다는 의미가 아니라, '가장 높은 어른'이라는 최존칭(最尊稱)이었다. 요즘도 이러한 의미로 老가 사용되고 있으며, 따라서 노자(老子)란 스승 중에 최고의 스승이라는 뜻이고, 그가 쓴 5천자의 서물(書物, 도덕경)은 학문 가운데 으뜸가는 학문인 것이다. 그 시대를 전후한 모든 학자들이 쓴 글은 모두 대화체임에 비하여 노자는 자신의 직관(直觀)을 직설(直說)하고 있고, 말을 한 대목마다 결론부터 내려놓음으로써 그가 말한 참뜻이 무엇인지를 단순한 문자(文字) 해석만으로는 이해하기가 매우 어렵게 되어 있다. 노자의 서물을 처음으로 접하는 독자들도 이 문장은 여타의 어떠한 고대 서적에서도 볼 수 없는 특별한 형식의 글임을 알아차릴 수 있을 것이다. 예를 들어 플라톤의 《대화록(dialogue)》, 공자의 《논어》, 불교의 《능단금강반야바라밀다경》, 기독교의 《신·구약성서》 등을 비롯한 진리를 서술한 서적은 모두가 하나같이 사람(스승)과 사람(제자) 간의 대화체(對話體)이거나 혹은 가상의 인물을 내세우거나 글쓴이 혼자라도 자신에게 묻고 답을 하는 대화체인데 이 노자만은 단 한마디의 대화도 없이 끝까지 파지(把持, Grasp)된 진실을 직설적으로 토로한 유일의 사상서이다. 이 노자의 글을 읽는 이들의 이해를 돕기 위하여 논리를 전개했거나 결론에 이르는 단계별 해설 없이 오로지 결론만을 기록한 서물(書物)이어서, 노자의 5천자는 사실이 왜 그러한 결론에 도달하는지를 귀납적(歸納的)으로 서술하자면 적어도 기존의 5천자보다 몇 배 분량의 문장으로 늘어나게 될 것이다. 또한 노자는 여타의 식자(識者)들과는 달리 우주와 인간과의 관계를 논했기에 시대적인 배경을 초월하여 적용될 수 있는 내용이다.

흔히들 노자와 장주(莊周)를 일컬어 노장사상(老莊思想)으로 부르고, 이들의 사상을 종교화하여 부를 때는 도교(道敎)라고도 한다. 《장자》라는 책은 내편(內篇)·외편(外篇)·잡편(雜篇)으로 총 33편(三十三篇)의 방대한 서물인데, 그중에서 내편을 따로 떼어내 노자의 서물(書物)을 《도덕경(道德經)》이라 부르듯이, 장자 내편(7편으로 구성 됨)을 《남화경(南華經)》이라고 부르기도 한다. 이런 연유로 노자와 장자를 한데 묶어 도교라는 종교적 성격이 되고 말았다고 보아야 한다. 장주는 제물론에서 그가 본 노자의 도(道)에 대하여 언급하고 있지만, 장자 역시도 노자가 기술한 서물 1장, 4장, 5장의 내용을 도덕적으로 유추하여 주석하고 있을 따름이다. 따라서 노자와 같은 직관적 사유에 익숙하지 않은 말하자면 이성적인 체계를 배웠고 그러한 이성적 체계나 변증법적 사고에 익숙해진 독자들이 노자의 직관적 사유체계로 이해하자면 단기간에 이해가 가능하리라고는 기대치 않는다. 그래서 각각 구성된 장을 해석할 때마다 그 직관적 정의(定義)의 이해를 도울 것이다. 이 책을 끝까지 정독을 해 낸다면 독자들의 사고방식과 사유의 체계를 바꾸어 줄 것으로 믿는다. 어떤 사물을 보는데 있어서 일어나고 있는 그 부분만 보는 것이 아니라, 순간적으로 전체적인 원인과 결과를 한꺼번에 볼 수 있는 사고의 변환을 노자는 우리에게 가르쳐 줄 것이다. 이것을 직관(直觀, Intuition)이라고 한다. 즉 어떠한 분야를 깊이 연구하고도 도저히 알지 못하다가 어느 순간 확 깨닫게 되는 현상이 頓悟(돈오)이고 그 것이 바로 직관인 것이다.

왕필통행본(王弼通行本) 제 1장과 제 4장을 예시로 언급해 보고자 한다. 글자 수가 101자로 구성 된 문장인데 한자(漢字)를 읽지 못하거나 어려운 글자가 없음에도 불구하고 노자가 직설적 화법(直說的 話法)으로 마치 독백(獨白)하듯이 써 내린 글의 참 뜻을 헤아리려면 단기간의 노력으로는 태부족(太不足)이 아닐 수 없을 것이다. 제 4장에 나오는 노자의 말이라고 하여 사람들이 좋아하는 "화광동진(和光同塵)"이라는 4자 성어는 "좌기예, 해기분, 화기광, 동기진(挫其銳, 解其紛, 和其光, 同其塵)"이라는 구문에서 발췌된 문구다. 이 구문에서 사람들은 '화기광 동기진'을 따로 떼어 그 '其'자를 빼버리고 화광동진 4글자만 써놓고, 노자가 직관으로 언급한 참뜻과는 전혀 상관도 없는 얼토당토 않는 임의로 지어낸 해석을 지금까지 금과옥조로 여기고 있었다. 이 화광동진을 유학(儒學) 중심으로 공부해 온 학자들은 소위 "자신의 뛰어남을 숨기고 세속사람들의 삶과 어울려 함께 산다"로 해석하고는 장자의 목계지덕(木鷄之德)과 동일한 의미를 부여해온 것이다. 만일 그런 뜻이라면 그 앞의 "좌기예 해기분"은 도대체 무엇이란 말인가? 이 구문(句文)은 3글자씩으로 된 4가지가 하나의 문장이기에 서로 연관성을 가지고 있는 것이다. 따라서 화광동진을 언급하려면 '좌예해분'을 먼저 말하고 나서 언급해야 마땅하다고 본다. 설사 글자대로 이 구문을 해석하더라도 "날카로움은 무디어 지도록 꺾고, 얽힌 것은 풀어 버리며, 빛은 없어지고, 티끌과 같아진다"인 것이다. 제 4장의 첫 마디가 도충이용지혹불영(道沖而用之或不盈)이고 두 번째 문장이 연혜사만물지종(淵兮似萬物之宗)이고, 그 다음에 이 세 글자씩의 네 가지가 하나의 구문으로 이어져 있다. 그렇다면 이 세 글자 네 단문은 道를 설명하는 것이 자명하다. 그 도를 설명하는데, 본인이 잘나고 못나고가 어디에 있겠으며, 세속과 함께 하고 말고가 어떻게 끼어들 수 있단 말인가? 이 제 4장에서 노자는 道를 다음과 같이 설명하고 있다. 『도(道)란 텅 비어 있는 것 같지만 거기서 무엇인가는 꺼내어 쓸 수가 있는데도, 누군가 빈 것을 채우려고 해도 채울 도리가 없다. 그럼에도 너무도 깊고 맑아 이 모든 것들의 근원인 것만 같다. 그 道는 날카롭거나 튀어나온 것은 무디어지게 만들고, 서로 얽혀 있는 것은 해쳐버리며, 빛마저 사라지게 하고, 모두를 단 한 가지 티끌로 만든다』라고 했다. 그 다음에 이어지는 말이 『참 이로구나 무엇이 있는 것 같다. 나야 그것이 누구의 자손인지는 모르겠으나 아마도 상제(하느님)보다도 앞서 있는 것 같네』라고 했다. 도대체 이와 같은 표현이 가능한 존재가 무엇이며 있기라도 하는 것일까?

  천체물리학이 발달되기 전에는 몰랐던 그것은 바로 블랙홀(Black Hole)이라는 것이다. 블랙홀은 눈으로나 천체망원경으로도 보이지는 않으나 있는 것 같고, 별을 당겨 삼키거나, 은하계 하나를 통째로 삼켜도 채워지지 않는다. 그 중력 속으로 빨려 들어가면 날카로운 것이 어디 있으며, 조직이나 구성이 다 풀어지지 않을 수 없게 되며 모든 것은 티끌이 되고 만다. 블랙홀은 우주에서 그 에너지가 다한 백색왜성이나 적색거성의 사체(死體)가 태양의 질량보다 최소한 30배 이상의 강력한 중력으로 뭉쳐진 둥근 모양의 입체공간이다. 단순하게 비교하자면 블랙홀 속에서 손톱 크기 정도의 질량이 지구 전체의 질량과 맞먹는다고 보면 된다. 블랙홀은 워낙 중력이 커서 빛조차도 빠져 나올 수 없는 곳이다. 노자의 서물 제 4장의 표현은 영락없이 블랙홀이다. 거기서 작은 알갱이 하나가 튀어 나오면 그것이 하나의 우주를 이루는 빅뱅(Big Bang)이 되는 것이다. 이러한 쓰임이 있는 블랙홀은 시간이나 공간보다 앞서 있는 존재이다. 그것을 누가 만들었는지는 모른다. 노자의 이 4장은 우주에서 道의 한 단면을 설명한 것이다. 그것을 두고 화광동진(和光同塵)

이라고 언급하면서 도덕적으로 변형(Modify)해 놓고는 만족해하며 거들 먹거리고 있었던 것이다. 우주는 최초에 소위 빅뱅이론이라고 하여 고도로 농축된 하나의 점에서 출발했다고 한다. 그게 136억 년 전에 생겼다는 이론이다. 이는 '도플러효과'라는 이론으로 증명된 바 있다. 어찌되었던 우주는 참 오묘하다고 볼 수밖에 없다. 아마 우주는 신의 영역이기 때문에 영원히 풀리지 않는 수수께끼인지도 모른다. 물론 코페르니쿠스, 케플러, 뉴턴. 아인슈타인, 닐스보어 등 우주의 수수께끼를 푸는데 많은 도움을 준 천체물리학자도 있었다. 이제 과학자들은 우리의 우주가 최초의 우주는 아니고 블랙홀(Black Hole) 속에는 우리 우주와는 다른 이온(ion)으로 구성된 수 없이 많은 천체들이 존재한다는 것을 확신하게 됐다고 한다. 블랙홀은 볼 수 없는 천체이기 때문에 그 주위에 있던 거대은하가 갑자기 사라져 버리는 현상을 관측(감마선)함으로써 블랙홀의 활동을 인지할 따름이다. 즉 하나의 거대한 블랙홀이 주변에 있던 커다란 은하계 여럿을 삼킬 수도 있다고 한다. 다만 우리가 살고 있는 은하 가까이에 이런 블랙홀이 아직은 없다는 것에 우리는 안심하고 있을 뿐이다.

노자의 서물 1장에 "故常無欲以觀其妙, 常有欲以觀其徼. 此兩者同出而異名(고상무욕이관기묘, 상유욕이관기요, 차양자동출이이명)"이라고 언급하고 있다. 이 문장을 해석해 보면, 『따라서 언제나 아무런 무얼 하고픈 마음 없이 바라보기만 한다면 우리 우주는 그 오묘함을 보게 되지만, 늘 무엇을 밝혀 보겠다는 의욕을 가지고 들여다보면 그것이 돌고 있는 것을 보게 되는 것이다. 이 두 가지(도와 이름)는 함께 한 군데서 나온 것인데 이름을 달리 부를 따름인 것이다.』즉 분자에서 전자가 핵의 주위를 도는 모습이라고 보면 되겠다. 아인슈타인의 일반상대성원리 역시 위의 내용으로 풀이될 수 있다. 도(道)의 역할이 "挫其銳 解其紛, 和其光 同其塵"인데 이는 블랙홀의 역할과 같으며 암흑물질(black matter)을 알아야 이해가 가능하다. 우주의 구성성분 중에서 물질은 4.9% 밖에 안되며 암흑물질(Dark Matter)이 27%이고 그리고 암흑에너지(Dark Energy)가 68.1%나 된다. 모두가 같은 핵을 중심으로 돌지 않는 것은 아무것도 없다. 즉 하고픔을 가지고 보면 돌고 있는 것만 보게 되는 것이다. 결국 도(道)라는 것과 명(名)이라는 것은 한 가지를 다르게 부른 것에 지나지 않고 같은 것을 말하는 것이다. 이 두 가지는 다 같이 검은 것(빛이 없는 존재)일 따름이다. 잘못 생각하면 물질은 빛이 있는 것으로 오인할 수 있으나 빛은 또 다른 광자(光子)라는 물질일 따름이고, 물질 가운데서 가장 투과력(透過力)이 강하다고 하는 우리 눈으로는 볼 수도 없는 감마선 같은 우주로 부터 끊임없이 날아오는 우주선(宇宙線)들은 모두 다 어두운(Dark) 것이다. 즉 모든 것은 검기만 한 것이고 밝은 것이라고는 하나도 없다. 노자는 이를 가리켜 제 1장의 끝부분에 "동위지현 현지우현 중묘지문(同謂之玄, 玄之又玄, 衆妙之門)"이라고 마무리 짓는다. "검고 또 검어도 이 도(道)와 이름(名)이라는 것은 이 우주의 오묘함을 찾아드는 문일 따름이다"라고 했다. 문(門)이란 무엇인가? 그 해답은 제 6장에 조금 더 이해의 실마리를 보이고 있다. 노자는 제 1장에서부터 우주란 어떤 것이냐(?)를 따져 밝히고 있는 것이다. 우주편에서의 道란 우주의 원리인 것이다. 따라서 노자의 서물(書物)인 소위 도덕경(道德經)이 도와 덕을 논하는 저술(著述)은 결코 될 수가 없다. 우주의 원리와 그 우주 안에서 살아야 하는 우리의 삶의 방식을 제시한 저술인 것이다.

老子는 우주관에 있어서는 철저한 직관적 사고(直觀的 思考)로 해설은 없이 결론만을 총 81장(章) 가운데 25개의 章을 할애하여 우주와 연관된 우주론을 펼치고 있다. 이 25개의 章에 쓰여 있는 순수 직관적인 노자의 우주론(Cosmology)을 스티븐 호킹(Stephen Hawking)박사의 공형등각 순환 우주론(Conformal Cyclic Cosmology)과 연계시켜 해당되는 본문에서 해설해 놓았다. 천체물리학과 양자이론의 이해 없이는 그 해설이 마치 코페르니쿠스가 지동설(地動說), 즉 하늘이 지구를 중심으로 돌고 있던 시대에 주장했던 것처럼, 지구가 돈다면 지구 표면에 살고 있는 인간과 모든 생명체는 우주공간으로 떨어져 나가 죽을 수밖에 없다고 생각한 신봉자들의 화형대상(火刑對像)이 될 수도 있는 필자의 해석이다. 老子가 5천자로 짧지만 단언적이고 직관적으로 서술한 81장에는 우주편으로 꼽은 25개의 장을 제외한 나머지의 내용은 우리의 우주에 태어난 사람들은 어떤 태도와 각오로 이 우주에서 살아야 하는지, 무엇을 해야 하고 어떤 것을 하지 말아야 하는지. 정치와 전쟁은 어떻게 해야 하는지 등에 관해 노자 특유의 해설 없는 이론을 전개하고 있다. 불행히도 동양의 대표적인 천재였던 왕필은 노자의 서물에 최초로 주석을 달면서 장(章)나누기와 편집을 여사한 구분 없이 비빔밥을 만들어 놓은 것으로 본다. 왕필이 어리석어서가 아니라 노자의 직관적 서술이 순서를 종잡기 어렵도록 했고, 비록 천재였지만 17세를 전후한 나이에 주석을 달다보니 그의 인생에 대한 경험과 지혜가 부족했던 탓이 81장 체제로 만들고 만 이유로 본다. 우리나라의 유학자를 비롯한 거의 대부분의 식자(識者)들이 노자는 도(道)와 덕(德)을 논했고 무위자연(無爲自然)을 주창한 사상가로 알고 있고 또 그렇게 해석해오고 있었는데 노자가 무(無)와 무위(無爲)에 대하여 언급을 하기는 했었다.

그의 서물(書物)에서 무(無)를 가장 명료하게 표현한 것은 제 11장이다.

三十輻共一轂 當其無 有車之用, 埏埴以爲器 當其無 有器之用,
삼 십 폭 공 일 곡 당 기 무 유 차 지 용   선 식 이 위 기 당 기 무 유 기 지 용

鑿戶牖以爲室 當其無 有室之用.
착 호 유 이 위 실 당 기 무 유 실 지 용

이를 해석하면, "서른 개의 바큇살은 하나의 허브로 모이는데, 우마
차가 쓰는 것은 그 허브의 빈 곳이다. 찰흙으로 그릇을 만들면 그 그릇
은 가운데 동그랗게 비어있는 곳이 물건 담는 그릇으로 쓰이는 것이고,
문을 내고 창을 뚫어 방을 만들면 그 안에 텅 빈 곳이 사람 사는 방으
로 쓰이는 것이다."라는 뜻이다. 이것은 도대체 무슨 말인가? 노자는
그 결론으로 "故有之以爲利 無之以爲用(고유지이위리 무지이위용: 그러므로
있다고 하는 것의 유리함이란 거기에 있는 없음이 쓰임이 되기 때문이다.)"이라 했
다. 어떤 물건이든 빈 공간이 있도록 만든 것이 있기에 빈 곳이 생기는
것인데 이것이 쓰여 지는 것이 아니라면 있다는 것은 필요도 없는 것이
되고 만다. 즉 비어있는 것은 그 물건이 만들어진 것으로써 '없음'이므
로 없다는 것은 그 없음이 쓰여 지기에 있음이 유익하다는 것이다. 위
에 언급한 문장으로 노자가 말한 無란 有로 인해 생겨난 것이 無이고,
이때의 有는 無의 이용을 목적으로 한 것이 되는 것을 일컫는다. 노자
가 말한 無의 개념은 Nihil(허무, 무가치한)이 아니라 有가 있어서 근원적
역할을 하는 것이다. 결국 無는 그냥 없는 것이 아니라 有를 있게 해주
는 가치를 가진 無라 불리는 존재를 말한다.

또한 無爲(무위)라는 말은 제 48장에서 언급하고 있다.

爲學日益 爲道日損 損之又損 以至於無爲 無爲而無不爲 取天下
위학일익 위도일손 손지우손 이지어무위 무위이무불위 취천하

常以無事 及其有事 不足以取天下
상이무사 급기우사 부족이취천하

　배우기만 하면 나날이 더해지고 함이 없도록 한다는 것은 매일매일 道를 함양하면 매일 덜고 또 덜어져, 함이 없는 무위(無爲)에 이른다 하고, 무위인 즉, 무불위(無不爲)가 된다고 했다. 배우면 배울수록 더해진다는 말이 무슨 말일까? 세상에서 세상사를 배우면 배울수록 지식(知識)은 더해지는데, 이것은 본래 있었던 자신을 자꾸 잃어가는 과정이 된다는 말이고, 道를 닦을수록 하루하루 본래의 자신의 모습으로까지 덧붙여져 있던 때(垢, 구)같은 것들이 떨어져 나가 덜어진다는 말이다.

　결국 노자가 말하는 무위란 사람으로서 살아가기 위해 덕지덕지 붙여놓은, 이른바 지식이라는 부자연스러운 때 같은 것들을 모두 떼어내고 난 후, 인간 본래의 상태를 말하는 것이다. 노자는 여러 곳에서 복귀어영아(復歸於嬰兒)라고 했는데, 갓 태어난 영아가 되면 그게 바로 무위의 상황이라는 것이다. 갓 태어난 아기가 지닌 지식은 무엇일까 생각해 보자면, 엄마 젖을 빨아대는 것. 손안에 쥐어지는 것은 놓지 않는 것. 그리고 남녀관계를 모르면서도 발딱 서는 고추의 힘이다. 이것이 무위(無爲, 함이 없음)이고, 이것만 있으면 배고픔에는 엄마의 젖이 기다리고, 배가 부르면 새록새록 잠이 들고 그러면서 자라난다. 노자의 무위사상은 그 갓난아기의 상태로 되돌아가는 정신적 상태를 일컫는 것이다. 그래서 안되는 게 무엇이 있는지를 찾아본다면 그게 바로 무위이무불위(無爲而無不爲)의 세계이다. 이해하기 어렵다면 '왜 그런 것일까'를 생각 중에 늘 머물다 보면, 깨달음은 어느 날 스스로 찾아온다.

I

宇宙篇

우주편

우주의 원리
왕필통행본 제1장

原文

道可道非常道, 名可名非常名. 無名天地之始, 有名萬物之母.

故常無欲以觀其妙, 常有欲以觀其徼.

此兩者 同出而異名. 同謂之玄, 玄之又玄, 衆妙之門.

直譯

道可道非常道
도 가 도 비 상 도
도란 그 도가 옳은 것이라고 말하면 늘 그러한 도는 이미 아니고

名可名非常名
명 가 명 비 상 명
불려지는 이름이란 그 이름이 옳다고 불리면 늘 그러한 이름은 아니다.

無名天地之始
무 명 천 지 지 시
이름이 불려지기 전이 우주(천지)의 시초이고,

有名萬物之母
유 명 만 물 지 모
이름이 불려지는 것이 온갖 것의 어미가 되는 것이다.

故常無欲以觀其妙
고 상 무 욕 이 관 기 묘
따라서, 바라는 것이 없이 바라보면 오묘함을 보게 되고,

常有欲以觀其徼
상 유 욕 이 관 기 요
바람을 가지고 바라보면 그 움직임이 보이는 것이다.

此兩者 同出而異名
차 양 자 동 출 이 이 명
이 두가지는 하나에서 같이 나왔지만 불리기는 다르게 한다.

同謂之玄 玄之又玄
동 위 지 현 현 지 우 현
이 둘은 다 가물한 것이며, 가물하고 또 가물한 것이어서,

衆妙之門
중 묘 지 문
모든 오묘함의 열림이 된다.

意譯

　무엇을 결론지은 문장인지 짐작이라도 되는가? 글자만의 직역을 읽고 무슨 말인지를 이해한다면, 귀신일지언정 사람일 수가 없다. "道可道非常道"의 의미는 이 천지에는 변하지 않는 것은 없다는 뜻이다. 즉, 말로 표현되는 순간 달라져 버린다는 말이다. 이 문구에서 두 번째 나오는 道는 '말한다'는 뜻이다. "名可名非常名" 역시 앞 문장과 같은 의미이지만, 이 두 번째의 名은 '이름붙이다'이고 여기에는 중대한 함의(含義)가 있다.

《신약성서》〈요한복음〉 1장 1절을 보면 "태초에 말씀이 계시니라."라고 했다. 이 문구를 뒤집어 표현하면 "말이 없다면 태초도 없다."라는 뜻이다. 모든 존재란 말(로고스, 언어)로 표현됨으로써 그 존재가 성립된다는 것이다.

이것을 불교의 논리로 보면 식(識, vijnana)이다. 색, 수, 상, 행(色, 受, 想, 行)이 아무리 있어봤자, 식(識)이 이뤄지지 않으면 아무것도 존재하지 않는다는 것이다. 게다가 요한복음은 그 말씀이 곧 하나님이라고 했다. 다른 표현으로 바꾸면 말이 있음으로써, 그리고 이름이 있음으로써 하나님이 있게 된다는 것이다.

그런데, 노자는 이 '명(名)' 역시 이름으로 하는 순간 달라져 버린다고 했다. 이 역시 변하지 않는 것이란 있는 것이 아니라는 말이다. 또 다른 각도에서의 이 문구는 최소한의 의역(意譯)을 하더라도 도(道)든 명(名)이든 변화 즉 역(易, Change)하고 있는 존재라는 말이 된다. 도를 진리로 본다고 한다면, 진리란 그 진리가 맞다고 하면 이미 그러한 진리는 아니다가 되는 것이다. 이것을 모세의 10계명의 제1계명에 대입(代入)해 보자. 그러면 "내 앞에 다른 신을 두지 말라"가 "내 앞에 두는 신은 항상 다른 신이다"로 바뀌게 된다. 이래서야 어찌 하나의 신을 믿을 수 있겠는가?

다음 구절의 '이름'은 무엇인가? 존재를 규정짓는 것이 이름일진대, 이름에 대하여 그 이름이 맞다고 하는 순간에 이미 그 이름은 아니라고 한다면 어떤 특정된 존재가 다른 존재로 변해버렸다는 것으로 된다.

이어진 문장에서 그 이름을 해설하기를 "無名天地之始, 有名萬物之母"라고 정의를 규정해 버렸다. 이름이 없는 존재는 천지우주의 시작이요, 이름이 있게 되면 모든 것을 낳는 어미가 된다고 했다. 즉, 존재란 있더라도 이름 붙이지 않으면, 변해버리는 존재가 되는 것이 아니라 그대로이고, 이름을 지어 붙이면 우주만물의 생성의 원인이 된다는 것이다. '이름붙이기' 즉 말이 없으면 천지(우주의 옛 표현)의 시작점일 수는 있어도 존재란 없는 것인데, 이름을 붙이자마자 이는 만물인 모든 것과 존재의 개념 현상 형상들 즉 식(識)의 대상이 되는 것들의 어미(母)로 변한다는 것이다. 그렇다면 이름은 이름이 붙자마자 다른 이름을 낳는 어미가 된다. 이러한 도(道)라는 것과 이름이라는 것에 대하여 노자의 사고는 바로 무서운 진실의 경지를 파고 들어간다.

그다음으로 "故常無欲以觀其妙, 常有欲以觀其徼"이라고 언급하고 있다. 해석해 보면, "따라서 언제나 아무런 무얼 하고픈 마음 없이 바라보기만 한다면 우리 우주는 그 오묘함을 보게 되지만, 늘 무엇을 밝혀 보겠다는 의욕을 가지고 들여다보면 그것이 돌고 있는 것을 보게 되는 것이다."라는 뜻이다. 여기서 우리는 노자의 생각의 깊이와 바로 깨닫는 지혜를 보고 본받아야 한다.

도(道)라는 것도 변하는 것이고, 이름이라는 것도 변하는 것이니까 그저 아무 생각없이 되어가는 대로 바라보기만 하면 이 우주만물과 삼라만상은 참으로 오묘하기만 한 것이다.

우리 인간의 몸뚱이는 같은 세포의 구조인데도 어느 것은 뇌이고, 또 어느 것은 항문이 된다. 인간만 그런 것이 아니다. 지구는 태양을 끊임없이 돌고 있는데 그 지구를 또 싸고도는 달은 지구를 돌면서 동시에 지구와 함께 태양을 돌고 있다. 태양이나 지구나 항성이든 행성이든 무게를 가지고 있고 회전을 하는데, 태양계든 그것이 모인 은하계든, 별들이 모인 곳이 있고 아무것도 없는 넓은 공간이 있는데도 서로 밀려나거나 달라붙지도 않고 자신의 궤도를 무한히 돌고 있는 것이다. 우주와 은하계, 태양계만 그런 것이 아니라 눈에 보이는 모든 것이 너무나도 오묘하게 생겨 있는 것을, 우리는 접할 수 있다. 그런데 이토록 오묘한 것은 왜 그런 것인지 따져보고 싶은 의욕을 가지고 보면, 물질을 구성하는 최소단위인 원자(atom)도 핵을 중심으로 전자는 쉼 없이 돌고 있고, 우리가 살고 있는 지구는 태양을 중심으로 쉼 없이 돌고만 있다.

전자현미경을 가지고 원자 이하의 단위인 쿼츠(quartz)를 본다면 거기도 핵이 있고, 핵의 주변을 돌고 있는 것이 또 있다. 마치, 태양을 중심으로 우리 지구가 돌고 있듯이 말이다. 태양계는 은하계를, 그 은하계는 우주의 중심을 축으로 하여 또다시 돈다. 지구를 품고 있는 이 우주는 또 더 커다란 코스모스(cosmos) 속에서 돌고 있는 것이 아니라는 증거도 없다. 그 돌고 있는 구조는 돌멩이나 공기가 모두 다르지 않다. 우주 구성성분의 4.9%밖에 안 되는 물질은 모두가 같은 핵을 중심으로 돌지 않는 것은 아무것도 없다. 그러니까, 하고픔을 가지고 보면 돌고 있는 것만 보게 되는 것이다.

결국 도(道)라는 것과 명(名)이라는 것은 한 가지를 다르게 부른 것에 지나지 않듯 같은 것을 말하는 것이고, 이 두 가지는 다 같이 빛이 없는 검은 존재일 따름이다.

잘못 생각하면 물질은 빛이 있는 것으로 오인할 수 있으나 빛은 또 다른 광자라는 물질일 따름이고, 물질 가운데서 가장 투과력(透過力)이 강하다고 하는, 우리 눈으로는 볼 수도 없는 감마선 같은 우주로부터 끊임없이 날아오는 우주선(宇宙線)들은 모두 다 어두운(Dark) 것이다.

그다음 노자의 말은 "此兩者同出而異名"이라고 했다. 이를 직역하면 "도와 이름 두 가지는 함께 한 군데서 나온 것인데 이름을 달리 부를 따름이다."이다. 여기서 두 가지가 무엇을 말하는 것인지를 생각해 보자. 시(始)와 모(母), 유명(有名)과 무명(無名), 유욕(有欲)과 무욕(無欲), 묘

(妙)와 요(徼), 도(道)와 명(名)이 바로 그 두 가지인 것이다. 그런데 이 두 가지는 그 근원이 단 하나로 함께 나왔으나, 다르게 이름할 뿐이라는 것이다.

그다음 말은 "同謂之玄 玄之又玄 衆妙之門"이다. "이 두 가지들은 하나이며 한가지로 알 수 없는 가물함이라는 것이고 가물함 중에서도 또 가물한 것일 뿐이며 모든 오묘한 것들을 찾아 들어갈 문에 지나지 않는다는 것이다."라는 뜻이다. 여기에서 문이란 무엇인가? 그 해답은 제6장에 조금 더 이해의 실마리를 보이고 있다.

노자는 제1장에서부터 우주란 어떤 것이냐를 따져 밝히고 있다. 단 60자의 글자로 우주를 한꺼번에 설명하고 정의를 내린 것이다. 이를 이해하지 못하고 노자의 저서(著書)를 언급한다거나 전체 81장을 읽고 이해한다는 말은 장님이 코끼리의 코를 만지고는 뿔을 보았다는 것에 지나지 않는다.

우주편에서 노자의 도(道)란 우주의 원리와 블랙홀이다. 우주란 끝이 없는 것이고 그 원리란 우리의 지능으로는 상상조차 할 수 없는 오묘함이라는 것이다. 노자는 그 우주 안에서 살아야 하는 우리의 삶의 방식을 제시하고 있다.

解說

이 1장은 노자의 직관적 사상을 상징적으로 언급하면서 나머지 80장에 대한 결론까지도 포함하는 내용이다.

도(道)란 우주의 시초이고 물질과 현상, 개념, 시공간 등 우주의 구성체인 물질, 암흑물질, 암흑에너지 등 총합(總合)의 어머니다. 그래서 이 도라고 하는 것은 늘 같은 것일 수가 없다. 어느 순간에는 블랙홀(Black-Hole)이지만 다음 순간은 빛이 없는 초기 우주, 그다음 순간은 빛이 있는 우주와 만물이고, 어느 순간에는 다시 Black-Hole로 되돌아가 있다. 단 한 순간도 같지 않고, 계속 변한다. 이러한 도(道)를 이름 지어 부르면 그 이름 또한 끊임없이 순간순간 변한다. 그러나 인간의 지능과 지성으로 파악할 때는 이름 지어 부르기 전은 우주의 시발점이고 이름 지어 부르면서부터는 온갖 것의 모체가 되는 것이다.

道라는 것 즉 블랙홀을 무엇으로 변해주기를 바라는 마음 없이 바라보면 참으로 오묘한 것이지만, 이것이 빅뱅(Big-Bang)이라도 일으키겠지 하는 바람을 가지고 보면 Black-Hole은 움직이지 않고 가만히 있는 존재가 아니라 계속 움직이고 있음을 보이는 것이다. 이 두 가지 즉 Black-Hole과 Big-Bang은 실은 하나일 뿐인데 나타나는 현상의 다름으로 그 이름이 다른 것이다. 그리고 이들은 이해가 불가능한 가물거리는 것이고 따지고 들수록 더 가물거려지기만 하는 것이다.

아울러 이것이야말로 이 우주의 모든 현상이 열리는 문인 것이다. 혹여, 아득할 현(玄)을 블랙홀(Black Hole)로 해석하면 안 된다. 아득할 또는 검을 현(玄)은 암흑 물질(Dark Matter), 암흑 에너지(Dark Energy)의 Dark인 것이다. 노자는 Black Hole을 도(道)로 표현하고 있다.

우리 우주는 Dark Matter와 Dark Energy가 95.1%를 차지하고 있으며 물질은 겨우 4.9%밖에 지나지 않는다고 한다. 위에서는 우주를 말했지만 원자(原子)로 보아도 그 결과는 같다고 본다. 원자를 분해하면 핵과 전자(Quark, 쿼크)인데 의욕을 가지지 않고 원자를 관찰하면 참으로 묘하기만 할 뿐이지만, 분석할 의욕을 가지고 보면 쿼크는 핵을 중심으로 돌고 있는 것을 발견하게 된다.

위 해설에 우주가 아닌 원자를 대입하더라도 결론은 같아진다. 핵을 중심으로 도는 Quark와 전자들의 운동량과 움직임의 차이에 의해 만물은 다르게 형성되고 다른 이름의 다른 물질이 되는 것이 아닌가? 이를 부정할 방법이라도 있는가?

이 1장(章)을 양자론과 대비해 보시라! 그게 싫다면 최신의 천체물리학 이론과 대비를 해 보더라도 노자의 저서(著書) 1장은 우주의 원리를 논한 것이지, 인간의 도와 덕의 규범을 말한 것은 아닌 것이다.

餘說

이 1장이 노자의 저술(著述) 전체의 결론에 해당하고 더 이상의 논의를 할 여지가 없는 내용이며 나머지 80장은 1장의 해석과 1장의 내용을 부연하여 사람의 삶에 어떻게 적용해야 하는가를 설명한 것들일 뿐이다. 따라서 1장을 노자의 직관적 사고로 이해하자면 노자와 같은 직관적 사유에 익숙하지 않은, 말하자면 이성적인 체계를 배웠고 그러한 이성적 체계나 변증법적 사고에 익숙해진 사람들은 단시간의 해설로는 온전하게 이해 가능한 것이 아니라고 본다.

다른 문장을 해석할 때마다 이 1장을 상기시키고, 그 직관적 정의(定義)의 이해를 도울 것이다. 노자의 사상은 우리 현대인들의 사고방식과 사유의 체계를 바꾸어 줄 것으로 확신한다.

어떤 사물을 보는 데 있어서 이미 일어나 있는 그 부분만 보는 것이 아니라, 순간적으로 전체적인 원인과 결과를 한꺼번에 볼 수 있는 사고의 변환을 노자는 우리에게 가르쳐 줄 것으로 믿는다. 이것을 직관(Intuition)이라고 하는 것이다.

노자의 문장은 "~~하기 때문에 ~~해서 ~~한 것이다"라는 해설식이 아니라 깊은 직관적 사색으로 도출한 결론만을 직설적으로 써 내렸다. 따라서 노자를 제대로 이해하려면 노자처럼 깊이 생각하지 않고는 그의 말을 이해하기가 쉽지 않을 것이다.

상대성의 원리
왕필통행본 제2장

天下皆知美之爲美, 斯惡已. 皆知善之爲善, 斯不善已.

故有無相生, 難易相成, 長短相較, 高下相傾, 音聲相和, 前後相隨.

是以聖人, 處無爲之事, 行不言之敎.

萬物作焉而不辭, 生而不有, 爲而不恃, 功成而弗居. 夫唯弗居, 是以弗去.

直譯

天下皆知美之爲美
천 하 개 지 미 지 위 미
세상 사람들은 모두들 아름다운 것을 아름답다고 생각하겠지만

斯惡已
사 오 이
이건 틀린 것이다.

皆知善之爲善
개 지 선 지 위 선
또한 모두가 좋은 것을 알기를 좋은 것으로 생각하고 있겠지만

斯不善已
사 불 선 이
이는 좋은 것이 아니다.

故有無相生
고 유 무 상 생
왜냐하면, 있다 없다는 서로 어긋나며 생기는 것,

難易相成
난 이 상 성
어렵다 쉽다는 것은 서로 빗대어 이뤄지는 것,

長短相較
장 단 상 교
길다 짧다는 것은 서로 비교일 뿐,

高下相傾
고 하 상 경
높다 낮다는 건 기울어짐이 다를 뿐,

音聲相和
음 성 상 화
울림과 소리는 서로 화합해 버리는 것,

前後相隨
전 후 상 수
앞과 뒤란 서로 따른다는 차이뿐이다.

是以聖人 處無爲之事
시 이 성 인 처 무 위 지 사
그러므로 수양이 완성된 사람은 함이 없음을 일로 삼는데,

行不言之敎
행 불 언 지 교
살면서 말 없음으로 가르침을 행하는 것이다.

萬物作焉而不辭
만 물 작 언 이 불 사
우주의 온갖 것들은 무엇을 하더라도 그것이 비롯된다 하지 않고,

生而不有
생 이 불 유
낳았어도 있다고 하지 않으며,

爲而不恃 功成而弗居
위 이 불 시 성 공 이 불 거
이루었지만 연연하지 않고, 공을 세우고도 그 공에 안주하지 않는다.

夫唯弗居 是以不去
부 유 불 거 시 이 불 거
대저 오직 어디에도 안주하지 않기에, 그래서 (블랙홀은) 사라지지 않는다.

解說

이 2장은 1장에서 말한 우주에서 사람이란 무엇이며 어떤 역할을 맡았고 해야 하는지를 천명해 놓았다. 老子의 바른 해석이 새 세계의 기본적 사고체계를 이룰 수 있는 것으로 본다. 과연 노자는 무슨 말을 하고자 이렇게 서술했을까?

이 문장에 대해 기존의 해설서에서 그럴듯하게 수식을 하여 아는 것처럼 해 봤자 앞뒤가 서로 모순되는 말밖에는 안 되었던 것이다. 이 세상 모든 것은 들여다볼수록 미적(美的)이고 오묘하다. 1장에서 이미 이 우주(천지)는 오묘함의 극치라고 했었다. 미학(美學)이라는 학문이 있는데 그 개론이라도 읽어 보시라! 우주는 끝이 없는 아름다움이다. 그런데도 노자는 아름다운 것을 아름답다고 생각하는 것은 잘못이라고 했다.

그다음으로는 좋은 것(善)을 좋은 것으로 생각하는 것 역시 그것이 좋은 것은 아니라고도 했다. 참으로 이해하기 어렵다. 우리 우주가 흐트러짐 없이 질서에 의해 유지되고 돌아가는 것이 좋은 것이 아니라는 건가? 좋은 것이 왜 좋은 것이 아닐까? 그럼 도대체 뭐란 말인가? 질문을 하지 않으면 해답도 기대할 수가 없는 것이다.

바로 다음에 그에 대한 답으로 설명이 연이어 언급되고 있다. 왜냐하면 "있다, 없다."라고 하는 것이나, '어렵다 쉽다', '길다 짧다'고 하는 것, '높다 낮다', '울림과 소리', '앞과 뒤'라는 것들 모두는 상대적(相對的)인 것이지 그것만으로는 그 어느 것도 확정적이거나 그것만으로 존재하는 정당성을 가진 것은 아니라는 것이다. '아름답다, 좋다'와 그 반대되는 것들 역시 하나이지 다른 게 아니라는 말이다. 왜 그럴까? 원래 하나이기 때문이다. 다 같이 블랙홀(Black-Hole) 속에 있다가 빅뱅(Big-Bang)에 의해 토출(吐出)된 하나의 티끌일 따름이라 그런 것이다.

이 원리를 알면, 함이 없음을 일로 삼을 수 있고 말 없음의 가르침을 행할 수도 있다는 것이다. 우주와 우주 만물은 Black-Hole 상태에서 Big-Bang에 의해 만들어진 것이지만, 그 어느 것도 시작은 아닌 것이다. 왜냐하면 Big-Bang으로 생겨난 것들은 언젠가는 도로 Black-Hole로 빨려들고, 그 블랙홀은 언젠가는 다시 빅뱅을 일으킬 것이다. 여기에 시작이란 없다. 우주 만물은 빅뱅 현상으로 생겼지만 있는 것이 아닌 것은 도로 블랙홀로 들어가기에 있는 것이 아니다. 실제로 있다는 것의 존재는 변화일 뿐이라는 말이다.

그뿐 아니라, 그렇게 만들고서도 내가 만들었다거나 내 것이라고 하지도 않는다. 이러한 것을 두고 공(功)을 세웠다고 한다면 그 세운 공에 눌러앉지 않는다는 것이다. 그렇기 때문에 사라짐이 없이 영원히 지속되고 있어지는 것이라는 말이다. 노자는 아인슈타인이 19세기에 들어와서야 특수니 일반이니 하면서 주창한 상대성원리를 기원전 600여년에 이미 언급한 것이다.

이 세상 어디에도 절대(絶對)란 있을 수 없다는 것이 진리다. 기독교나 이슬람교에서 말하는 절대자(Das Absolute)는 노자에게는 있을 수가 없다. 절대란 상대의 한쪽 면을 말하는 것, 그 이상도 이하도 아니라는 것이다. 그러니까 깨달은 사람은 스스로 생각하지 않은 삶이나 일에 머물면서 말하지 않고도 가르치는 것이 있는 삶을 산다고 했다. 이것을 무위(無爲)라고 하는 것은 얼토당토않은 헛소리이고 실제로는 진정한 적극적 행위인 것이다.

왜 그런지 또 설명을 하고 있다. 이 세상 모든 만물은 나름대로 해야 할 것을 다하고 있지만, 스스로는 내가 시작한 것은 아니라고 하고, 시작하는 것도 아니라고 하며, 씨앗을 남겨 새 생명을 낳되 '있다고도', '내 것'이라고도 하지 않으며, 하고서도 그게 내 뜻이었다고 하지 않고, 이루었으면서도 그 이룬 것에 남아 있지도 않는다고 했다. 아무 데도 자신을 남기지 않기에, 그러므로 떠난 적도 없게 된다고 한 것이다.

餘說

노자는 제2장에서 모든 것은 상대적인 것일 뿐이라고 했다. 기원전 2,500년경 장주(莊周)도 그의 저서 《장자(莊子)》의 〈제물론(齊物論)〉에서 우주의 원리는 상대성이며, 그 상대성이란 곧 하나의 무궁으로의 통합에 지나지 않는다고 갈파했다. 아인슈타인은 통일장이론을 완성하기 위해 전력을 다했지만 결국은 그의 생전에 이루지는 못했다.

"物無非彼, 物無非是. 自彼則不見, 自知則知之.
　물무비피　물무비시　자피즉불견　자지즉지지

故曰, 彼出於是, 是亦因彼.
　고왈　피출어시　시역인피

彼是方生之說也.
피 시 방 생 지 설 야

雖然, 方生方死, 方死方生. 方可方不可, 方不可方可.
수 연   방 생 방 사   방 사 방 생   방 가 방 불 가   방 불 가 방 가

因是因非, 因非因是.
인 시 인 비   인 비 인 시

是以聖人不由, 而照之于天.
시 이 성 인 불 유   이 조 지 우 천

亦因是也, 是亦彼也, 彼亦是也. 彼亦一是非, 此亦一是非矣.
역 인 시 야   시 역 피 야   피 역 시 야   피 역 일 시 비   차 역 일 시 비 의

果且有彼是乎哉. 果且無彼是乎哉.
과 차 유 피 시 호 재   과 차 무 피 시 호 재

彼是莫得其偶, 謂之道樞. 樞始得其環中, 以應無窮.
피 시 막 득 기 우   위 지 도 추   추 시 득 기 환 중   이 응 무 궁

是亦一無窮, 非亦一無窮也. 故曰, 莫若以明."
시 역 일 무 궁   비 역 일 무 궁 야   고 왈   막 약 이 명

"존재하는 물질과 개념은 저것 아닌 것이 없고, 동시에 이것 아닌 것도
없다. 저것이란 저것의 입장에서는 드러나 보이지 않는다 하더라도
이것을 안다는 입장을 통하면 알게 된다. 그러므로 이르기를,
저것이란 이것으로부터 나오는 것이고, 이것 역시 저것으로부터
말미암게 되는 것이라 한다. 저것과 이것은 서로가 서로를 낳는다고
하는 설명이다.

비록 그렇다고는 하나(그뿐만이 아니라) 삶이 있으면 죽음도 있고
죽음이 있으면 삶도 있는 것이다. 이것은 그렇다(可)하게 되면 그러하지
아니하다(不可)가 있어지는 것이고, 그러하지 않은 것이 있으면
그러함도 있는 것이다.

옳다는 것으로 말미암아 그릇됨이 있고, 그릇됨이 있음으로써 옳음이 있는 것이다. 그러므로 깨달은 사람은 이러한 까닭에 얽매이지 아니하고 자연(天)에 비추어서만 판단한다. 이것이야말로 옳음에 근거를 두는 것이다.

이것이란 또한 저것이 되고, 저것이란 또한 이것이 된다. 저것도 한 가지로 옳고 그름이 되는 것이고, 이것도 한 가지로 옳고 그름이 되는 것이다. 그렇다면 과연 이것이라는 것과 저것이라는 것이 있다는 것인가, 과연 이것이라는 것과 저것이라는 것은 없다는 것인가?

이것과 저것이라는 상대적인 짝을 찾을 수 없는 상태에 이른 것을 일컬어 큰 도리의 중추(中樞, 버팀기둥)라고 하는 것이다. 이 도리의 중추가 그 모든 고리의 한가운데 적중(的中)할 때야말로 무궁한(우주의) 변화에 대응할 수 있게 되는 것이다. 옳음도 하나의 무궁한 변화이고 그름 역시 하나의 무궁한 변화일 따름이다. 그래서 이르기를, 밝은 지혜로써 판단하는 것보다 더 나은 것은 없다고 한다."

이 문장에서의 물(物)이란 물질적인 물건만을 뜻하는 용어가 아니다. 장자뿐 아니라 노자도 물(物)이라는 용어를 많이 사용했는데 이 말은 우리나라 말로 번역할 적절한 단어가 없다. 하여 유영모(柳永模)는 노자의 저서(著書)를 번역하면서 이에 대응할 우리말로 '몬'이라는 생경한 낱말을 지어내기까지 하였지만, 그 후 통용되지 않았다. 물(物)이란 물질적인 물건만을 뜻함이 아니라, 인간의 두뇌가 관념으로 특정할 수 있는 개념 모두를 통괄하는 인간의 사고의 대상을 말한다. 또한 이 문장에서 시(是)라는 표현은 '이것', '이편', '이쪽'이라는 뜻 외에도 '옳다', '바르다'의 뜻을 동시에 가지고 있어서, 문장의 내용에 따라 두 가지 중에서

한 가지 뜻으로 해석해야 한다. 因(인)은 '원인', '인연하여'라는 의미로 흔히 쓰이지만, '말미암아'라는 의미로도 쓰인다.

이제 노자가 따지고 드는 방향과, 장자가 파고 들어가는 방향이 어떻게 다른 것인지 짐작이 가는가?

아인슈타인(Albert Einstein)의 특수상대성이론인 $E = MC^2$(엠 씨 제곱)를 쉽게 풀이하자면, 물질이 빛의 속도에 이르면 에너지로 변한다는 말이다. 또한 그는 성공을 다음과 같은 방정식으로도 정리했다.
$A = X + Y + Z$
(A는 성공, X는 일, Y는 놀이, Z는 입을 다무는 것)

우주와 블랙홀의 작용

왕필통행본 제4장

道沖 用之有不盈也. (道沖而用之 或不盈) 淵兮似萬物之宗.

挫其銳, 解其紛, 和其光, 同其塵. 瞰兮 似或存.

吾不知誰之子 象帝之先.

道沖 用之有不盈也
도충 용지유불영야
도는 비어있어 그 도를 쓰면 채우지 못한다.

道沖而用之 或不盈
도충이용지 혹불영
도는 비어 있으나 이를 쓰는 것이며 그 누구도 채울 수가 없다.

淵兮似萬物之宗
연혜사만물지종
너무 깊고 깊어 우주만상의 머리 같다.

挫其銳 解其紛
좌 기 예 해 기 분
날카로움은 꺾이고, 헝클어짐은 풀리며,

和其光 同其塵
화 기 광 동 기 진
빛은 순화되고, 티끌은 하나가 되고 만다.

瞰兮 似或存
감 혜 사 혹 존
깊게 들여다보면 무엇인가 있는 듯도 하다.

吾不知誰之子
오 부 지 수 지 자
나는 이것이 누구의 아들인 줄은 모르지만

象帝之先
상 제 지 선
모든 것의 으뜸인 제(帝)에도 앞선다고 본다.

解說

　도대체 무슨 말을 표현한 글인가? 조금이라도 이해가 된다면 보통사
람이 아니라고 본다. 이 문장에서 따 온 화광동진(和光同塵)은 도덕적
용어로 널리 회자되고 있지만, 이 4장을 제대로 해석하면 도덕과는 하
등의 상관이 없다는 것을 알게 된다. 따라서 종전의 그 어떤 해석도 노
자가 직관력으로 써 내려간 그 사유(思惟)의 잣대로 본다면 모두 틀린
위서(僞書)인 것이다.
　도(道, Tao)라 함은 매우 깊은 의미를 가지고 있어서 이 우주만물의
근본(머리)이 되는 것이다. 얼핏 보면, 비어있는 듯해도 쓰면 쓸 수가 있
고 썼다고 다시 누가 채우지 않아도 차 있게 된다. 따라서 아무도 채울

수가 없는 것이다. 이 도(道)는 둥글든지 모가 났든지 그 자체로 날카롭던 것들을 꺾어버리고, 흐트러지고 헝클어졌던 것들을 풀어내며, 빛마저 감추고, 모든 것을 티끌로 만든다고 했다.

도대체 이렇게 되도록 하는 주체가 무엇이겠는가? 블랙홀(Black-Hole)이 아닌 것으로 위에 설명된 것과 비슷한 것이 이 우주에 존재하기라도 한다는 것인가? 빛마저 감추어 버리면서 그 어떤 것도 티끌이 되게 하는 것, 제아무리 날카로워도, 아무리 흐트러졌어도 다 삼켜 보이지도 않는 작은 것으로 만드는 것은 이 우주에는 오직 하나 Black-Hole 뿐이라는 필자의 주장에 아니라고 반론을 제기할 분이 있는가?

감혜 사혹존(湛兮 似或存, 들여다보면 있는 것 같기도 하다.)

Black-Hole은 21세기의 발달한 과학이 만들어 낸 그 어떤 천체망원경이나 전파망원경으로도 보이지는 않는다고 한다. 다만, 그 블랙홀 근처에서 쏟아져 나오는 파장(波長, 감마선)으로 인해 있다는 것을 짐작할 뿐이라는 것이다. 그래서 사혹존(似或存, 무엇이 있는 듯하다)이라고 묘사했다.

마지막 문장은 대미(大尾)를 장식하고도 남는다. 나는 그것(블랙홀)이 누구의 자식인지는 모르겠지만 이 우주의 으뜸인 제(帝)에도 앞서는 것 같다. (여기서 象은 ~듯하다. 즉 영어로 바꾸면 it seems의 뜻이다)

餘說

이 4장은 단순한 글자 해석만으로는 무슨 뜻인지 알 수가 없다.

무슨 말을 했는지 풀이하면, "도는 텅 비어있는 것이지만 쓸 수도 있고 쓰고도 채우지도 못하는 것이다."라는 뜻이다. 이러한 것이 어디에 있고 무엇인가? 인간의 눈으로는 볼 수조차 없는 것이 있다. 그것은 블랙홀(Black Hole)이다. 까마득하지만 우주 만물과 삼라만상의 근원(머리. 마루)은 블랙홀인 것이다. 이 블랙홀에서는 제아무리 크고 모가 난 것들도 모두 다 꺾어지고 만다. 구성(Fabrication)되어 있던 그 어떤 것도 모두 해체되고 만다. 빛도 그 속에서는 어둠으로 화합된다. 그리고 모든 것은 티끌이 될 뿐이다.

있는 것 같기는 하지만 그게 무엇이고 누가 만든 것인지는 알 수가 없는 것이고, 하나님보다 앞서 먼저 있었을 것 같은 것은 오직 하나 블랙홀(Black Hole) 뿐이다.

화광동진(和光同塵)이 《장자》에 나오는 목계지덕(木鷄之德)에 비견되는 도덕적인 의미의 경구인가? 차마 웃지도 못할 난센스인 것이다. Black Hole에서는 모든 존재란 빛조차 사라지고 모두가 티끌로 변하고 만다는 말이다.

이 제4장에 더하여 老子는 40장에서 단 스물한 글자로 대못을 박아 놓았다.

"反者道之動 弱者道之用, 天下萬物生於有, 有生於無"라고 말이다.

이 우주편에서 도(道)란 바로 블랙홀(Black-Hole)이다. 이래도 노자의 저술(著述, 도덕경)이 사람들이 살아갈 도(道)와 덕(德)을 설파한 것에 지나지 않는다고 본다면 눈뜬 장님이다.

필자는 앞에서 노자 저서(著書) 81장(章)의 5천자(五千字) 가운데 25개의 章은 우주(宇宙)를 논(論)한 문장이라는 것을 서문에서 언급했다. 이런 말을 하는 필자의 주장이 황당무계한 것인지 아닌지는 이 4장에서 상당 부분 밝혀졌을 것이다.

2017년 3월에 타계한 스티븐 호킹(Stephen Hawking) 박사의 우주론인 〈공형등각 순환우주론, Conformal Cyclic Cosmology〉는 그가 죽기 전의 마지막 글이다. 이론적으로는 확실하고 정확하다는 것이 옥스퍼드(Oxford) 대학의 수리물리학자인 로저 펜로즈(Roger Penrose)경과 여러 학자들에 의해 확인되고 있지만, 우주공간에서 그 증거를 아직은 발견하지 못했기에 정설로는 자리 잡지 못했다. 이 공형등각 순환우주론은 불교의 공(空) 사상[色卽是空 空卽是色]과도, 노장철학의 우주론과도 완전일치를 보이고 있다. "Conformal Cyclic Cosmology(공형등각 순환 우주론)" 요약은 다음과 같다.

There is no beginning, and nothing is lost. Big-bangs still happen. Then things eventually cool down Galaxies fly apart. The stars die.The universe becomes almost empty – dominated by energy and gravitation, not matter. Only black-holes survive. Then what's going to happen is that these black-holes will gradually, gradually shrink. The black-holes themselves evaporate. The black-holes actually bleed off mass and energy by emitting gravitations and photons. It's called Hawking radiation. What's left behind is not thing, And everything. The thing about this period of time is that massless gravitations and photons don't really experience time or space. And so it starts all over again.

"그곳에는 시작도 없고, 아무런 끝나는 것도 없다, 빅뱅은 여전히 일어나고 있다. 우주라는 것이 결국은 식으면서 은하로 나눠져 멀리 날아간다. 은하의 별은 사라진다.(죽는다) 우주는 거의 텅 빈 상태가 된다 – 에너지와 중력은 남게 되며 물질은 사라진다. [우주(universes)는 다양한 것

(versatile)을 하나로 모아 놓은 것이고 대우주(cosmos)는 멀티(multi)
+ 우주(universe)이다. 암흑물질(dark matter)은 중력이고 암흑에너
지(dark energy)는 인력의 반대개념이다.] 오직 블랙홀만 남게 된다.
그럼 무슨 일이 일어날까 하면, 이런 블랙홀은 차츰차츰 찌그러들게 된
다. 블랙홀은 스스로 사라지게 된다. 블랙홀은 실제로 중력과 광자를 토
출함으로 질량과 에너지가 떨어져 나간다. (광자가 빛을 내려면 수소가
있어야 가능하기에 단지 원자의 하나일 따름이다.) 이를 두고, 호킹의 발
산이라고 부른다. 그 뒤로 남아 있는 것은 물질이 아니며 그리고 모든 게
그대로 남아 있다. 이 기간 동안의 물질인 소립자의 중력과 광자는 정말
시간 또는 공간 두 가지가 없는 때가 있었다. (중력과 빛의 입자는 시공
간과 접촉하지 않았기에 존재하지 않는다.) 그리고 나서 모든 게 다시 시
작한다.」(불교의 윤회)

깜깜한 우주에서 38억 만 년 뒤에 수소가 발생되고, 이에 광자가 붙어서
빛이 생겨났다.

노자가 본 우주

왕필통행본 제5장

原文

天地不仁, 以萬物爲芻狗. 聖人不仁, 以百姓爲芻狗.

天地之間, 其猶橐籥乎. 虛而不屈, 動而愈出.

多聞數窮, 不若守於中. (多言數窮 不如守中)

直譯

天地不仁 以萬物爲芻狗
천 지 불 인 이 만 물 위 추 구
천지도 어질지는 않아서 만물들을 꼴개로 여긴다.

聖人不仁 以百姓爲芻狗
성 인 불 인 이 백 성 위 추 구
성인도 어질지만은 않아 다스리는 백성들을 꼴개로 삼는다.

天地之間 其猶橐籥乎
천 지 지 간 기 유 탁 약 호
하늘과 땅 사이란 오히려 풀무 같은 것이 아니냐?

虛而不屈 動而愈出
허 이 불 굴 동 이 유 출
비었어도 짜부라들지 않고 움직이기만 하면 더욱 많이 나온다.

多聞數窮 不若守於中
다 문 삭 궁 불 약 수 어 중
많이 들을수록 자주 궁색해지니 중심을 잡는 것만 못하다.

(혹은) 多言數窮 不如守中
　　　다 언 삭 궁 불 여 수 중
말을 많이 하면 자주 막히게 되니 중심에 있는 것이 더 낫다.

意譯

　하늘도 땅도 어질지는 않아서 세상의 만물들을 꼴개로 여길 뿐이다. 가장 잘난 사람도 어질지만은 않아 그가 다스리는 백성들을 꼴개로 삼는다. 천지사이 즉, 우주공간이란 오히려 풀무 같은 것이라 비유할 수 있을 것이다.

　우주공간은 마치 풀무처럼, 그 속이 비어있는 것 같이 보일지라도 짜부라들지 않고 움직이기만 하면 거기서 바람이 더욱 많이 나오듯, 블랙홀에서 빅뱅현상에 의해 새로운 천체가 생겨난다. 많이 들을수록 더 자주 궁색해지는 것이니, 중심을 잡고 있는 것만 못하다. 혹은, 말을 너무 많이 하면 자주 막히게 되니 중심에 있는 것이 더 낫다.

解說

　이 5장은 노자(老子)가 직관의 사유(思惟)로 알아낸 우주를 묘사한 글이다.

노자의 저서(著書)는 크게는 왕필통행본(王弼通行本)과 죽간본(竹簡本), 금서본(帛書本)으로 나뉘어 전해 오는데, 서로 간에 다소 차이가 난다.

위의 괄호 안에 든 문장이 금서본 문구이다. 우선 지구만을 보더라도 이 천지는 지진, 홍수, 소행성들과의 충돌, 화산들의 폭발, 갑작스런 지축의 변화 등 이루 헤아릴 수 없는 재난에 의해 생명체는 속절없이 사라진다. 그래서 이 우주는 인자하지 않다고 언급한 것이다. 이에 따라 만물을 모두 꼴개 취급을 하는 것이며, 깨달은 사람이 왕이나 통치자가 되더라도 백성들의 어버이로 자처하면서도 전쟁이나 피치 못할 일이 생기면 백성들을 잔인하게 죽이는 전쟁에 내몰거나 잘못이 있으면 형벌을 가해 꼴개 취급을 한다는 것이다.

여기서 꼴개란, 옛날 풍습 중에서 지신제, 토신제, 산신제, 기우제, 하신제 등을 지낼 때 여건에 따라서 제상에 올릴 소, 양, 돼지 등이 없으면 풀을 소재로 하여 그 가축(家畜) 형상으로 묶어 만들어 제상에 올렸다가 제사가 끝나면 그냥 버리거나 태워버렸던 제물(祭物)을 일컫는다.

전쟁은 백성을 꼴개로 만드는 것에 지나지 않는다. 왜 그러는 것이며 왜 그래야 하는 걸까? 이 우주(천지 세상)란 마치 풀무 같아서 풀무 자루를 밀어 속을 다 비워도 육면체의 틀인 풀무 그 자체는 찌그러들지도 않고, 밀고 당기기를 더 할수록 더 많은 바람이 생겨 밀려 나온다는 것이다. 바람을 일으켜 불을 지피자면 풀무는 밀고 당겨야 한다. 이처럼 우주 또한 그렇다고 본 것이다. 수명이 다한 행성이나 항성이 백색왜성이나 적색거성의 과정을 거쳐 종국에는 블랙홀로 빨려 들어가 그 공간은 텅 빈 것처럼 보이지만, 어느 순간에는 빅뱅 현상에 의해 새로운 천체가 생겨나는 것이다.

현대과학이 발견한 바로는, 우리의 우주공간에도 밀도가 일정하지

않다. 어느 곳은 조밀하고 어느 곳은 비어있어 풀무를 밀고 당겼을 때
와 다름없다는 것이다. 그러니까 이렇다 저렇다 말을 많이 해 봐야(이유
를 따져들어 보지만) 더 모르는 궁색함에 빠지고 만다. 그래서 말을 하지
않고 중도를 지킴이 옳다는 것이다.

餘說

    상자 모양의 풀무는 속바람을 다 빼어도 찌그러들지는 않는다. 그러
나 풀무 손잡이를 앞뒤로 당기는 움직임을 가하면 바람이 더욱더 많이
나온다.(탁약은 풀무를 지칭함).

    노자 시대에는 지금 우리가 말하는 우주(Universe) 또는 대우주
(Cosmos)라는 용어의 개념이 따로 있지 않아 우주를 천지(天地)로 표현
했을 뿐이다. 그 우주는 어질지만은 않다는 것이다. 가깝게는 천둥과
벼락이 쳐대어 사람이 사는 집을 부수고 태우거나, 큰물이 일어 홍수
로 모든 것을 쓸어버리기도 한다. 그러나 거시적인 큰 규모에서 보면 은
하(Galaxy)는 은하를 잡아먹기도 하고, 별들과 은하는 형체도 없이 오그
라들어 블랙홀(Black-hole) 속으로 빨려 들어가기도 한다. 거기에는 인
자(仁慈)함과는 전혀 관계가 없다.

    사람 가운데 성인(聖人)으로 불릴 만한 지도자들은 과연 어떠한가?
의(義)를 위한 전쟁을 한다지만, 그런 전쟁은 그 전쟁으로 인해 죽고 다
쳐야 하는 사람들 편에서 보면 인자하기는커녕 살인자에 지나지 않는
것이다.

    위 본문에 꼴개라고 한 것은, 옛날 가난한 백성들이 제사(祭祀)를 지
낼 때 소, 돼지, 양을 잡아 상(床)에 올릴 수는 없으니까 대신에 풀(草)

을 이용하여 그 가축의 형태로 만들어 대신 올렸던 것을 풀로 만든 개, 다시 말해 꼴개라 부른 것이다. 이 풀로 만든 동물 형상은 그 제사가 끝나면 아무 데나 쓰레기로 버려졌기에 쓸모없다는 표현으로 추구(芻狗)라고 한 것이다. 천지와 성인은 어질기만 해서는 아니 되는 것이 이 자연의 큰 법칙이라는 말이다.

마지막 문장은 죽간본과 백서본이 서로 상이하지만 파고들면 그 뜻은 같다. 많이 들어도 자주 막히는 것이고, 말을 많이 해도 자주 막히는 것은 같은 의미이다. 중심을 꼭 붙들지 않으면 되는 일이 없다는 것은, 일반 사람들의 경험으로도 다 알 수 있는 것 아닌가? 여기서 더 이상 무슨 설명이나 해설이 필요한가?

요즈음의 고전 해설서를 보면 상당수가 해설자의 해설 또는 번역문을 먼저 써 놓고 원전(原文)의 문장은 뒤에 놓고 있는 것을 흔히 본다. 이는 그 자의 해석이 먼저이고 원저술자(元著述者)는 그 해설자를 위해 존재하는 것처럼 보인다. 한 마디로 고전(古典)을 거론할 예의조차 없는 행위를 하고 있다고 본다. 필자는 교양문을 쓰지 않는 한, 원문(原文)을 앞에 두어 읽을 수 있는 사람은 뒤따르는 저자의 해석에 얽매이지 않고 자유롭게 그 뜻을 탐구토록 할 것이다.

우주생성의 원리

왕필통행본 제6장

原文

谷神不死, 是謂玄牝. 玄牝之門, 是謂天地根. 綿綿若存, 用之不勤.

直譯

谷神不死 是謂玄牝
곡 신 불 사 시 위 현 빈
기르는 신은 죽지 않는다. 그래서 이를 원초적인 암컷이라 부른다.

玄牝之門 是謂天地根
현 빈 지 문 시 위 천 지 근
그 원초적인 암컷의 문을 우주의 뿌리라고 한다.

綿綿若存 用之不勤
면 면 약 존 용 지 불 근
이어지고 이어져 있는 것 같고 아무리 써도 더 부지런해지지 않는다.

이 6장은 노자가 직관으로 본 우주의 생성원리를 밝혀 놓은 문장으로 25자(字)의 매우 짧은 글이지만 난해(難解)하기로 첫째가는 장(章)이다. 직역으로는 무슨 말을 했는지 도무지 알 도리가 없다. 이 노자의 글은 직간접의 대화체이거나 해설방식이 아니라 깊은 직관적 사색으로 도출한 결론만을 글로 썼기 때문이다. 따라서, 노자의 저술을 읽으려면 노자처럼 깊이 생각하지 않고는 그의 말을 이해하기가 힘들다.

노자의 사상을 사람들이 살아가는 것에 대한 도리(道)나 행해야 할 덕(德)을 설명한 경전으로 본다면 이 6장은 차라리 없는 것이 나을 것이다.

'곡신(谷神)'은 기르는 신, '현빈(玄牝)'은 원초적인 암컷, '불근(不勤)'은 부지런하지 않다는 뜻이고, '면면(綿綿)'은 끊임없이 이어진다는 뜻으로 모르는 글자나 단어는 없을 것이다. 그렇다면 도대체 무슨 뜻의 말인가? 문맥이 통해야 성현(聖賢)의 반열에 드는 노자의 말이라고 할 것이 아닌가?

그렇다면 곡신(谷神)을 블랙홀(Black-Hole)로 대입해 보시라.

얼마 전 스페인의 천체망원경은 시그너스(Cygnus) A로 불리는 은하 중심에 있는 거대한 블랙홀이 분출하는 광경을 캐치했는데, 그 거리가 자그마치 6억 광년이라고 하니까 현재의 지구인이 보는 광경은 6억년 전의 상황인 것이다.

블랙홀(Black-Hole)이야 말로 우주의 원초적인, 낳고 기르는 신인 것이다. 그러나 보이지는 않는다. 또한 그래서 까만 암컷이 되는 것이다. 그 까만 암컷인 블랙홀의 닫혔던 문이 열리면 우주가 생겨나니까, 그 현빈의 문은 우주(천지)의 뿌리가 되는 것이다. 이 블랙홀은 보이지 않기 때문에 이어지고 또 이어져 있는 것 같을 뿐이라는 것이다.

노자는 블랙홀이 빅뱅(Big-Bang)을 일으키는 것을 쓴다고 표현하고 있는데 노자 당시에는 다른 표현을 찾을 수 없었을 것이다. 블랙홀은 빅뱅을 일으켜 우주 하나를 분출시켰다고 하여 부지런하게 또 분출할 것을 서둘러 만들지도 않는다.

이제 노자가 무슨 말을 했는지 이해 혹은 감이라도 잡았을 것이리라! 아무런 과학적 기구도 없이 직관과 통찰력만으로 우주의 기원을 고찰한 노자를 이해하기가 너무도 어려울 수밖에 없다. 특히, 그가 이 저서(著書)를 집필할 때 어떤 서적을 참고로 보면서 쓴 것이 아니라, 함곡관이라는 세관에 있으면서 붓과 죽간만 가지고 자신의 두뇌 속에 든 것을 써내려 간 것이라는 데 생각이 미치면, 그저 놀라움의 감탄만 있을 따름이다. 그의 전 직업은 요즘으로 말하면, 국립도서관의 사서였을 뿐인데 말이다.

이 노자와 나중에 노자를 해설한 왕필이라는, 스물네 살을 전후한 나이에 죽은 사람은 인류가 낳은 천재 중의 천재로 보아야 할 수밖에 없다.

餘說

존재를 기르는 신(다른 말로는 표현할 말이 없기에 神이라 했다)은 죽을 수가 없는 것인데 이를 언어로 표현하면 가물한 암컷이라 할 수밖에 없었을 것이다. 결국 이 곡신(谷神)이라는 글자는 블랙홀(Black hole)을 말함이고 억지 표현을 쓰면 알지 못할 암컷이 된다. 이 가물한 암컷인 Black Hole의 문은 우주만물과 만상의 근원이라고 하는 것이다.

이 Black Hole은 보이지 않아도 사라지지 않고 이어지고 이어져서 있는 것이다. 블랙홀(Black Hole)은 빅뱅(Big Bang)을 수천 번 수억 번 계속해도 피곤해하지도 않고 힘들다고 하지도 않는다. 현대의 양자이론에서야 Big Bang은 1회성이 아니라 버블(Bubble)에 의한 무한히 지속되는 것으로 알려졌다.

노자는 이 우주가 Black Hole로부터 Big Bang에 의해 생겨난 것이고 반자도지동(反者道之動)으로, 도로 Black Hole로 되돌아가는 순환일 뿐이라는 것을 알았고, 그것을 도(道, Tao)라고 한 것이다.

태초에 빅뱅으로부터 우주가 창조되었다는 가설을 뒤집는 가설이 제기되었다. 빅뱅(우주 대폭발) 이전에 벌어진 사건의 흔적이 담긴 증거를 현 우주에서 찾았다는 과학자들의 주장이 나왔다. 지금의 우주 탄생하기 전에 또 다른 우주가 있었다는 내용으로 이는 무(無)에서 우주가 탄생했다는 기존 가설을 뒤집는 것이어서 주목된다.

빅뱅이론의 한 점에서 기하급수적 팽창에 의한 우주가 형성되었다는 가설에 반하는 공형순환 우주론(Conformal Cyclic Cosmology)은 로즈 펜로즈가 제안한 이론으로, 시간의 단위 이온(ion, 빅뱅 이후의 현세)이 무한 반복되는 가운데 이전 이온 말기에 빅뱅이 발생해 새로운 이온이 탄생했다는 가설이다.

옥스퍼드대 로즈 펜로즈 교수 연구팀은 우주 배경복사를 관찰하고 분석하여 배경복사의 변화가 비정상적으로 낮은 은하단 주변에서 빅뱅 이전에 일어난 사건의 흔적을 담은 고리 모양을 발견했다고 전한다. 드디어 태초 이전에는 아무것도 존재 이유가 없었다는 빅뱅 이론에서 벗어난, 태초 이전에는 무엇이 존재했느냐는 철학적 물음에 대한 지평이 열릴 것 같다.

우주 탄생의 여러 이론인 특이점, 상이점, 그리고 초끈이론 등에서 이젠 새로운 공형순환 우주론까지 확대되어 과학자들에겐 흥미로운 일이다. 초끈이론(super string)에서는 우주의 탄생을 점이 아닌 끈으로 가정하고 있다. 초끈은 우리에게 익숙한 3차원 공간, 혹은 시간을 고려한 4차원 공간이 아닌 10차원 또는 11차원 공간에 존재한다는 가설 단계의 이론이다.

우주와 인간의 관계

왕필통행본 제7장

原文

天長地久. 天地所以能長且久者, 以其不自生, 故能長生.

是以聖人, 後其身而身先, 外其身而身存.

非以其無私邪, 故能成其私.

直譯

天長地久
천 장 지 구
하늘은 크고 땅은 한정되어 있다.

天地所以能長且久者
천 지 소 이 능 장 차 구 자
하늘과 땅이 능히 크고 한정되었다는 것은

以其不自生
이 기 부 자 생
스스로 생겨난 것이 아니기 때문이다.

故能長生
고 능 장 생
그래서 능히 무궁한 것이다.

是以聖人
시 이 성 인
이러한 것을 알기 때문에 깨달은 사람은

後其身而身先
후 기 신 이 신 선
자신의 몸을 뒤로 빼는 것으로 하여 앞에 나서고

外其身而身存
외 기 신 이 신 존
자신의 몸을 버림으로써 그 몸을 보존하는 것이다.

非以其無私邪
비 이 기 무 사 사
이것이 나를 주장하지 않음이 아니겠는가?

故能成其私
고 능 성 기 사
그 때문에 능히 나를 마치게 되는 것이다.

解說

　이 7장 역시 난해하기는 무척 난해하고 이론의 생략이 많아 얼핏 이 해되지 않는 우주론과 그런 우주를 대하는 인생론이 복합된 노자의 머 릿속을 엿 볼 수 있는 글로 보아야 할 것이다.

　이 문장에 나오는 장(長)은 "길다"는 뜻이 아니고 "크다"는 뜻이며, 구 (久)는 "오래 간다"는 뜻이 아니며 "막혔다, 한정되다"라는 뜻이다. 하늘 이라는 공간은 무한이지만, 땅은 둥근 구체(球體)로 한정된 크기의 별이 다. 하늘과 땅이란 우주를 말함이고 이 우주는 스스로 태어난 것이 아니라 시간과 공간은 빅뱅(Big-Bang)에 의해 1초라는 시간 단위의 몇만분의 1이라는 짧은 순간에 있어지게 된 존재이기에, 주어진 대로 무궁한 시공간을 누리는 것이다.

이러한 사실을 터득한 깨달은 사람이 살아가는 삶의 태도는 무슨 일에도 앞에 나서지 않고 자신을 뒤로 세우지만, 그것이 도리어 앞서게 되는 것이고(기독교 성경에서도 앞서는 자가 나중이 되고 뒤서는 자가 앞서게 된다는 교훈과 같은 의미), 자신을 버릴 용기가 있어야만 자신을 보전한다(즉 死卽生의 논리)는 것을 우주의 원리와 같다고 본 것이다. 잘난 척 앞서지 않으면서도 스스로를 버릴 줄 안다는 것은 나를 주장하지 않아야만 가능한 일이며, 그럼으로써 도리어 그러는 나를 바르게 마감할 수 있다는 것이다.

여기서도 성(成)이라는 글자를 '이룬다'가 아니라 '마친다'로 보아야 바른 해석이 된다. 노자를 읽을 때는, 잘 안다고 생각하는 글자도 그 글자의 뜻이 진정 무엇인지를 반드시 《한한대자전(漢韓大字典)》에서 다시 찾아보아야 한다.

餘說

우주공간(Space)은 길이가 150억 광년일 만큼 그 어느 방향으로도 길다. 그리고 별들은 우주가 생긴 때로 거슬러 갈 만큼 오래됐다.

이들이 왜 이리도 크고 오래될 수 있었을까? 그것은 이들이 스스로 생겨나고 싶어서 생긴 것이 아니기 때문이다. 우리가 알고 있는 시공간(Space-Time)은 빅뱅(Big Bang)으로 인해 자의와는 상관없이 생겨났기 때문이라는 것이다. 단 한마디도 덧붙일 말이 없다.

우주가 이러하다는 것을 깨친 인간이라는 존재는 우주와 마찬가지로 내가 무엇을 하고자 해서 생겨난 것이 아니기에, 앞서서 무엇을 할 수 있는 존재로 태어난 것이 아니기에, 자연을 뒤따라야만 그것이 나를 앞세우는 존재일 수 있다는 말이다. 그리고 내 몸이 그 자체로 자연이기에 나라는 의식을 버려야만 내 몸이 존재의 가치를 있는 그대로 발양한다는 뜻이다. 이것이 나라는 개인(私)이 없다는 것이 아니고 무엇이겠는가? 그런 생각을 가져야만 진정한 나라는 존재를 이룰 수 있다고 했다. 이것이 이 우주에서 우리 인간의 위치이다. 여기서 우리는 힌두의 공(空, Sunyata, The aesthetic ultimate undifferentiated continuum) 사상과 노자의 무아(無我, 無爲)가 그 의미에서는 같은 것임을 새삼 발견하게 된다. 인간은 우주의 일부이지 독자적인 존재가 아니기에 삶과 죽음도 오직 순환 내지 변화일 뿐이다.

有物來來不盡來
유 물 래 래 부 진 래
이 세상 모든 것 생기고 생겨 생김에 끝이 없으니

來纔盡處又從來
래 재 진 처 우 종 래
오는 것이 겨우 다 되었다 싶으면 또 생겨나

來來本自來無始
래 래 본 자 래 무 시
생겨나고 생겨남이 본래 시작 없음에서 생겨 나는데

爲問君初何所來
위 문 군 초 하 소 래
그대에게 묻노니 애당초 어디에서 오게 되었는가」

이 시(詩)는 조선조 성종부터 명종 때 활동한 화담(花潭) 서경덕(徐敬德)이 지은 〈유물(有物, 만물)〉이라는 제목의 시다. 화담은 어릴 적 대학(大學)을 공부할 때 치지재격물(致知在格物)이 나오자, "학문을 하면서 먼저 격물을 하지 않으면 어디에 쓰겠느냐?"며 탄식했다고 한다. 격물(格物)과 치지(致知)는 大學의 8조목(條目) 중의 하나인데 격물은 물(物)에 이른다는 것으로 하나하나의 물(物)에 대한 리(理)가 지(知)에 의하여 구극점(究極点)까지 도달한다는 뜻이다. 이 시(詩)는 아마도 격물에 관한 철리(哲理)를 읊은 것으로 생각된다.

블랙홀과 현덕玄德
왕필통행본 제10장

原文

載營魄抱一 能無離乎 專氣致柔 能嬰兒乎 滌除玄覽 能無疵乎

愛民治國 能無爲乎 天門開闔 能爲雌乎 明白四達 能無爲乎

生之畜之 生而不有 爲而不恃 長而不宰 是謂玄德

直譯

載營魄抱一 能無離乎
재 영 백 포 일 능 무 리 호
정신과 육체를 하나로 합일시켜 이를 능히 분리시키지 않을 수 있겠는가?

專氣致柔 能嬰兒乎
전 기 치 유 능 영 아 호
오로지 기운를 부드럽게 하여 갓난아이처럼 할 수 있겠는가?

滌除玄覽 能無疵乎
척 제 현 람 능 무 자 호
본질을 비추는 거울을 잘 닦아 티끌이 없도록 할 수 있겠는가?

愛民治國 能無爲乎
애 민 치 국 능 무 위 호
백성을 사랑하고 나라를 다스림에 무위로 할 수 있겠는가?

天門開闔 能無爲乎
천 문 개 합 능 무 위 호
만물을 낳는 것을 능히 암컷처럼 할 수 있겠는가?

明白四達 能無爲乎
명 백 사 달 능 무 위 호
명백히 사방으로 통하여 능히 무위할 수 있겠는가?

生之畜之
생 지 축 지
(블랙홀은) 만물을 낳고 기르며

生而不有 爲而不恃
생 이 불 유 위 이 불 시
낳았으되 내 것이라 하지 않고 일을 이루되 믿지 아니하고

長而不宰 是謂玄德
장 이 부 재 시 위 현 덕
장성시키되 다스리지 않으니 이를 일컬어 현덕이라 한다.

解說

첫 문장인 "재영백포일(載營魄抱一)"에서 영(營)은 몸 려(呂)의 의미로 백(魄)과 같이 쓰여서 혼(魂)으로 대입해야 한다. 즉, "혼백(魂魄)을 싣고 하나로 안아 떠나지 않게 할 수 있겠는가?"로 해석되며 하나로 안는다는 것은 사람의 생각과 행동이 진리의 뜻대로 할 수 있어야 함을 말한다.

한편, 사람이 죽으면 영혼백(靈魂魄)으로 분리되는데 영은 죽은 자의 에너지만큼의 우주로 방향성을 가지고 떠나가며, 백은 시신과 함께 땅

속으로 들어가고, 혼은 영과 백 사이를 염속(念速, Mind Speed)으로 이동하게 된다.

"척제현람(滌除玄覽)"에서 현(玄)과 람(覽)의 두 글자를 합하면 거울 감(鑑)과 같은 뜻이 된다. 따라서 이 구절은, 수양(修養)의 차원으로 거울을 닦는 일은 마음을 닦는 일이 되는 것이다. 깨끗하게 한다는 것은 결국, 분주한 혼(魂)의 기능을 제거하여 어린아이와 같이 순수한 상태를 말하는 것이다. 그 순수한 상태가 바로 도(道, 블랙홀, Black hole)라고 했다.

천문의 열고 닫음(天門開闔)이란 블랙홀의 역할과 작용이다. 여기서 천문(天門)은, 여자의 옥문(성기)를 뜻한다. 천문은 1장에 나온 중묘의 문(衆妙之門)이고, 6장에 나온 현빈의 문(玄牝之門)과 동일한 의미이다.

또한 40장의 "천하만물생어유(天下萬物生於有)"의 만물이 발생하는 유(有)와 그 유를 낳는 무(有生於無)와 도(블랙홀)가 작용하는 천문은 같은 맥락으로 봐야 한다. 만물을 낳는 하늘의 문이 작동하는 것은 암컷어미처럼 해야 한다는 말이다. 블랙홀은 만물을 낳고 기르며 낳고도 마치 존재하지 않는 것처럼 보인다. 앞쪽의 여섯 문장은 의문문으로 되어 있고, 나머지 문장들은 그 의문에 답하면서 해결책을 제시하고 있다.

현덕(玄德)이라고 함의 대상은 바로 블랙홀을 일컫는다. 기능을 다한 천체들을 블랙홀 속으로 빨아들이는 한편, 때로는 빅뱅을 통하여 새로운 천체를 낳는 과정을 반복하면서도 그 일을 게을리하거나 그 이해관계를 주장하여 간섭하거나 영향력을 행사하지 않는 것을 두고 한 표현인 것이다.

우리 우주는 138억 년 전에 빅뱅(Big bang, 대폭발)으로 생성됐었다는 설도 있는데, 태양계를 포함하는 우주는 지금도 계속 팽창하고 있다. 그렇다면 그 빅뱅 이전엔 무엇이 있었으며 빅뱅을 일으킨 힘은 무엇일까? 물리학에서는 어떤 작용일지라도 전과 후의 질량이 같아야 한다는 질량 보존의 법칙이 있다. 그래서 빅뱅 이전의 한 점은 단순히 작은 점이 아니라, 우주의 모든 물질과 같은 양의 물질을 포함하고 있다고 봐야 한다.

따라서 블랙홀(Black-Hole) 속에서의 질량의 크기는 1/500~1/100배로 압축된 중력(Gravity)만이 있기에 Black-Hole은 우리 우주가 가진 힘 가운데는 가장 약한 중력으로 작용하여 아무리 채워도 다 차지 않으면서 언제나 텅 빈 것처럼 인식된다.

빅뱅을 일으키는 힘의 근원은 공간적 물질계가 아니라 시간계이다. 아인슈타인의 일반상대성이론에 의하면, 물질이 모여 그 덩어리가 커질수록 그곳의 시간은 점점 느려진다.

이 느려진 시간은 시공간계의 조화를 깰 수 있는데, 그 조화를 깨지 않기 위해 제자리로 되돌아가려는 반발력을 가진다. 이 반발력이 대폭발의 힘의 근원인 것이다.

블랙홀은 빛의 속도로 회전하고 있으며 그곳에 가까이 다가갈수록 속도는 느려진다고 한다. 블랙홀 속의 응집된 에너지가 시간계와 관계하며 늦춰진 시간의 반발력으로 엄청난 에너지를 받아 폭발한다. 빅뱅의 과정에서 늦춰진 시간은 1초보다 작은 극히 짧은 시간의 뒤틀림이 대폭발을 자아낸다는 것이다. 블랙홀에는 빛이 없는 것처럼 보이지만, 실은 빛이 없는 게 아니라 그 속에 응집되어 있을 뿐이다.

만물이 저절로 생겨나고 자라고 사라지는 것 같지만, 저절로 일어나는 것은 하나도 없다.

왕필본과 하상공본이 서로 글자가 다른 부분이 있다. 보통은 왕필본을 통행본으로 여기는데 어떤 곳에서는 혼재되어 사용되는 경우도 흔히 볼 수 있다. 필자는 "愛民治國 能無知乎"와 "明白四達 能無知乎"를 앞뒤 문구 공히 '能無爲乎'로 채택하였다.

노자가 본 우주의 시공간

왕필통행본 제14장

原文

視之不見者名曰夷, 聽之不聞者名曰希, 搏之不得者名曰微.

此三者不可致詰, 故混而爲一.

其上不皎, 其下不昧, 繩繩兮不可名, 復歸於無物.

是謂無狀之狀, 無物之狀, 是謂惚恍.

迎之不見其首, 隨之不見其後.

執古之道, 以御今之有, 能知古始, 是謂道紀.

直譯

視之不見者名曰夷
시 지 불 견 자 명 왈 이
보아도 보이지 않는 것을 이름하여 이,

聽之不聞者名曰希
청 지 불 문 자 명 왈 희
들어도 들리지 않는 것을 이름하여 희,

搏之不得者名曰微
박 지 불 득 자 명 왈 미
쥐어도 쥘 수없는 것을 이름하여 미라고 한다.

此三者不可致詰
차 삼 자 불 가 치 힐
이 세 가지는 따질 것이 못되기에

故混而爲一
고 혼 이 위 일
그래서 섞어서 하나로 생각해야 한다.

其上不曒 其下不昧
기 상 불 교 기 하 불 매
그 위는 밝지 않고, 아래는 어둡지 않으며,

繩繩兮不可名
승 승 혜 불 가 명
계속 이어지지만 이름을 붙일 수 없고,

復歸於無物
복 귀 어 무 물
되돌아오면 사물 없음이 된다.

是謂無狀之狀
시 위 무 상 지 상
이를 일컬어 모습 없음의 모습이라 하고,

無物之狀 是渭惚恍
무 물 지 상 시 위 홀 황
사물이 없는 형상이라 하며 그래서 황홀한 것이라고 한다.

迎之不見其首
영 지 불 견 기 수
맞으려 해도 그 머리를 볼 수 없고,

隨之不見其後
수 지 불 견 기 후
따르려 해도 그 뒤를 볼 수가 없다.

執古之道 以御今之有
집 고 지 도 이 어 금 지 유
옛 지나온 이치를 되짚어 주고 지금을 의거할 수 있어야,

能之古始
능 지 고 시
옛 시작을 능히 알 수 있는 것이다.

是謂道紀
시 위 도 기
이를 일컬어 우주원리의 벼리라고 한다.

意譯

노자는 우주를 표현하기를 보아도 보이지 않는 것을 이름하여 크다고 하고, 들어도 들리지 않는 것을 이름하여 성글다 하며, 쥐어도 쥘 수 없는 것을 이름하여 미세하다고 한다. 이 세 가지는 따져야 하는 성질의 것이 못된다. 그래서 한 데 섞어서 하나로 생각해야 한다.

우주의 위라고 밝은 것도 아니고 그 아래라고 어두운 것이 아니며, 계속 이어지지만 이름을 붙일 수 없고, 되돌아오면 사물 없음이 된다. 이 우주를 일컬어 모습 없음의 모습이라 하고, 사물이 없는 형상이라 하며 그래서 황홀한 것이라고 한다.

우주는 다가오는 것을 맞이하려 해도 그 머리를 볼 수 없고, 뒤를 따르려 해도 그 뒤를 볼 수가 없다. 옛 지나온 우주의 이치를 되짚어 주고 지금을 의거할 수 있어야 옛 시작을 능히 알 수 있는 것이다. 이를 일컬어 우주원리의 벼리(기준)라고 한다.

이 14장은 노자가 본 우주의 모습을 언급해 놓은 것이며 뒤에 나오는 43장과 그 의미가 상호 연결되어 있다. 이 장에서도 또 도무지 이해되지 않는 말만 했다. 도대체 무슨 말일까?

노자는 볼 수도 없을 만큼 크고, 들을 수도 없으며 쥘 수도 없는 것이지만 따져서도 안 되고 하나로만 알 수 있다고 했다. 그것의 위라고 해서 밝은 것도 아니요, 그것의 아래라고 해서 어둡기만 한 것도 아니고 이어지고 또 이어져 끊임도 없으나 이름 지을 수도 없고 사물이 없음으로 되돌아갈 수밖에 없는 것으로써, 형상 없는 형상이고 아무것도 없는 모습이어서 황홀하다는 것 말고는 붙일 말도 없고, 오는 것을 맞이하더라도 그 머리도 볼 수 없고, 뒤를 쫓아가도 뒤마저 볼 수 없는 것, 예전을 끄집어 들어 오늘의 있음을 알 수 있는 것 그것을 도기(도의 벼리)라고 하는데, 이것은 무엇인지 짐작이 되는가? 그것은 바로 시간이다. 시간은 도의 기본 벼리라는 말이다. 노자는 시공간(Space-Time)의 시간을 이렇게 표현했다.

현대 물리학의 가장 큰 의문이 무엇인가? 시공간이다. 노자는 시간이 황홀함의 극치이고, 시간이야말로 우주 근본의 벼리(기준)라고 2,600여 년도 훨씬 전에 이미 갈파했다. 이제 노자가 조금은 이해될 수 있겠는가?

독자 여러분! 지금도 노자가 저술(著述)해 놓은 것이 도(道)와 덕(德)에 대하여 논한 것이라고 믿으시는지? 노자는 그의 저서(著書)를 통해 우주를 말한 것이고, 그 우주 안에서 인간은 무엇이고 어떻게 무엇을 하면서 살아야 하는지를 그 나름대로 규범지어 놓은 것일 따름이다. 무위사상? 너무 웃겨 눈물이 날 지경이다. 모르면 모른다고나 해야 하지 않겠는가!

볼 수도 없고, 들을 수도 없고, 쥘 수도 없는 것을 이(夷)·희(希)·미(微)라고 부르는데, 그게 뭘까? 이 세 가지 요소가 하나로 뭉쳐버린 것이 무엇인가? 이것은 바로 물질의 기본 단위다.

현대물리학에서 말하는 물질의 기본 단위는 끈(string)이고, 그 크기는 1플랭크인데 10-33cm다.(0.000의 0이 서른셋이 붙은 다음 cm이다) 이 기본단위의 물질에 상하를 따질 수도 없고, 위는 밝고 아래는 어두울 수는 더욱 없는 것이다. 그런 이것은 이어지고 또 이어져 나가면서 진동량에 따라 이 우주 만물은 생겨나고, 이 이어짐이 풀리면 물질은 사라진다.

그렇다고 이 끈(string)이 사라지는 건 아니다. 이 얼마나 오묘한 조화인가? 보이지도. 들리지도. 쥘 수도 없는 것이 우주라니까! 이게 '모습 없는 모습'이 아니면 무엇인가? 물질이라는 게 과연 있는 것인가, 없는 것인가? 그래서 무물지상(無物之狀)이라고 밖에는 말할 수 없었던 것이다.

이걸 잡겠다고 그 머리를 찾고 뒤를 쫓는다고? 우리가 할 수 있는 것이라고는 예전에 이랬으니 지금 있는 것들도 그 원리에 맞춰 보는 것, 그것뿐이다. 도의 원리는 더 이상은 없다. 이 장을 가지고 도덕적인 해석이나 해설을 하거든 그냥 웃어넘기고 마시라!

우리은하의 중심은 텅 비어있다고 한다. 천문학자들이 최근 남아프리카에 있는 천체망원경으로 관찰한 결과는 놀랍게도 우리가 속한 은하(Galaxy Way)의 중심은 150광년(光年) 직경의 텅 빈 공간이고, 그 중심(Core)으로부터 8,000광년까지에는 젊은 별들로 알려진 변광성(Cepheids)도 드문 별들의 사막이라 한다. 놀라운 일이다. 알려진 것처럼 우리은하는 수십억의 태양들로 100,000광년에 걸친 크기의 복잡한 나선형의 구체이다. 이 은하의 중심에서 우리의 지구는 26,000광년 거리에 위치한 생겨난 지 46억 년 된 태양의 위성이다. 위에서 말한 변광성이란 태어난 지 1천만~3천만 년 된 새 별들을 말한다. 우리 은하계에 있는 별들도 사람들처럼 늘 새로 태어나고 또 늙으면 사라진다.

우주의 불확정성

왕필통행본 제16장

致虛極, 守靜篤, 萬物竝作, 吾以觀復.

夫物芸芸, 各復歸其根. 歸根曰靜, 是謂復命. 復命曰常, 知常曰明.

不知常, 妄作凶, 知常容, 容乃公, 公乃王, 王乃天, 天乃道,

道乃久, 沒身不殆.

直譯

致虛極 守靜篤
치 허 극 수 정 독
텅 빔에 이르기를 지극히 하고, 고요함을 지키기를 돈독히 하면

萬物竝作 吾以觀復
만 물 병 작 오 이 관 복
만물이 무성하게 일어나지만 나는 그 돌아감을 보노라.

夫物芸芸 各復歸其根
부 물 운 운 각 복 귀 기 근
대저 만물은 많고도 성(盛)하지만, 제각각 그 근원으로 돌아간다.

歸根曰靜
귀 근 왈 정
근원으로 돌아감을 가로되 고요함이라 하고,

是謂復命
시 위 복 명
이를 일컬어 본성(本性)을 회복한다고 한다.

復命曰常
복 명 왈 상
본성을 회복함을 상(常, 참된 것 영원한 것 변치 않는 것)이라 하고

知常曰明
지 상 왈 명
이 상(常)을 아는 것을 밝다(明)고 한다.

不知常, 妄作凶
부 지 상 망 작 흉
상(常)을 알지 못하면 망령되이 흉사(凶事)를 짓게 되나니,

知常容 容乃公
지 상 용 용 내 공
상(常)을 알면 포용하게 되고, 포용하게 되면 공평하게 되며,

公乃王
공 내 왕
공평하게 되면 (자기 자신과 삶의 진정한) 주인이 되며,

王乃天. 天乃道, 道乃久
왕 내 천 천 내 도 도 내 구
이 주인됨이 곧 하늘이며, 하늘은 곧 도(道)요, 도(道)는 영원하나니,

沒身不殆
몰 신 불 태
몸이 다하도록 위태롭지 않다.

노자가 이 16장(章)에서 제각각 그 근원으로 돌아간다는 말을 통하여 귀근(歸根)을 말하고 있지만, 사실은 돌아가야 할 근원도, 근원으로의 돌아감이라는 것도 없다. 그러한 것들은 앞에서도 말한 것처럼, 다만 우리의 사고(思考), 즉 분별심(分別心)이 만들어 낸 환상일 뿐이다. 우리는 지금 이 순간 이미 근원(根源)의 자리에 있으며, 지금 여기가 또한 이미 근원이다. 우리는 단 한 순간도 그 근원의 자리를 떠난 적이 없다. 필자는 이를 양자역학(量子力學)에서의 '불확정성의 원리'를 통하여 증명해 보이고자 한다.

불확정성의 원리는 양자역학(量子力學)의 기본원리로서, 입자(粒子)와 파동(波動)의 이중성을 이해하기 위해 1927년 하이젠베르크(W.K.Heisenberg)가 도입한 원리이다. 이것을 한마디로 말하자면 입자(粒子)의 위치와 운동량은 동시에 확정된 값을 가질 수 없다는 것이다. 즉, 하나의 입자는 위치와 운동량이라는 두 가지 성질을 동시에 가지는데, 입자의 위치를 정확하게 측정하려 하면 운동량의 측정이 부정확하게 되고, 반대로 입자의 운동량을 정확하게 알고자 하면 입자의 위치는 완전히 불확실하고 알 수 없게 된다는 것이다. 이러한 하이젠베르크의 불확정성의 원리로 인해 19세기 초 뉴턴(Newton)역학을 바탕으로 한 결정론적 세계관이 무너지고, 물리세계에서의 미래를 정확하게 예측할 수는 없으며, 단지 통계적으로만 기술할 수 있다는 비결정론적인 새로운 세계관이 대두되었다.

그런데 사실 필자는 물리학(物理學)의 세계를 자세히는 모른다. 고등학교 다닐 때 물리나 화학 과목이란 가슴을 답답하게 하는 어려운 내용일 뿐이었다.

그런데 노자의 이 16장(章)을 풀이하는데 필자가 잘 알지도 못하는 물리학의 이론들을 언급하는 것은, 삶과 인생(人生)과 자아(自我) 등에 관심이 있어 우연히 어떤 책을 읽다가 하이젠베르크의 불확정성의 원리의 그 짤막한 명제(命題)와 그에 대한 약간의 설명을 접하는 순간 문득 그것이 필자에게는 우리가 그토록 갈망하는 삶과 영혼의 자유가 어디에 있는지를 쉽게 설명할 수 있는 절묘한 방편으로 다가왔기 때문이다.

그것에 바탕하여, 노자의 귀근(歸根)을 설명하고자 한다.

불확정성의 원리에서 필자가 주목한 것은, 하나의 입자(粒子)는 위치와 운동량이라는 두 가지 성질을 동시에 지닌다는 것이다. 즉, 위치라는 관점에서 볼라치면 운동량의 측정이 불확실해지고, 반대로 운동량의 관점에서 보면 위치가 불분명해져 도무지 알 수 없게 된다는 것인데, 이를 그대로 우리 자신과 삶에 적용해 보면, 지금 이 순간의 우리 자신과 삶 그 자체에도 분명 위치와 운동량이라는 두 가지 성질이 동시에 존재한다.

그런데도 우리는 언제나 운동량이라는 측면에서만 자기 자신과 삶을 들여다보고 위치라는 관점을 놓쳐버리기에, 안타깝게도 어느 순간에건 자기답지 못하고, 자신다움의 모든 것을 잃어버린 채, 부초(浮草)처럼 떠다니게 되는 것이다.

여기에 우리 존재와 삶이 현재 점하고 있는 어떤 위치의 한 점(點)이 있다고 했을 때, 우리는 살아오면서 언제나 그것을 다른 점(點)들과의 비교선상에서만 바라보도록 오랫동안 조건 지어져 왔으며 또한 그렇게 길들여져 왔다. 그래서 이젠 아예 그 점(點)을 그 점 자체로서 바라보는 눈을 잃어버려 어떤 것이든 다만 비교선상의 한 점으로밖에 볼 수 없게 되었으며, 나아가 삶과 세계(世界)가 실제로 그렇게 되어 있다고 믿어버리게 되었다. 한마디로 말하자면, 비교하지 않으면 이해하지 못하게 된 것이다.

그렇게 우리는 언제나 비교선상에서만 자기 자신과 삶을 보아왔고, 또한 그런 측면에서만 인간과 그 관계들을 이해해 왔기에, 단 한 순간도 진정으로 자기 자신과 삶에 뿌리내리지 못한 채 언제나 우왕좌왕할 수밖에 없었던 것이다. 이것은 마치 불확정성의 원리에서 운동량에 주목하면 위치가 불분명해져 도무지 알 수 없게 되는 것과 똑같다.

그러나 어린아이들은 그렇지 않다. 그들은 아직 이 눈을 잃어버리지 않았다. 그래서 자신을 남과의 비교선상에 두지도 않으며, 자신의 현재의 모습을 과거나 미래의 그것과 비교하지도 않는다. 어린아이들은 매 순간순간 다만 자기 자신으로서 존재할 뿐이며, 오직 현재를 살 뿐이다. 그래서 그들은 언제나 자유롭고 행복한 것이다. 예수도 말하지 않았던가? "진실로 너희에게 이르노니, 너희가 돌이켜 어린아이들과 같이 되지 아니하면 결단코 천국에 들어가지 못하리라.(「마태복음 18:3」)"라고….

그러나 하나의 입자(粒子)가 위치와 운동량이라는 두 가지 성질을 동시에 지닌 것처럼, 우리네 삶과 존재도 다만 비교선상에서만 바라볼 수 없는 어떤 절대(絶對)의 창(窓)을 지금 이 순간 동시에 가지고 있다. 그리하여 오랜 세월 언제나 비교선상의 자신만을 바라보다 보니 어느새 우리 대부분에게 있어서 잊혀져버린 이 창(窓)이 삶의 어느 순간 다시 열리기만 하면 그 순간 우리 안에서는 지금까지와는 전혀 다른 눈이 뜨여져, 그토록 나를 지치게 하고 힘들게 하던 그 모든 갈증이 끝이 나고, 비로소 있는 그대로의 자기 자신과 삶에 편안할 수 있는 것이다.

그러나 사실 이 창(窓)은 닫힌 적이 없이 언제나 열려 있다. 그렇듯 우리는 지금 이 순간, 이미 절대(絶對)의 자리에 와 있다. 그런데도 우리

눈 앞을 가리는 한 가닥 분별심(分別心) 때문에 이를 깨닫지 못하고, 지금 여기는 아직 아니라 하며 끊임없이 방황하고 있으니, 이 안타까움을 어찌할꼬!

성경에도 다음과 같은 절묘한 구절이 보인다.

"열면 닫을 사람이 없고 닫으면 열 사람이 없는 그이가 가라사대, 볼지어다 내가 네 앞에 열린 문을 두었으되 능히 닫을 사람이 없으리라.(「요한계시록 3:7~8」)"

자, 그렇다면 이번엔 우리 자신에게로 눈을 돌려보자. 지금 이 순간의 나, 지금 여기에서의 나는 부족하거나 혹은 잘난 존재인가? 아니다! 나는 단지 나일뿐 아무것도 아니다(I am who I am). 비교하면 부족과 잘남이 나타나지만, 그리하여 그 허구에 스스로 끌려다니며 한없이 주눅들기도 하고 또한 허망하게 우쭐거리게도 되지만, 그냥 나를 나로서, 현재를 현재로, 사물을 사물 그 자체로 바라보는 눈이 내 안에서 뜨이면, 나는 현재는, 그리고 하나하나의 사물은 모두가 비교할 수 없는 소중한 절대자(絶對者)들이요, 절대(絶對)한 순간들 뿐. 그 어느 것 하나 그 어느 한순간도 높이거나 경솔히 할 수 없음을 알게 된다.

그렇게 모든 것을 다만 있는 그대로 바라보게 되면서, 그리고 바로 이러한 자각 속에서 진정한 자기로부터의 해방(解放)이 찾아온다. 근원으로 돌아감을 가로되 고요함이라 했으니, 진실로 이 사실을 알게 되고 지금 여기가 근원임을 알게 되면 그땐 고요함이 찾아온다. 내 영혼에는 비로소 쉼이 오고, 마음에는 한없는 평화가 깃든다. 비로소 나 자신(眞我)이 된 것이다.

자기 자신(眞我)을 앎을 상(常)이라 하고, 이 상(常)을 아는 것을 밝다고 한다. 그렇다. 내 안에 모든 것이 있기에 자기 자신을 알면 모든 것을 알게 된다. 이 사실을 알지 못하면 망령되이 흉사(凶事)를 짓게 되고 이때의 흉사(凶事)는 흉사의 모양을 하고 있지 않다. 다시 말하면, 지금 여기 이 자리 이 절대(絶對)의 자리를 떠나 귀근(歸根)하려는 일체의 몸 짓들이 다 흉사인 것이다. 그것은 마치 이미 이 자리에 있으면서 이 자리로 돌아오려는 어리석음 이외의 아무것도 아니다.

상(常)을 알면 모든 것을 있는 그대로 보게 된다. 그리하여 비교에서 오는 모든 간택(揀擇)이 사라지고, 이는 곧 자기 자신과 삶의 진정한 주인이 됨을 의미하며, 이 '주인됨', 그것이 곧 하늘이요 도(道)이다. 그 도는 영원하며 이때의 영원은 곧 지금 이 순간을 의미한다.

우리가 일반적으로 가지는 영원이라는 관념은 허구다. 영원은 언제나 지금 이 순간 여기에 있는 것이다. 현재는 언제나 새로우며, 우리가 바라는 모든 것이 이 현재 속에 올올이 다 녹아들어 있으므로 다만 현재를 살아야 한다. 그리하여 우리가 이 현재에 눈뜰 때, 그때 우리의 모든 존재와 모든 생명도 함께 깨어나 삶과 더불어 넘실넘실 지복(至福)의 춤을 추게 될 것이다.

如說

아래는 원효(元曉)대사의 시(詩)다.

心生故種種法生 心滅故龕墳不二 又三界唯心 萬法唯識
심 생 고 종 종 법 생 심 멸 고 감 분 불 이 우 삼 계 유 심 만 법 유 식

心外無法 胡用別求
심 외 무 법 호 용 별 구

"분별하는 마음이 일어나니 온갖 종류의 법(法)이 일어나고,
그 마음이 사라지니 감실(龕室)과 무덤이 둘 아니구나!

그렇듯 삼계(三界)가 오직 마음이요, 만법(萬法)이 오직 식(識)이로다.
마음 바깥에 법 없으니 어찌 따로이 구하겠는가!"

깨달음이란 그리고 우리네 삶과 영혼의 자유란 달리 멀리 있는 게 아
니다. 지금 서 있는 그 자리에서 자기 자신과 삶을 바라보는 눈 하나가
달라지면 비교선상의 그 자리가 바로 절대(絕對)의 자리인 것이다. 그렇
듯 우리는 이미 이 자리에 와 있고, 언제나 이 자리에 있었다.

불확정성의 원리에서 위치에 주목하면 운동량이 보이지 않게 되는
것과 꼭 같다. 초끈이론(Super string theory)에서는 물질의 궁극적 실체로
끈(string)이 온갖 다른 것을 만들어내는 원인을 질량에 의한 진동의 차
이로 보는데 이 현상을 원효대사는 연역적으로 해석했다.

더럽고 오염됐다는 것, 맑고 깨끗하다는 것은 합쳐질 경우 따로 도는
것이 아니라 서로 녹아들어 하나가 될 수밖에 없는데 그 원인은 본체
(실체)가 각각의 나(자아, 개체)로 존재하는 것이 아닌 까닭이다. 이 우주
는 더러운 우주와 깨끗한 우주가 따로 존재 하는 것이 아니라 그 둘이
녹아든 하나일 따름이다. 진동량이 많은 string도 적은 string도 string
일 뿐 그 둘이 합쳐지면 같은 것이라는 말이다. 이것은 참된 것이고 저
것은 거짓된 것이라는 구분이 한가지로 같아지는 이유는 더러움과 깨
끗함이 서로 녹아드는 까닭이다.

양자론(quantum theory)에 의하면 핵을 도는 쿼크(quark)는 여기에 있다
싶으면 저기로 가 있고 저기에 있어야 한다고 생각하면 여기로 와 있기에
불확정성 원리의 적용을 받는다고 한다. 그러면 쿼크가 어디로 가 있을 때
는 참이고 어디로 가 있으면 거짓이 된다는 것인가? 쿼크는 돌아다니기 위
해 존재하고 돌아다니기에 물질이라는 현상이 발현되는 것인데 말이다.

블랙홀의 실체

왕필통행본 제21장

原文

孔得之容, 惟道是從. 道之爲物, 惟恍惟惚.

惚兮恍兮, 其中有象. 恍兮惚兮, 其中有物.

窈兮冥兮, 其中有精. 其精甚眞, 其中有信.

自古及今, 其名不去, 以閱衆甫.

吾何以知衆甫之狀哉 以此.

直譯

孔得之容 惟道是從
공덕지용 유도시종
만족한 통함의 모습은 오직 도(블랙홀)를 따르는 데서 나온다.

道之爲物 惟恍惟惚
도지위물 유황유홀
블랙홀이라고 하는 물질은 그저 황홀할 뿐이다.

惚兮恍兮 其中有象
홀 혜 황 혜　기 중 유 상
황홀하기 그지없지만 그 안에 형상이 있다.

恍兮惚兮 其中有物
황 혜 홀 혜　기 중 유 물
황홀하기 그지없지만 그 안에 물질이 있다.

窈兮冥兮 其中有精
요 혜 명 혜　기 중 유 정
그윽하고 어둡지만 그 안에 정밀함이 있다.

其精甚眞 其中有信
기 정 심 진　기 중 유 신
정밀함은 지극히 참된 것으로서 그 안에는 믿음이 있다.

自古及今 其名不去
자 고 급 금　기 명 불 거
예로부터 지금까지 그 이름이 떠난 적이 없기 때문에

以閱衆甫
이 열 중 보
그로써 만물의 근원을 엿볼 수 있다.

吾何以知衆甫之狀哉
오 하 이 지 중 보 지 상 재
내가 어떻게 만물의 근원이 그러함을 알 수 있겠는가?

以此
이 차
바로 이 블랙홀 때문이다.

이 21장에서는 블랙홀(Black Hole)의 실체를 묘사하고 있다. 첫 구절인 "孔得(德)之容, 惟道是從"이 문구가 죽간본에는 없다. 왕필본에는 德으로 기록되어 있지만 북경대본에는 得으로 나온다. 문맥으로 보면 得으로 적용해야 한다. 또한 공(孔)은 '구멍, 매우'라는 의미지만 여기서는 '통하다'로 해야 한다. 득(得)은 '얻다, 탐하다'의 뜻이지만 '만족하다'로 해석해야 한다. 만족한 통함의 모습은 오직 도(道, 블랙홀, Black Hole)를 따르는 데서 나온다고 언급한 다음, 그 이후부터는 블랙홀의 실체적 모습을 현대의 과학자들에 못지않게 구체적으로 묘사하고 있다.

블랙홀이라고 하는 물질은 그저 황홀할 뿐이라고 언급하면서, 그 황홀하기 그지없지만 그 안에 형상이 있고 물질이 있다고 하였다. 그뿐만이 아니라 그윽하고 어둡지만 그 안에 정밀함도 있다고 하였다. 또한 그 정밀함은 지극히 참된 것으로서 그 안에는 믿음도 있단다.

블랙홀은 예로부터 지금까지 그 이름이 떠난 적이 없기 때문에 블랙홀을 찾아낸다면, 만물의 근원을 엿볼 수 있다고 하였다. 그러면서 노자 자신은 "내가 어떻게 만물의 근원이 그러함을 알 수 있겠는가?"라고 반문하면서 "바로 이(블랙홀) 때문이다"라고 결론을 내리고 있다.

노자는 지금부터 약 2,600여년 전에 이 세상을 살다간 위대한 인물이다. 그는 그 당시에 직관적 사유의 통찰력으로 우주 천체의 생성과 소멸 그리고 운행에 대하여 대화법이나 설명 없이 직설적 화법으로 그의 저서(著書, 도덕경)를 통하여 밝혀 놓았다.

이번 21장에서는 블랙홀의 실체적이고 구체적인 모습을 현시대의 과학자들이 모든 과학적 이론과 장비를 모두 동원하여 밝혀 놓은 것과 비교하여도 전혀 손색이 없을 정도로 구체적으로 묘사하고 있다.

이 문장을 접할 때면 무의식적이고 반사적인 감탄사를 금할 수가 없다. 필자로서는 젊은 시절 노자의 저서(著書) 중에서 우주편에 해당하는 문장의 해설서들을 읽노라면 마치 화장실에서 볼일 본 후 뒤를 닦지 않은 것처럼 찜찜한 느낌을 지울 수가 없었던 때가 문득 떠오른다. 문맥의 연결이 매끄럽지도 않을뿐더러 억지스레, 엉뚱하게, 혹은 비약하여 번역해 놓은 글을 보노라면 식욕이 떨어지곤 했었던 기억이 난다.

우리가 살아가고 있는 이 세상은 우주(Universe)로 불러야 할 존재가 약 8백만 개에 이르고, 그 각각의 Universe는 1,200만 개의 은하(Galaxy)들로 구성되어 있다고 한다. 또한 우리가 속해 있는 은하를 한 바퀴 도는데 2억 5천만 광년이 걸리며, 이 은하계 속에 들어있는 우리의 태양계를 한 바퀴 도는 데는 12광년이 걸린다. 즉, 이러한 은하 1천 2백만 개를 가지고 있는 것이 한 개의 우주이고, 그런 우주가 8백만 개가 있다고 하니 대우주(Cosmos)의 크기는 우리가 알고 있는 숫자로는 표현할 수도, 상상할 수도 없는 크기라고 하겠다. 노자가 직관력(直觀力)으로 언급한 것(Cosmos)이 너무 방대(尨大)하여 이해하기가 어려웠는데, 지금에 와서야 과학자들이 우리 Universe와 Cosmos를 가까스로 계산해 낸 것이다.

☯ 블랙홀의 존재감

왕필통행본 제22장

曲則全, 枉則直, 窪則盈, 敝則新, 少則得, 多則惑.

是以聖人抱一, 爲天下式.

不自見故明, 不自是故彰, 不自伐故有功, 不自矜故長.

不唯不爭, 故天下莫能與之爭.

古之所謂曲則全者, 豈虛言哉. 誠全而歸之.

直譯

曲則全 枉則直
곡 즉 전 왕 즉 직
휘면 온전할 수 있고, 구부러진 것은 펴지고,

窪則盈 弊則新
와 즉 영 폐 즉 신
움푹 패인 곳은 채워지며, 낡은 것은 새롭게 되고,

少則得 多則惑
소즉득 다즉혹
적으면 얻게 되고, 많으면 해매이게 된다.

是以聖人抱一 爲天下式
시 이 성 인 포 일 위 천 하 식
이로써 깨달은 사람은 하나를 품어 우주(천하)의 기준으로 삼는다.

不自見故明
부 자 현 고 명
스스로를 드러내지 않기에 빛나고,

不自是故彰
부 자 시 고 창
스스스로 옳다 하지 않기에 두드러지며,

不自伐故有功
부 자 벌 고 유 공
스스로 얻으려 하지 않기에 공을 이루고,

不自矜故長
부 자 긍 고 장
스스로 내세우지 않기에 우두머리가 된다.

不唯不爭, 故天下莫能與之爭
불 유 부 쟁   고 천 하 막 능 여 지 쟁
오로지 다투지 않으므로, 천하는 더불어 다툴만한 것이 없다.

古之所謂曲則全者 豈虛言哉
고 지 소 위 곡 즉 전 자 기 허 언 재
옛 말에 이르기를 굽히면 온전해진다는 옛말이 어찌 빈말이겠는가!

誠全而歸之
성 전 이 귀 지
진실로 온전한 것은 되돌아가는 것이다.

'왕즉직(枉則直)'은 구부러진 것은 펴진다는 뜻인데, 구부러진 것이 어떻게 펴질까? 구부러진 것이 펴진다는 말은 구부러질 수 있는 것이 펴질 수도 있다는 의미이다.

블랙홀 주변에서는 중력의 차이에 의해서 주변 공간을 휘게 만든다고 한다. 블랙홀(Black Hole)은 정형화된 형상의 틀을 유지하려 고집하지는 않을뿐더러 그 크기에 있어서도 초소형 블랙홀의 경우, 반경 11㎞인 것에서부터 가장 큰 블랙홀의 경우는 반경이 무려 2,070억㎞의 초대형 블랙홀도 존재한다.

블랙홀은 평상시에는 그 존재를 확인할 수 없으나 빅뱅의 전조증상인 버블(Bubble) 현상이나 빅뱅(Big Bang) 시에 감마선이 발열에 의해 그 존재 위치를 확인할 수 있다.

그렇지만 그 역할로 존재감이 빛나고 생명이 다한 천체를 삼키는가 하면 어느 순간엔 빅뱅으로 새로운 천체를 만들어내기도 한다. 그래서 이 우주공간에서는 블랙홀이 직접적으로 드러나지는 않지만, 그 우두머리 역할을 수행하고 있는 것이다. 천체도 블랙홀 속으로 빨려 들어가 소멸되지만 언젠가는 다시 빅뱅과 함께 새로운 천체로 다시 되돌아온다고 보는 것이다.

지구에서 131억 광년 떨어진 우주에도 산소가 있다고 한다. 그렇다면 그 산소를 마시러 가는 방법이 있을까? 또한 131억 광년 거리의 별에 산소가 있다는 검증은 어떻게 가능할까? 아직 광속운반체(光速運

搬體)도 멀었는데, 먼저 전자속운반체(電子速運搬體) 개발도 이루어져야한다.

하지만, 지금까지의 개념인 광속(光速)으로는 어림도 없다. 유일한 방법이 있는데, 그것은 힌두경전 《마하부하라타(Mahabharata)》에 나오는 사람의 마음 속도(염속, 念速, Mind Speed)를 이용할 수 있는 문명으로 올라서야 한다. 언젠가는 그 염속(念速)을 단위로 표시할 때가 오리라고 본다. 그런 속도로 우주를 주름잡으면서 운행하는 운반체도 나와야 할 것이다. 그렇게 되려면, 우선적으로 양자 물리학의 상용화 기술이 시급하다.

하지만, 지구인의 천체 물리학의 우주적 깨우침에는 한계가 있다. 지구인 지능의 한계와 사고(思考)의 차원이 우주인과 절대적 차이를 얼마나 좁힐 수 있을까? 만약 별나라 우주인에게 지구인이 납치되어 그들의 실험용 표본으로 전시된 지구인을 보게 될 순간이 올 수 있을까?

21세기 현재의 시점에서 보면 종교와 철학, 그리고 과학이라는 각각의 장르를 하나의 범주로 보는 새로운 개념의 시대로 접어들고 있다고 하겠다. 예를 들어 양자물리학에 이르면, 이미 물리학은 과학이 아니라 형이상학적인 것이 되고 만다. 양자물리학자들은 "사실이라고 하는 것은 모두가 주관적인 것이다."라고 결론을 내리고 있다. 왜냐하면, 동일한 것을 여러 명이 동일한 시간에 똑같이 본다고 하더라도 그 물질의 실재(實在)는 보는 사람마다 다 다르게 보이기 때문이다. 같은 물건을 동시에 보는 조건임에도 보는 사람마다 다르다고 하는 것은 불교에서 말하는 일체유심조(一切唯心造)와 같은 맥락이다. 양자물리학자들은 여러 사람이 하나의 전자현미경으로 동일한 대상을 관찰할 때, 수십 대의 모니터에 연결하여 수십 명이 동시에 같은 장면을 보더라도 모두 다르게 보인다고 하였다. 이는 관찰하는 위치가 같음에도 각각 다르게 보인다는 말이다. 그렇기에 지금의 양자물리학에서는 "과학과 철학 및 종교는 모두 하나다." 라는 결론을 내리고 있는 것이다. 때문인지 양자이론을 전공하는 과학자들은 하나같이 기독교에서 불교로 개종을 하고 있다고 한다.

불교의 유식이론(唯識理論)과 양자론(Quantum Theory)이 같아진다는 결론 때문이다. 즉, 불교유식론(佛敎唯識論) = 양자론(Quantum Theory)이라는 등식이 성립된다. 종국(終局)에는 철학이 내놓는 결론과 양자물리학이 내놓는 결론이 결과적으로는 일치한다는 것을 알게 되었다는 점이다.

블랙홀의 구체적 묘사

왕필통행본 제25장

有物混成. 先天地生, 寂兮寥兮, 獨立不改. 周行而不殆, 可以爲天下母.

吾不知其名, 字之曰道, 强爲之名曰大.

大曰逝, 逝曰遠, 遠曰反.

故道大, 天大, 地大, 王亦大. 域中有四大, 而王居其一焉.

人法地, 地法天, 天法道, 道法自然.

直譯

有物混成
유 물 혼 성
우주만물은 섞여서 형성된 것이다.

先天地生 寂兮寥兮
선 천 지 생 적 혜 료 혜
(블랙홀은) 만물이 있기 전부터 생긴 것으로 고요하고 형체도 없고,

獨立不改
독 립 불 개
홀로선 것이라 바뀔 수 없는 것이다.

周行而不殆
주 행 이 불 태
돌아다니면서도 위태롭지 않기에

可以爲天下母
가 이 위 천 하 모
이 세상의 어미가 되기에 걸맞았다.

吾不知其名 字之曰道
오 부 지 기 명　자 지 왈 도
나는 그(블랙홀) 이름은 모르지만, 글자로는 도라고 부를 뿐이고,

强爲之名曰大
강 위 지 명 왈 대
어가지로 이름을 이자면 큰 것이 된다.

大曰逝 逝曰遠 遠曰反
대 왈 서　서 왈 원　원 왈 반
큰 것은 가는 것이고, 가는 것은 멀어지는 것이며, 멀어지면 되돌아온다.

故道大 天大 地大 王亦大
고 도 대　천 대　지 대　왕 역 대
그러므로 도는 큰 것이고, 하늘도 큰 것, 땅도 큰 것 왕 역시도 큰 것이다.

域中有四大
역 중 유 사 대
이 테두리 안에는 네 가지 큰 것이 있고,

而王居其一焉
이 왕 거 기 일 언
왕도 여기에 하나로 있게 된다.

人法地 地法天 天法道
인 법 지　지 법 천　천 법 도
사람은 땅을 본받고, 땅은 하늘을 본 받으며, 하늘은 도를 본받는데,

道法自然
도 법 자 연
도는 스스로 그러함을 본 받는다.

　이 25장에서는 블랙홀(Black Hole)에 대하여 구체적으로 묘사하고 있다. 노자의 우주를 어떻게 보는가? 여기 물(物)이란 물질만을 말하는 게 아니라 의식가능한 모든 개념을 포괄하는 존재를 일컫는다. 이 物이 있는 것은 단 한가지 성분이 아니라 복합이라는 것이다. 물(水)을 예로 들면 수소분자 두 개와 산소분자 하나 즉 H_2O 로 구성된 것이라는 뜻이다.

　21세기 첨단 과학으로 아직 결론에 이르지 못한 양자론에 따르면, 모든 존재 물질은 초끈(super string)으로 구성되고 존재가 서로 다르게 되는 것은 그 끈의 진동 양태가 다르기 때문이라고 한다. 그렇다면 노자가 말하는 선천지생(先天地生), 즉 이 우주가 생기기 전에 그 진동은 먼저 있었다는 것이 되는 것이다. 진동이 먼저 있지 않고는 물질이 다르게 형성될 수가 없지 않은가 말이다. 그러니까 하나하나의 존재는 고요한 상태기는 해도 그것만의 진동을 가졌으니 홀로 선 것이고 바꿀 수 없는 것이다. 그런데 물질의 구조를 들여다보면 어느 물질이라도 핵을 중심으로 주변을 돌고 있다. 그렇게 끊임없이 돌면서도 지쳤다고는 하지 않는다. 그렇게 돌아야만 존재가 되는 것이니까. 이게 어디서 비롯된 것일까?

　그 비롯됨이 곧 이 세상의 어머니일 수밖에 없지 않은가? 그게 도(道, Black Hole) 그 자체일 수밖에 없다. 그 이름을 모르지만 별명으로는 도

(道)라고 하는 것이고 억지로 이름 짓는다면 대(大, 큰 것)랄 수밖에 없다. 크다고 하는 것은 자꾸만 가서 늘어난다는 말이고, 가는 것은 멀어진다는 말이며, 멀어지면 결국에는 되돌아오게 되고 마는 것이다.

블랙홀(Black Hole)에서 나온 버블(Bubble) 하나가 빅뱅(Big Bang)을 일으켜 겨자씨보다 작았던 것이 무한대의 우주로 멀리 가서 커진다. 우리가 사는 우주는 빛이 150억 년을 가야 할 거리로 커졌다. 그렇게 영원히 커지기만 하고 멀어지기만 할까? 아니다. 이 우주의 메커니즘은 되돌아와 도로 겨자씨가 되는 블랙홀로 들어가고 만다. 2,600여년 전에 이미 노자는 이것을 알았다.

그 당시의 용어(用語)의 한계 때문에 그의 표현은 "大曰逝 – 逝曰遠 – 遠曰反"일 따름이다. 그래서 우리가 살고 있는 우주에는 무한대로 큰 도(道 블랙홀 Black Hole)가 있고, 천(天; 우주공간; Space)도 크고, 헤아릴 수 없이 많은 별들인 지(地; 항성 행성; stars)도 크고, 이들을 있는 것으로 보고 알고 관찰하고 분석해 보기도 하는 인(人; 인류; Mankind)도 큰 것이다.

우리의 우주에는 네 가지 큰 것이 있고 그중에 하나가 우리들 인간이라는 말이다. 인간은 땅(stars)을 기본근거로 살고, 땅은 하늘(space)를 기본근거로 삼는 것이며, 하늘은 도(블랙홀)을 근거 삼는 것이고, 도(블랙홀)은 그 스스로의 법칙을 따르는 것이다. 이것이 노자의 직관적 우주관이다. 이것이 2,600여년 전의 사고체계임을 감안한다면 놀라울 따름이다.

餘說

섞이어 이룩된 것이 있고 이는 이 천지가 생기기 전에 있었지만, 고요하고 또 고요하나 홀로 우뚝하여 다르게 바꿀 수 없는 것으로써 돌아다니고는 있으면서 쉬지 않는다. 그래서 이 천하(우주)의 어머니가 되지만 나는 그 이름을 모른다. 별칭으로는 도(道)로 불린다. 억지로 표현을 하건대, '대(大 = 큰 것)'라 부를 수 있다. 크다고 하는 것은 멀어지는 것이요, 멀어진다는 것은 멀리 간다는 것이며, 멀리 가게 되면 되돌아오는 것이다. 그러므로, 도란 큰 것이고, 하늘도 땅도 큰 것이다. 이 범주 안에는 네 가지 큰 것이 있으니 그 가운데 하나는 왕(헤게모니, 힘, 중력)이라 할 수 있다. 사람은 땅에 의지해야 하고, 땅은 하늘에 떠 있어야 하며, 하늘은 도를 따라야 하고, 도는 스스로 그러함을 따르는 것이다.

블랙홀은 이 우주가 있기 전에 고요히 있었지만 누구도 그것을 마음대로 고치거나 깨거나 하지 못했고 쉼 없이 돌고만 있었다. 그것이 빅뱅으로 한 번 터지자 135억 년의 빛이 달리는 거리로까지 커지고 멀어졌지 않던가? 없던 것이 생겨난 것이 아니라 처음부터 섞여 있던 것들이 었을 따름이다. 이들을 뭉치게 하고 멀어지도록 하는 것은 그 왕 되는, 중력이라는 에너지이다. 이래도 노자의 이 말이 인간의 도덕을 말하는 것으로 보이는가? 과거의 노자 해석은 이제 버리고 완전히 다른 각도의 재해석으로 바뀌어야만 한다.

이 25장의 문장은 우주에 관한 것인데 아래 문장이 이상하다.
"故道大"부터 그 뒤의 구절은 누군가에 의해 가필(加筆)해 놓은 것으로 판단된다.
"故道大, 天大, 地大, 王亦大. 域中有四大, 而王居其一焉. 人法地, 地法天, 天法道, 道法自然."
"人法地" 사람은 지(地)에 따라서 산다.
"天法道" 여기서 도(道)는 노자의 도가 아니고 유가(儒家)개념의 도이다.

"道法自然" 자연은 스스로 있는 원리, 스스로 존재이유, 스스로 그러함이다.
"故道大, 天大, 地大, 王亦大"

여기서 갑자기 왕이 왜 크다고 말하나? 아부를 안 하면 죽인다고 했나?

"域中有四大, 而王居其一焉. 人法地, 地法天, 天法道, 道法自然."

이는 노자가 쓴 것이 아니다. 동양의 천재는 왕필이고 서양의 천재는 모차르트(Mozart)라고 하던데, 왕필이 무언가 부족했나? 노자는 첫 문장에서 "字之曰道, 强爲之曰大"라고 했을 뿐, 道는 大라고 하지 않았는데 그다음에 누가 삽입한 문장에는 바로 "故道大" 즉, 道는 大라고 단정적 표현을 쓰고 있으니, 이는 노자가 아닌 타인의 글이다. 고전(古典)에는 이러한 후세의 추가적인 삽입 문구가 더러 있다.

원문 첫 구절에 나오는

"有物混成, 先天地生"을 부연설명하자면

블랙홀(Black Hole) 안에 모두가 혼성되어 있다. 블랙홀이 없으면 우주(Cosmos)가 생기지 않는다. 블랙홀에 빅뱅(Big Bang)이 생기니 양자이론에 가면 블랙홀은 가만히 있지 않는다. "周行而不殆" 블랙홀(Black Hole) 내부에서도 돌고 있다. 어느 정도 채워지고 하나가 과격히 움직이면 기포가 생겨서 터져 나오게 된다. 블랙홀 속에서의 티스픈(Tee Spoon) 정도의 무게가 500~100배로 중력만이 있기에 중력으로 멀어져 있다.

우주의 순환구조
왕필통행본 제28장

原文

知其雄, 守其雌, 爲天下谿. 爲天下谿, 常德不離, 復歸於嬰兒.

知其白, 守其黑, 爲天下式. 爲天下式, 常德不忒, 復歸於無極.

知其榮, 守其辱, 爲天下谷. 爲天下谷, 常德乃足, 復歸於樸.

樸散則爲器, 聖人用之, 則爲官長, 故大制不割.

直譯

知其雄 守其雌 爲天下谿
지기웅 수기자 위천하계
그 남성성을 알고 그 여성성을 지키면, 세상의 계곡이 된다.

爲天下谿 常德不離 復歸於嬰兒
위천하계 상덕불리 복귀어영아
우주천하의 계곡이 되면, 항상 덕이 떠나지 않아 갓 난 아기로 되돌아간다.

知其白 守其黑 爲天下式
지기백 수기흑 위천하식
흰 것을 알고, 검은 것을 지켜, 세상에서 쓸 수 있게 한다.

爲天下式 常德不忒 復歸於無極
위 천 하 식 상 덕 불 특 복 귀 어 무 극
우주에서 쓸 수 있게 하면, 항상 덕에 어긋나지 않아 무극으로 되돌아간다.

知其榮 守其辱 爲天下谷
지 기 영 수 기 욕 위 천 하 곡
그 영화로움을 알고 그 고마움을 지키면, 세상의 골짜기와 함께 한다.

爲天下谷 常德乃足 復歸於樸
위 천 하 곡 상 덕 내 족 복 귀 어 박
우주의 골짜기가 되고, 항상 덕이 족하게 되면 순박함으로 되돌아간다.

樸散則爲器
박 산 즉 위 기
순박함이 두루 퍼져나가면 그릇이 되고,

聖人用之 則爲官長
성 인 용 지 즉 위 관 장
성인은 이렇게 사용함으로서 오랫동안 맡아서 하게 된다.

故大制不割
고 대 제 불 할
그러므로 훌륭한 모양은 나누어지지 않는다.

意譯

　수컷이라 함은 양(陽)이며 강함, 밝음 등의 성질을 지니고, 암컷이라
함은 음(陰)이며 부드러움, 어두움 등의 성질을 지키면 세상이 시작되
고 음양이 만나 만물이 시작되는 천하의 근본 계곡(암컷=블랙홀)이 된다.
우주의 근본 계곡(블랙홀)이 되면 항상 덕(본성)이 떠나지 않아 갓 태어난
아기의 상태인 근원으로 되돌아가게 된다.

　흰 것을 알고 검은 것을 지킨다는 의미는 음양 혹은 빅뱅과 블랙홀
의 원리를 수용하고 그 이치를 지속시켜 세상에서 쓸 수 있게 한다. 우

주에서 쓸 수 있게 하면, 항상 덕(본성)이 다하게 되면 순박함의 원시반본인 블랙홀로 되돌아간다. 그 영화로움을 알고 그 고마움을 지킨다면, 만물을 태어나게 하는 근본의 골짜기인 블랙홀과 함께 한다.

천하의 근본 골짜기가 되면 항상 덕으로 충만하게 되어, 순박한 그 상태로 되돌아가게 된다. 순박함이 퍼져나가면서 세상 만물을 담을 수 있는 그릇(근본의 골짜기)이 되는 것이다. 깨달은 사람은 이렇게 사용함으로써 오랫동안 맡아서 하게 된다. 그러므로 훌륭한 모양은 나누어지지 않는다.

解說

이 28장에서는 우주의 순환구조에 대하여 논하고 있다. 제대로 해석하려면 한한대자전(漢韓大字典)을 펼쳐 놓고 그 용례와 문맥을 노자의 직관력에 맞춘 이후에 작업에 임해야 할 것이다.

음양, 강유, 유무, 수컷과 암컷, 밝음과 어두움은 각각 상배(相配)를 이룬다. 6장에 보면 "谷神不死 是謂玄牝(곡신불사 시위현빈)"이라는 문구가 나오는데 곡(谷)은 죽지 않으며 원초적인 암컷이라고 했다. 또한 "玄牝之門 是謂天地根(현빈지문 시위천지근)" 그 원초적인 암컷의 문을 일러 우주의 뿌리라고 정의 했다.

10장에서는 "能嬰兒乎(능영아호)"의 문구에서 갓난아기를 블랙홀에 비유했다. 거시적으로 보면, 유(有, 빅뱅) 혹은 무(無, 블랙홀)에서 출발하여 종국에는 무(無, 블랙홀) 혹은 유(有, 빅뱅)로 무한으로 순환하는 것이 우주 자연의 이치이고, 미시적으로 보면 무극에서 출발하여 음양이 서로 꼬리를 물고 돌아가는 태극에서 음양으로 분리되면서 만물이 생성되는 것 또한 자연의 이치인 것이다.

이를 달리 표현하면 무위를 통해 일정한 룰(Rule)에 따라 無와 有가 순환한다. 흰 것을 알고 검은 것을 지킨다는 의미는 음양 혹은 빅뱅과 블랙홀의 원리를 수용하고 그 이치를 지속시켜 세상에서 쓸 수 있게 한다는 뜻이다. 빅뱅으로 생겨난 천체는 에너지가 고갈되어 그 수명이 다하면 원시반본에 따라 블랙홀 속으로 빨려 들어가게 된다. 망상과 무지로 인한 사고(思考)의 오류를 인식론적 전환을 통해서 그것을 씻어낸다면, 有는 無로 돌아가고 無는 有로 순환되는 이치를 알게 될 것이다. 그렇다고 현상계에서 달라진 것은 없고 인식이 제자리를 찾은 것뿐이다.

노자의 무(無)는 주역에서의 태극(太極), 장자의 태허(太虛)와 다름이 아니다. 주자(朱子)는 태극과 무극을 모두 무(無)와 동일시하며 성리학의 토대로 삼았다.

餘說

반중력(음의 질량)의 액상 물질이란? 뉴턴의 중력법칙을 역행하는 반중력(음의 질량, Negative Mass)을 지닌 액상 물질이 개발되었다. 뉴턴의 중력의 법칙에 의하면 모든 물질은 힘이 작용하여 밀면 멀어져 나가는 것인데, 2019 워싱턴주립대학교의 물리학 및 천체역학부의 조교수인 마이클 포베스(Michael Forbes) 박사 팀이 《The Journal Physical Review》에 발표한 액상물질(Fluid state)은 뉴턴의 중력법칙과는 정반대로 힘으로 밀면 밀려 떨어져 멀어지는 것이 아니라, 도리어 미는 힘 쪽으로 가속적으로 달라붙는 물질을 개발했다는 것이다.

인류는 오랜 세월 동안 중력을 거스르는 반중력을 꿈꿔온 것이 사실인데, 아인슈타인조차도 그러한 반중력은 불가능한 꿈일 뿐이라고 생각해 왔었다. 아직은 정확한 반중력이 아니라 음의 질량성을 갖는 액체를 개발한 것뿐이지만, 반중력의 물질이나 힘이 생성될 수도 있음을 알렸다는 점에서 획기적이라고 아니할 수 없다. 반중력의 힘을 이용할 수 있는 시대가 온다면 추진력이나 인장력은 반중력으로 대체될 것이다. 초대칭이론과 함께, 진정으로 문명의 전환기를 맞게 될 수도 있다고 본다.

이 28장의 흰 것(白)이나 검은 것(黑), 수컷(雄)이나 암컷(雌)과 마찬가지로 그 존재 양태에 있어서 세상 만물이 소유하고 있는 상대성과 그에 따른 조화를 의미한다. 2장의 유(有)와 무(無), 난(難)과 이(易), 장(長)과 단(短), 고(高)와 하(下), 음(音)과 성(聲), 전(前)과 후(後), 그리고 22장의 곡(曲)과 전(全), 왕(枉)과 직(直), 와(窪)와 영(盈), 폐(幣)와 신(新), 소(少)와 득(得), 다(多)와 혹(惑) 등과 그 의미가 상통한다.

블랙홀의 능력

왕필통행본 제34장

大道氾兮, 其可左右. 萬物恃之而生, 而不辭. 功成不名有, 衣養萬物,
而不爲主.
常無欲, 可名於小. 萬物歸焉, 而不爲主, 可名爲大.
以其終不自爲大, 故能成其大.

直譯

大道氾兮 其可左右
대 도 범 혜 기 가 좌 우
큰 블랙홀은 합쳐도 단순하지 않고 좌우가 있을 수 없다.

萬物恃之而生 而不辭
만 물 시 지 이 생 이 불 사
블랙홀을 믿고 의지하면서 나아간다고 사양하지는 않는다.

功成不名有
공 성 불 명 유
일을 이루고도 이름을 드러내지 않는다.

衣養萬物 而不爲主
의 양 만 물 이 불 위 주
입히고 길러서 우주가 생겼지만 주인 노릇을 하지 않는다.

常無欲 可名於小
상 무 욕 가 명 어 소
언제나 욕심이 없으니 이름 하여 작음이라 한다.

萬物歸焉 而不爲主 可名爲大
만 물 귀 언 이 불 위 주 가 명 위 대
블랙홀로 귀의해도 주인 노릇하려 하지 않으니 이름 하여 큼이라 한다.

以其終不自爲大
이 기 종 부 자 위 대
일을 끝내고도 스스로를 크다고 여기지 않으니

故能成其大
고 능 성 기 대
능히 큰일을 이룰 수 있다.

解說

이 34장에서는 블랙홀(Black Hole)의 능력에 대하여 언급하고 있다. 블랙홀은 그 크기가 천양지차(天壤之差)라고 하리만치 매우 다양하다. 반경 11km의 극히 작은 것에서부터 반경이 2,070억km의 상상조차 할 수 없이 큰 블랙홀도 있다고 한다. 그러한 블랙홀끼리는 서로 합친다고 할지라도 단순하지 않을뿐더러 좌우가 있을 수도 없다.

우주에서 천체들이 블랙홀을 믿고 의지하면서 나아간다고 사양하지는 않는다. 수명이 다한 별을 삼키거나 빅뱅(Big Bang)을 통해 새로운 천체가 생겨났지만, 그 일을 이루고도 그 존재감을 드러내거나 주인 노릇을 하려고 하지 않는다. 언제나 욕심이 없는 듯해서 작음이고, 만물이 귀의해도 주인 노릇을 하려 하지 않으니 큼이라 할 수 있는 능소능대 (能小能大)한 존재인 것이다.

우주의 근본 원리가 움직이는 천체의 상호작용에 있는 것이다. 우주 만물은 있음에서 생겨난 것이고 있음은 없음으로부터 생겨났다. 우주 는 빅뱅(Big Bang) 이후 확대일로를 걷는 것으로 보인다. 천체의 확장에 는 끝이 없을까? 있다.

아무리 커졌어도 블랙홀(Black Hole) 속으로 되돌아간다. 그렇게 되면 있었던 태양 하나가 사라져 버린다. 그럼 잃고 만다는 건가? 아니다. 블 랙홀 속에 그대로 들어 있는 것이고 언젠가는 다시 빅뱅을 맞을 쓰임을 기다리는 거다. 그래서 잃는 것은 쓰임이 된다는 것이다.(질량불변의 법칙 과 상응) 우주가 늘어나나 줄어드나 주관으로 보면 같지만 타 존재에서 보면 다르다.

계란과 닭 어느 것이 먼저일까? 이 명제는 당초 철학자들 간의 원인과 결 과를 확정하는 개념으로 제기된 문제인데, 이 난제를 다수의 대학교와 연구소들의 양자역학 이론으로 연구한 물리학적 결론에서는 '둘 다가 먼 저다'라는 결과가 나왔다고 한다. 왜, 이런 결론이 나오게 되었으며 이 결론이 진실일까? 이 대답을 들으려면 양자역학의 전제가 불확정성 원리 라는 점을 상기하면 쉽게 이해되리라 본다.

양자역학과 양자이론은 아직 완성된 이론이 아니라고 봐야 한다. 이 이 론은 물질이 물질로만 규명되는 것이 아니라, 그것을 규명하는 마음의 작용이 개입되는 것인데, 그 마음의 작용을 여태껏 실험적 결과를 과학적으로 수식화(數式化)하지 못한 상태이다. 다른 말로 표현하면 과학이론과 철학사상이 아직은 하나로 통합되지 못했기 때문이다. 블랙홀과 빅뱅이 모두 먼저인 것처럼 계란과 닭도 둘 다 먼저인 것이다.

블랙홀의 활동
왕필통행본 제35장

原文

執大象, 天下往, 往而不害, 安平太. 樂與餌, 過客止. 道之出口, 淡乎其無味. 視之不足見, 聽之不足聞, 用之不足旣.

直譯

執大象 天下往
집 대 상 천 하 왕
큰 모양을 가지고 천하(우주)를 운항하더라도,

往而不害 安平太
왕 이 불해 안 평 태
운항하는 동안에 손상이 없고 안전하며 큰 질서를 유지한다.

樂與餌 過客止
낙 여 이 과 객 지
먹이(별)와 더불어 즐기(삼키)며 지나가는 과객(행성)을 멈추게 한다.

道之出口 淡乎其無味
도 지 출 구 담 호 기 무 미
도(블랙홀)을 빠져나오게 되면 그냥 무미(빅뱅)가 될 뿐이다.

視之不足見
시 지 부 족 견
(블랙홀은) 보려고 해도 보이지 않고,

聽之不足聞
청 지 부 족 문
(블랙홀은) 들으려 해도 들리지 않기에,

用之不足旣
용 지 부 족 기
(블랙홀은) 사용해도 다함이 없다.

解說

이 35장은 블랙홀(Black Hole)의 활동이라는 주제에 대하여 논하고 있다.

무상지상(無狀之狀)의 큰 모양을 가지고(우주라는 존재를 안고) 우주를 운항하더라도 운항하는 동안에 천체간의 중력의 균형 작용으로 서로 간에 충돌로 인한 손상 없이 안전하며 큰 질서를 유지할 수 있는 것이다.

블랙홀은 백색왜성이나 적색거성 같은 그 기능을 다한 별을 삼키기도 할 뿐만 아니라 항성의 주위를 돌고 있는 행성의 운행까지도 멈추게 할 수 있다. 그러다가도 어느 순간엔 블랙홀 주변에서 버블(Bubble)이 발생하기도 하며, 때로는 왕성하게 움직이던 물질이 튀어나와 아무렇지도 않게 빅뱅(Big Bang)으로 새로운 천체가 생겨나기도 한다. 하지만 그 블랙홀은 과학적인 장비까지 동원하여 아무리 보려고 해도 보이지 않고 아무리 들으려 해도 들리지 않는다. 또한 블랙홀은 아무리 그 기능을 사용한다고 하더라도 다함이 없는 존재인 것이다.

블랙홀 충돌로 발생되는 중력파를 확인했다고 한다. 중력파 천체물리학은 빛이나 전파 대신 중력파를 이용해 질량이 큰 별의 생성과 진화, 우주 초기 천체들의 특성 등을 이해하려는 학문 분야다.

알베르트 아인슈타인(Albert Einstein)이 1세기 전에 주장한 중력파의 존재가 지난 2015년에 최초로 확인 된 후 3번에 걸쳐 추가로 확인된 것이다. 중력파는 빅뱅에 의한 초신성 폭발이나 블랙홀 충돌처럼 질량이 큰 천체가 가속운동을 할 때 발생하는 시공간의 일렁임인데, 우주 탄생의 비밀을 풀어줄 열쇠로 알려졌다. 2017년에 30억 광년 떨어진 곳에서 두 개의 블랙홀이 합쳐지며 발생한 중력파를 탐지했다. 이때 관측한 중력파는 각각 질량이 태양의 31배, 19배에 달하는 쌍성계 블랙홀이 서로의 주위를 돌다가 충돌해 태양보다 49배 무거운 블랙홀이 되는 과정에서 나왔다. 2015년 최초로 관측된 중력파는 13억 광년 떨어진 곳에서 두 블랙홀이 충돌해 질량이 태양의 62배인 블랙홀이 탄생하는 과정에서 발생했으며 두 번째 관측된 중력파는 14억 광년 떨어진 곳에서 태양질량 21배의 블랙홀이 생길 때 나온 것이다. 이로써 블랙홀의 자전축 방향이 두 블랙홀의 공전축 방향과 일치하지 않음을 알게 되었다.

블랙홀 쌍성계의 생성 기원에 대해서는 크게 두 가지 가설이 있다고 한다. 쌍성이 각각 블랙홀로 진화한 뒤 블랙홀 쌍성계를 이룬다는 설과 두 블랙홀이 서로를 포획해 쌍을 이루게 된다는 설이다. 전자의 경우 페어 경기를 펼치는 피겨스케이터들처럼 공전축 방향이 각자의 자전축 방향과 일치해야 하지만, 이번에 발견된 블랙홀 쌍성은 그 생성 기원이 후자에 해당한다는 것이다.

이 35장은 아직 과학적으로 증명이 되지 않고 있다. 공간(space)은 시종(始終)이 있을 수 있으나 시간(time)은 역으로는 가지 못한다. 시작도 끝도 없고 가고 옴도 없다. 《장자》외편 17편의 문구 중에도 "夫物 量無窮 時無止(만물은 그 수량이 헤아릴 수 없이 많고 멈춤이 없다)"라고 했다. 얼마든지 쓰더라도 모자람이 없고, 넣어도 차지 않는 것이 블랙홀이다. 지금의 과학자들은 블랙홀을 우주선의 동력 공급원으로 사용하려는 시도를 하고 있다고 한다. 입자가 블랙홀 속으로 들어가게 되면 미래로의 이동도 가능하다고 한다. 고(故) 스티븐 호킹(Stephen Hawking)은 현 우주를 홀로그램이라고 하기도 했다.

블랙홀과 빅뱅이란?
왕필통행본 제40장

原文

反者道之動, 弱者道之用. 天下萬物, 生於有, 有生於無.

直譯

反者道之動
반 자 도 지 동
강력은 우주 원리의 움직임이요,

弱者道之用
약 자 도 지 용
약력은 우주 원리로는 쓰임이다.

天下萬物 生於有
천 하 만 물 생 어 유
우주만물이란 있음에서 나왔고,

有生於無
유 생 어 무
있음은 없음에서 나온 것이다.

이 직역으로 알 수 있는 것은 없다. 알려는 의욕이 있다면 道로 표시된 것을 블랙홀(Black-hole)로 바꾸어야만 한다. 블랙홀이 되돌아가는 것은 터져서 빅뱅(Big Bang)을 일으키는 것이고 그것은 블랙홀의 움직임이다. 블랙홀이 어리다는 것은 그 속에 빈 공간이 있어 별과 은하들을 더 많이 끌어 담을 수 있는 상태를 말하고, 그것은 바로 블랙홀의 쓰임인 것이다.

알다시피 현대의 천체망원경이나 전파망원경으로도 블랙홀은 관찰되지 않는 존재 자체가 없음(無)이지만, 거기서부터 그것이 빅뱅으로 분출되면 우주라는 모든 것(만물)이 생겨난다. 그러나 그 만물은 없던 것이 아니라 블랙홀이 상상하기도 어려운 강력한 중력으로 천체들을 빨아들여 최소한의 크기로 압축 저장한 것으로, 원래는 '있음'이었다. 이제 천하만물(天下萬物)은 있음에서 나왔고, 그 있음이란 없음에서 나왔다는 노자의 말이 이해될 것으로 안다.

이 문장의 반(反)이란 강력(强力)을, 약(弱)이란 약력(弱力)을 표현하는 것으로 해석하고, 유(有)는 빅뱅(Big Bang)이고 무(無)는 블랙홀(Black Hole)의 의미로 대입하여 풀이하면 된다. 이를 반영하여 해석해보면 다음과 같이 표현할 수 있겠다.

"되돌아오는 것(强力)은 우주 원리의 움직임이요, 잃어버림(弱力)은 우주 원리로는 쓰임이다. 천하(우주)만물은 있음(빅뱅)에서 나오고, 있음은 없음(블랙홀)에서 나온다."

우주는 빅뱅 이후 확대일로를 가면서 아무리 커진다고 하더라도 종국(終局)에는 백색왜성(白色矮星)이나 적색거성(赤色巨星)의 과정을 거쳐 블랙홀 속으로 되돌아가고 만다. 우주의 근본 원리가 움직이는 작용이기에 하나의 천체(태양)가 사라진다고 없어진 것은 아니다. 잃는다는 것은 다시 쓰임이 된다는 것이고, 여기에는 질량 불변의 법칙이 적용되는 것이다. 즉, 블랙홀 속에 그대로 들어 있는 것이고, 언젠가는 다시 빅뱅을 맞아 그 쓰임을 기다리게 된다. 여기에 유가(儒家)의 견지에서 보는 도(道)와 덕(德)을 대입하면, 노자는 바보 같은 말을 하고 있음이다.

노자는 그의 저서(著書)에서 우주와 그 우주 자연의 원리를 설명하고 있는 것이다. 老子가 언급해 놓은 문장을 보면 지금 21세기 물리학자들과 우주공학자들의 설명과 견주어 어찌나 그렇게 일치하는지 놀라울 따름이다. 결론적으로 노자의 서물 40장의 道란, 제4장에서 그 자신이 표현하고자 한 Black Hole인 것이다.

또한, 이 40장은 단 스물한 글자로 된 가장 짧은 독립된 문장으로 되어 있으나 노자 저서(著書)의 전체 문맥을 살펴볼 때 이 40장은 제25장의 중간에 들어가야만 하는 문장이다. 따라서, 노자가 피력하고자 한 우주론의 근간은 제25장으로 보아야 한다. 이렇게 81장의 순서가 뒤바뀌게 된 것에는 노자가 초야로 나가면서 죽간(竹竿)에 써 놓았던 5천 자의 저술(著述)이 함곡관의 창고에서 오랜 기간 동안 방치되어 있었기에, 그 죽간의 끈이 삭아서 뒤섞여 있는 것을 재정리한 왕필(王泌)의 실수일 것이다.

餘說

이미 언급한 바 있지만 노자(老子)의 저서(著書)는 당초에 죽간(竹簡)에 쓰여진 것이다. 죽간이란 대나무를 쪼개어 부드러운 안쪽을 대패 같은 것으로 밀어 매끈하게 만들어 거기에 붓으로 글을 쓴 것을 말한다. 그래서 죽간 하나에는 많은 글자는 쓰지 못하고, 많은 죽간에 조금씩 글을 쓴 다음에 그것들을 순서대로 엮어야만 책이 되었던 것이다. 묶었던 끈은 상하거나 오래되면 끊어져, 그 순서가 뒤죽박죽이 될 수밖에 없다. 따라서 현재 우리가 보는 노자는 그 편제(篇製)가 노자가 글을 쓴 그대로일 것이라는 보장은 그 어디에도 없다. 이런 이유로 이 40장은 독립된 장이 아니라 어디엔가 연결되었던 것이 떨어져 나온 것으로 볼 수밖에 없다.

내용상 가장 가까운 장(章)은 4장이며, 25장에 들어가도 문맥의 연결은 된다.

음양오행(陰陽五行)이라든가 점학(占學) 같은 것을 동양철학으로 분류한 것은 애시당초 잘못이었다고 본다. 음양오행, 책력법이나 점학 같은 것은 그 연원이 중국 주나라 시대 훨씬 이전부터 이미 정리된 학문으로 알고 있다. 이러한 학문들은 본래 우주운동의 자연과학적인 물리운동의 개념으로 노력한 끝에 이루어진 상고시대 선인들의 위대한 발견이라고 알고 있다. 이렇게 지극히 자연과학적인 학문들을 후대로 올수록 동양철학이라는 초거대한 카테고리 속에 두루뭉술 하게 묶어놓은 것이 큰 오류였다고 본다. 그렇기 때문에 동양은 자연과학적인 논리가 부족하다고 생각하는 이들이 적지 않은 것 같다. 그래서 현대를 살아가는 우리들은 선조들이 발견하고 이룩한 상고시대의 위대한 자연과학적인 위업들을 물리적으로 풀어내어 옳게 해석하는 작업들을 진지하게 수행해야 한다.

그저 서양학문에만 논리적이고 실증적이고 자연과학적인 것이 존재한다고만 믿고, 동양철학은 추상적이며 오로지 형이상학적인 철학적 세계에만 머무르고 있다고 생각하는 사람들에게 노자의 우주 철학은 경종을 울린다.

우주가 생성되는 과정

왕필통행본 제42장

原文

道生一, 一生二, 二生三, 三生萬物.

萬物負陰而抱陽, 沖氣以爲和.

人之所惡, 唯孤寡不穀, 而王公以爲稱. 故物或損之而益, 或益之而損.

人之所敎, 我亦敎之, 强梁者不得其死. 吾將以爲敎父.

直譯

道生一 一生二
도 생 일 일 생 이
블랙홀은 하나를 낳고, 빅뱅은 공간과 시간을 낳았다.

二生三 三生萬物
이 생 삼 삼 생 만 물
그래서 셋이 되었고, 이 셋은 우주 만물을 있게 했다.

萬物負陰而抱陽
만 물 부 음 이 포 양
만물은 음을 둘러싸고, 음은 양을 감싸므로,

沖氣以爲和
충 기 이 위 화
가운데는 충기로 조화롭게 만들고 있는 것이다.

人之所惡
인 지 소 오
인간은 그러한 것을 싫어하지만,

唯孤寡不穀
유 고 과 불 곡
오직 홀로 되고 외롭게 되고 씨를 못 맺음을,

而王公以爲稱
이 왕 공 이 위 칭
왕공들은 이것들이 좋다고 그렇게 부르고 있다.

故物或損之而益
고 물 혹 손 지 이 익
그래서 만물은 가끔 버리는 것이 더하는 것도 있고

或益之而損
혹 익 지 이 손
더러는 더하는 것이 덜어내는 것일 수 있다.

人之所敎 我亦敎之
인 지 소 교 아 역 교 지
사람이 가르치는 대로 자신도 역시 가르칠 수밖에 없는데,

强梁者不得其死
강 량 자 부 득 기 사
강하기만 하면 죽을 수가 없기 때문이다.

吾將以爲敎父
오 장 이 위 교 부
나는 그렇게 하는 것을 가르침의 스승으로 삼는다.

블랙홀은 빅뱅 하나를 낳고, 블랙홀과 빅뱅은 공간과 시간을 낳아 셋(빅뱅, 시간, 공간)이 되었고, 이 셋으로 말미암아 우주 만물이 형성되었다. 우주 만물은 음(어두움)을 둘러싸고 있으며, 그 음(어두움)은 또한 양(밝음)을 감싸고 있어서, 그 가운데는 충기(沖氣)로 비어있음으로 조화롭게 만들고 있는 것이다.

만물 중의 하나인 인간은 그러한 것을 싫어하지만, 오직 홀로 되는 것과, 외롭게 되는 것이며, 씨를 만들지 못하는 것을 자리를 차지한 왕공들은 이것들이 좋다고 스스로를 그렇게 부르고 있다. 그래서 만물들 가운데는 가끔 버리는 것이 더하는 것이라는 생각을 하는 것도 있고, 더러는 더하는 것이 덜어내는 것이라는 생각을 할 수도 있다.

사람들이 가르치는 대로 자신도 역시 가르칠 수밖에 없다는 것인데, 강하기만 하면 죽을 수가 없기 때문이다. 나는 그렇게 가르치는 것을 가르침의 스승으로 삼는다.

"블랙홀(Black Hole)는 빅뱅(Big Bang) 하나를 낳았고, 블랙홀과 빅뱅은 공간과 시간(Space and Time) 둘을 낳았다. 그래서 셋이 되었고 빅뱅, 시간, 공간, 이 셋은 우주 만물을 있게 했다. 우주 삼라만상은 시간과 공간 속에서만 생성되고 존재한다. 이 우주는 어둠이 둘러싸고 있으며 그 어둠은 밝음을 감싸고 있다. 그 가운데를 비어있음(빔의 기운 = Dark Energy, 沖氣)이 조화롭게 만들고 있는 것이다."

이제야 무슨 뜻인지 이해가 되었을 것이다. 도는 하나를 낳고, 하나는 둘을 낳고, 둘은 셋을 낳고, 그 셋은 만물을 낳았다고? 그리고 만물은 음을 업고 양을 안고 있다고? 누가 업었는지, 안고 있는지 보았는가? 이제는 제발 그만 웃겼으면 한다. 기존에 시중에 나와 있는 수십 종류의 노자 저서(著書, 도덕경) 해설서는 더 이상 보지 말 것을 당부 드린다. 기존의 해설서는 노자의 직관적인 사상에서 벗어난 엉뚱한 서술(敍述)에 불과할 따름이다. 지금부터 2,600여년 전이었지만 노자는 직관적 사유(思惟)와 사색(思索)으로 있는 그대로의 우주를 보았다.

그다음은 만물의 하나인 인간은 홀로 되는 것(孤), 외롭게 되는 것(寡) 그리고 씨를 만들지 못하는 것(不穀)을 싫어하지만 오직 지도자의 자리를 차지한 왕공들은 이것들이 좋다고 스스로를 그렇게 부르고는 있다.

이게 무슨 말이냐 하면, 만물들 가운데는 가끔 덜어내 버리는 것이 더하는 것이라는 생각을 하는 것도 있고, 더러는 더하는 것이 덜어내는 것이라는 생각을 할 수도 있다는 것이다. 그래서 노자는 사람들이 가르치는 대로 자신도 가르칠 수밖에 없다는 것인데, 그것은 강하기만 하면 죽을 수가 없기 때문이다. 그렇기에 노자는 그렇게 가르치는 것을 가르침의 스승으로 삼겠다고 했다. 모르는 자들을 상대로는, 모르는 대로 가르칠 수밖에 없다는 것이다. 노자는 우주의 생성 원리도 알았고, 그 생성의 원리를 그대로 말해도 알아듣지 못하는 사람에게는 못 알아듣는 대로 둘 수밖에 없다는 결론을 내린 것이다.

  42장에서 흔히들 노자의 사상을 한마디로 무위사상이라고 말한다. 무위(無爲)란 '함이 없다' 혹은 '하는 일이 없다'라는 뜻의 의미가 아니다. 노자는 무위지위(無爲之爲) 즉 함이 없는 함을 의미한다. 인간이 분별지심으로 만들어 놓은 체계의 함이 아닌 우주자연의 이치와 질서 속의 운행일 것이다. 노자는 우주자연의 질서는 도가 1을 낳고, 1이 2를 낳고, 2가 3을 낳고, 3에서 만물이 생성되면서 음양이 서로 충기(冲氣)하여 조화를 이룬다고 하였다. 여기에서 충기(冲氣)란 말은 물리적인 뜻이 모두 함축되어 있다. 이 말은 아인슈타인이 보는 우주논리와 같은 이치다. 아인슈타인은 중력이 다른 두 개의 중력체가 부딪쳐 중력파동이 일어난다고 했다. 그 두 개의 부딪침이 바로 충기인 것이다. 충기란 서로 다투는 것으로 음양이 서로 승부하는 것이다. 아버지의 정자와 엄마의 난자가 엄마의 자궁에서 서로 다투는 것으로 볼 수도 있다. 수리학적으로 아버지가 1이 되고 엄마가 2가 되고 엄마의 자궁이 3이 되어 그 3의 자궁에서 자식이라는 만물이 생겨난다. 그래서 노자는 셋에서 만물이 생겨난다(三生萬物)고 한 것이다. 이렇게 음양이 서로 승부를 겨룬 후에라야 음양이 조화를 이룬 인간이 생겨난다.

  충기를 해석할 때 대부분이 그냥 '조화, 빈, 공허'라는 뜻으로 해석한다. 물론 충(冲)의 뜻이 '조화, 비어있다'라는 뜻도 있지만, 그런 해석으로는 노자의 본뜻을 도저히 헤아릴 길이 없다. 노자가 말한 충기는 '상충하다, 부딪치다'라는 의미이다.

우주만물의 생성원리에 대하여 우리민족 고유로 전래되는 《천부경(天符經)》은 81자(字)로 되어 있다. 이 천부경은 단군조선 때 만들어진 것으로 추정하고 있으며 신라 시대 최치원(崔致遠)이 녹도(鹿圖)문자로 표기된 것을 한자로 변환하여 해석해 놓은 것이다.

一始無始一析三極無 盡本天一一地一二人
일 시 무 시 일 석 삼 극 무　진 본 천 일 일 지 일 이 인
一三一積十鋸無櫃化 三天二三地二三人二
일 삼 일 적 십 거 무 궤 화　삼 천 이 삼 지 이 삼 인 이
三大三合六生七八九 運三四成環五七一妙
삼 대 삼 합 육 생 칠 팔 구　운 삼 사 성 환 오 칠 일 묘
衍萬往萬來用變不動 本本心本太陽昻明人
연 만 왕 만 래 용 변 부 동　본 본 심 본 태 양 앙 명 인
中天地一一終無終一
중 천 지 일 일 종 무 종 일

"하나의 시작은 무(無)에서 비롯되나 一은 세 극(極)으로 쪼개고 쪼개어도 바탕은 다함이 없다. 天一은 1이며 地一은 2이고 人一은 3이다.
하나가 쌓여 열로 묶이더라도 셋이 된다. 하늘에도 2, 3이 있고 땅에도 2, 3이 있고 사람에게도 2, 3이 있다. 그만큼의 3은 3극이 합쳐 6이 되며 1, 2, 3을 합하면 7, 8, 9가 생겨난다. 운(運)은 3과 4가 고리가 되어 5와 7과 1로 묘하게 퍼져나가고, 무한히 오고 가고 쓰임은 변해도 본원은 움직이지 않는다. 본심이 본태양이며 사람 속에 천지가 하나 되어 밝게 빛이 나고 하나는 끝이 없다고 하지만 결국 하나이다."

석가는 "만 가지 법이 하나로 돌아간다"고 하였고, 노자는 "그 하나를 얻으면 만사가 끝난다"고 하였으며, 공자는 "나의 도는 하나로써 뚫는다"고 하였다.

우주 구성원소의 성질

왕필통행본 제43장

原文

天下之至柔, 馳騁天下之至堅. 無有入無間. 吾是以知, 無爲之有益.

不言之敎, 無爲之益, 天下希及之.

直譯

天下之至柔 馳騁天下之至堅
천 하 지 지 유 치 빙 천 하 지 지 견
이 우주에서 가장 부드러운 것이 우주에서 가장 단단한 것 속으로 달
린다.

無有入無間
무 유 입 무 간
아무리 틈새가 없는 곳이라도 들어가지 않는 곳이 없다.

吾是以知 無爲之有益
오 시 이 지 무 위 지 유 익
나는 이로써 함이 없음의 유익함을 알고 말하지 않는 가르침을 안다.
이런 이유에서 나는 함 없음의 유익함을 안다.

不言之敎 無爲之益 天下希及之
불언지교 무위지익 천하희급지
말 없는 가르침과 함이 없음의 유익은 이 우주에 드물게 알려진다.

노자의 저술(著述) 81장 가운데 가장 이해하기 어려운 문장은 바로
이 43장이다. 20세기 이후에 양자역학 이론이 알려지기 전까지는 이
문장을 어떻게라도 해설할 도리가 없었다고 봐야 할 것이다. 우리 인류
의 물리학이 21세기에 들어서고서야 알려진 사실이지만, 우주로부터
날아오는 어떤 종류의 우주선은 입자(粒子)이면서도 지구상에 존재하는
그 어떤 강고(强固)한 물질에도 거침없이 마구 통과하는 입자들이 있다
는 것이다. 말하자면 힉스(Higgs)입자 같은 우주선 말이다. 그것을 노자
는 21세기의 과학에서처럼 실험에 의하지 않은 사유와 사색으로 그 존
재를 인지하고 그 작용을 추론해 낸 것이다.

그는 우리가 아는 가장 부드럽다는 성질의 물질이 가장 강하다는 다
이아몬드도 순간적으로 뚫고 지나가 버리는 성질을 갖는 물체가 있어
야만 우리 세계의 물질의 구성이 완벽해진다는 사고를 한 것이다. 이것
은 상대성이고 동시에 균등성의 우주를 구성하는 원리가 되기 때문이
다. 그러므로 노자는 천하에 가장 부드러운 것이 가장 단단한 것을 틈
이 없이도 달려나가 버린다고 말했다. 노자는 그러한 상황을 우리 사는
우주에서의 누가 의도적으로 하는 것이 아닌, 존재라는 것 자체의 성
상(性狀)으로 본 것이다. 여기서 무위라는 것은 우리 인간이라는 존재가
의도적으로 행한 것이 아닌 것을 말함이다. 있는 그대로의 자연이 하는
작용이라는 뜻이다. 그래서 노자는 이러한 있는 그대로의 자연에서 인

간이 아무것도 하지 않아도 되는 유익함이 있음을 알고, 그 작용의 말 없는 교훈을 배운다고 했다. 이러한 함이 없음에도 이루어지는 자연이 가져다주는 이익을, 이 세상 사람들은 잘 알지 못한다는 것이 노자의 결론이다.

인간의 간섭 없이 자연이 행하는 즉 무위에 의한 인간들이 누리는 이익은 찾아보면 한이 없을 것이다. 맨 끝 문장에서 천하희급지(天下希及之)는 이 우주에서는 이를 거의 모른다는 뜻이다. 그렇다면 무엇을 모른다는 것일까? 이 우주에는 그보다 더 부드러운 것은 없는데도 그 부드러운 것이 더는 단단할 수 없는 것들의 속으로 들어가지 못하지도 않고, 그 속을 말달리듯 달리지 못하는 것도 없다고 한 것 그것을 모른다는 것이다. 그런 것이 도대체 무엇일까?

우주 저 멀리서 날아오는 소립자(Boson)들 중 아직도 과학자들이 찾지 못한 힉스 입자(hig's boson) 같은 우주선(宇宙線)이라고 부르는 소립자들은 보이지도 만져지지도 않고 총알보다 더 빠르지만 강한 것도 아니면서 이 세계의 어떤 강한 물질도 빠르게 뚫고 지나가고 있다. 몇 미터 두께의 철판이나 바위 덩어리, 다이아몬드 괴(塊)라도 자유롭게 드나들 수 있다. 입자(Boson)들이 관통해 달려 나가지 못하는 질량을 가진 물질은 이 우주에는 없다. 물론 전자기파 가운데 어떤 종은 그 투과력이 매우 강한 것도 있지만, 이들은 차단이 가능하기 때문에 소립자와는 다르다 아니할 수 없다. 이런 이유로 무엇인가를 하는 것이 아닌 함이 없는 것(소립자가 무엇을 하는 것은 아님)이 아무리 강하고 단단한 것이라도 자유롭게 드나드는 유익함이 있다는 것을 아는 것이다.

그렇기는 하지만, 말을 하지 않는 가르침이나 함이 없음의 유익함이란 이 우주에서는 매우 드물다고 하는 것이다. 따라서 노자는 아무것도 하지 않고 생각지도 않는 것이 이 우주를 돕는 것(有益)이라는 것을 안다고 했다. 그래서 노자는 행위 없는 것이 돕는 것이라는 것을 말없는 가르침으로 알고 있다고 한 것이다.

여기서 우리는 무위(無爲)가 아무것도 일하지 않는다거나 생각하지 않는다는 말은 아니라는 것을 배워야 한다. 스스로 그러고 있는 것에 간섭하지 않는 것 그것을 무위로 표현했을 따름이다. 무위란 내게 주어져 내가 해야 할 것은 하고 스스로 그럴 수밖에 없는 것에는 간여하지 말라는 뜻이다.

우리의 우주는 아직 우리가 모르는 것들로 가득 차 있기에 어려울 수밖에 없다. 질량을 지닌 물질은 전체 우주의 4.9%에 지나지 않는다. 95.1%는 모르는 것이고 안다고 하는 4.9%도 실은 우리가 모르는 것이 더 많다는 것이다. 현대 과학이 밝혀낸 것은 겨우 물질은 초끈의 진동의 차이로 서로 다르게 보이고 성질이 달라진다는 정도를 알게 됐을 뿐이다. 그래서 천하희급지(天下希及之)일 따름이다. 이제는 노자가 말한 무위자연(無爲自然)의 의미가 무엇인지 조금은 느껴질 것이다.

餘說

제5의 힘, 모르는 소립자(X- Boson)

최근에 오스틴(Austin)에 있는 텍사스(Texas)대학교와 헝가리의 물리학자들은 모르는 소립자(X- Boson)라고 하는 제5의 힘을 찾아냈다고 한다. 만약에 이것이 사실로 확증된다면 21세기 과학은 일보전진을 하게 될 것이다.

현재까지 우리의 우주에는 네 가지의 힘이 이 우주를 지배한다고 여겼다.

첫째는 중력(Gravitation), 둘째는 전자기력(Electromagnetism), 셋째는 강력(Strong nuclear force), 넷째가 약력(Weak nuclear force)이었다. 이번에 처음으로 찾아낸 제5의 힘은 우주 구성분의 85%를 차지하는 암흑력(Dark energy)의 중심으로 보이는 암흑 광자(Dark Photon)를 조사하던 헝가리의 물리학자들이 이전에는 못 보던 전자와 중성자 사이에서만 활동하는 새로운 소립자를 발견하면서 X−Boson(모르는 소립자)로 이름 지었는데 텍사스대학의 물리학자들이 검증한 결과, 이 X−Boson이 암흑력일 수도 있다는 결론에 이르렀다고 한다. 아직 공인된 이론은 아니지만, 결국에는 암흑력도 밝혀지게 되는 것일까? 21세기의 물리학, 과학으로도 발견하기가 어려워 스위스 제네바 근교에는 거대한 입자가속기(CERN, Conseil Europeen pour la Recherche Nucleaire)를 여러 나라가 공동으로 설치하고 소립자 찾기에 열중하고 있는데 노자는 사유력(思惟力)만으로 그러한 물질이 우리 우주에 있다는 것을 어찌 알았을까? 인간의 사고한계는 과연 어디까지일까?

그러나저러나 여기서 알아야 할 것은 노자가 말하는 무위(無爲)라는 것의 진정한 의미이다. 노자가 무위를 그의 주된 사상(思想)의 근간(根幹)으로 삼는 것은 단지 우리들 인간 행위의 '함'이 없음만을 말하는 것이 아니다. 오히려 노자의 무위란 자연(自然)과 더 가까운 개념이다.

우주의 양자이론^{陽子理論}

왕필통행본 제45장

原文

大成若缺, 其用不弊. 大盈若沖, 其用不窮.

大直若屈, 大巧若拙, 大辯若訥.

躁勝寒, 靜勝熱. 淸靜爲天下正.

直譯

大成若缺
대 성 약 결
크게 이룩한 것은 무언가 모자라는 것 같으나,

其用不弊
기 용 불 폐
그 이룸이 쓰임에 있어서는 폐해를 주지 않는다.

大盈若沖 其用不窮
대 영 약 충   기 용 불 궁
크게 가득 찬 것은 빈 것 같지만 그 쓰임에 있어서는 다함이 없다.

大直若屈
대 직 약 굴
크게 곧은 것은 마치 굽은 것 같으며,

大巧若拙
대 교 약 졸
크게 공교로운 것은 마치 모자라는 것 같고,

大辯若訥
대 변 약 눌
크게 말을 잘하는 것은 마치 어눌한 것 같다.

躁勝寒
조 승 한
성급하게 뛰면 추위를 이겨내고,

靜勝熱
정 승 열
고요히 가만히 있으면 더위를 이겨낸다.

淸靜爲天下正
청 정 위 천 하 정
이 우주에서 바르다고 하는 것은 맑고 고요함이다.

`解說`

이 45장에서는 다시 우주의 원리를 생각해 볼 필요가 있을 것이다.

Black-Hole은 우리 우주가 가진 힘 가운데는 가장 약한 중력 (Gravity)으로 작용하여 아무리 채워도 다 차지도 않으면서 언제나 텅 빈 것으로 보인다. 빛이 없으니 무엇인가는 모자라는 것이지만, 실은 빛이 없는 게 아니라 그 속에 응집되어 있을 뿐이다. 우리 우주는 비어 있는 것인가? 아니면 차 있는 것인가? 우리 우주에서 물질은 겨우 4.9%에 지나지 않으니까 비어 있는 것인가? 아니다. 암흑물질, 암흑에너지 그리고 암흑력으로 가득 차 있다. 자세히 밝히면 암흑물질이 27%, 암흑에너지가 68.3%, 그리고 또 암흑력이 2.8%지만, 우리는 물질 외의 이러한 것들이 무엇인지조차 모르고 있을 뿐이다.

　이러한 곳에 티끌보다 작은 존재로 있으면서 완벽하기를 바란다면 그게 넌센스가 아니고 무엇이겠는가? 이 세상, 이 우주에서 참으로 바르다고 하는 것은 노자가 말한 바의 이 청정위천하정(淸靜爲天下正)이 옳다. 노자의 이 45장은 마치 양자이론(陽子理論 Quantum Theory)의 해설 같다.

餘說

　양자 물리학이론의 주요 개념을 간단히 언급하자면 1900년대가 시작되면서 과학자들은 물질을 분석하면 분자가 되고 분자에서 원자가 되며 원자에서 원자핵과 전자가 된다는 사실을 발견하였다. 전자(電子)의 정체를 밝히는 과정에서 전자가 입자와 파동의 성질을 동시에 띤다는 사실을 알게 되었다. 그런데 흥미로운 사실은 입자와 파동의 성질이 천지 차이 만큼이나 서로 다르다는 것이다. 과학자들이 전자의 입자와 파동의 이중성을 설명하기 위하여 연구를 하는 과정에서 태어난 학문이 바로 양자물리학이다.

　양자물리학을 창안한 초기 멤버 중 한 사람인 닐스 보어는 입자와 파동의 이중성을 '상보성 원리'로 설명하였다. 양자물리학의 주요 개념인 상보성 원리란 동전의 앞면과 뒷면과의 관계로 설명이 가능하다. 즉, 동전의 앞면에 입자가 있다면 그 뒷면에는 파동이 있다고 보았다. 양자물리학에서 하나의 입자인 전자는 다른 전자와 떨어져 있으나 전자의 뒷면에 해당되는 파동들은 하나로 연결되어 하나의 에너지장(場)을 형성한다는 개념으로 설정된 '비국소성 원리(non-locality principle)'도 있다. 이 비국소성원리는 알렌 아스펙트(Alain Aspect)와 그의 동료에 의해 쌍둥이 광자가 우주 끝에서 다른 끝까지 하나로 연결되어 있음을 실험을 통해서 증명하였다.

양자물리학에서는 비국소성의 의미를 공간적으로뿐만 아니라 시간적으로도 하나의 장으로 연결되어 있다고 가정하므로 과거, 현재, 미래가 하나의 장(場)으로 연결되어 있다는 것이다. 또 하나의 주요 개념으로 우주의 공간은 충만 되어 있다는 개념이 있다. 뉴턴 물리학에서는 우주의 허공은 텅 비어 있다고 생각했었는데 양자물리학에서는 우주의 공간은 '영점장(zero-point energy)'로 꽉 차 있다고 생각한다.

양자물리학의 또 다른 주요 개념으로 한 시스템에서 입자 상태에서는 입자들은 무질서한 개인행동을 취하지만 파동의 상태에서는 전체의 질서를 따른다는 개념의 '자기 조직하는 원리(self-organization principle)'가 있다. 양자물리학의 주요 개념으로 '마음 에너지(mind energy)'까지 나왔다. 과학자가 전자를 관찰하기 전에는 입자인지 파동인지 알 수 없지만 전자를 관찰하는 순간, 전자는 입자로 관찰되기도 하고 혹은 파동으로 관찰되기도 한다. 과학자의 관찰이 어떤 작용을 하여 입자 혹은 파동을 결정한다고 생각하였는데 이것을 '관찰자 효과'라고 불렀다.

관찰자 효과에 대한 많은 물리학자들의 해석은 관찰하는 순간 과학자의 마음이 마치 에너지처럼 전파되어 전자에 영향을 미쳐 작용함으로써 입자 혹은 파동을 만드는 것으로 생각하였다. 이로써 물리학에서 마음 에너지(Mind Energy)라는 개념까지 등장하게 되었다.

물리학에서는 10여 년 전부터 양자이론에 마음(Mind)이 나왔다. 즉, 보는 이의 위치에 따라 Mind가 작용한다는 것을 알았다. 이는 마치 불교의 일체유심조(一切唯心造)와 동일한 맥락인 것이다. 원효(元曉)가 그의 저서(著書)인 〈대승기신론소(大乘起信論疏)〉에 체(體)에 대하여 다음과 같이 밝혀 놓았다.

"其體也
　기체야
그 체라고 하는 것은

曠兮 其若大虛而無私焉
광 혜 기약 대 허 이 무 사 언
너무도 밝구나! 마치 광대한 빈 곳 같아서 거기에는 개인도 그 무엇도 없다.

蕩兮 其若巨海而有至公焉
탕 혜 기약 거 해 이 유 지 공 언
너무도 쓸어버린 상태로구나! 마치 커다란 바다와 같아서 지극히 평준함이 있을 뿐이다.

有至公故 動靜隨成
유 지 공 고 동 정 수 성
지극한 공평함인고로, 움직임과 고요함이 서로 따라 이뤄지는 것일 뿐.

無其私故 染淨斯融
무 기 사 고 염 정 사 융
개인도 아무것도 없는 고로, 더러움과 정갈함은 서로 녹아 섞여 하나가 되고.

染淨融故 眞俗平等
염 정 융 고 진 속 평 등
더러움과 정갈함이 섞여 하나가 되므로, 참과 거짓이 공평하게 같아지고 만다.

動靜成故 昇降參差
동 정 성 고 승 강 참 차

움직임과 고요함이 서로 일어나는 고로, 오르고 내림도 서로의 차이에
뒤섞일 따름이다.

昇降差故 感應路通
승 강 차 고 감 응 로 통

오르고 내림이 뒤섞임인 고로, 느낌과 응대의 길은 뚫리는 것.

眞俗等故 思議路絕
진 속 등 고 사 의 로 절

참과 거짓이 같음으로, 생각하는 것과 판단하는 것의 길이란 끊기는 것.

思議絕故 體之者
사 의 절 고 체 지 자

생각과 판단을 끊는 것임으로, 본체라는 것은,

乘影響而無方
승 영 향 이 무 방

그림자와 메아리에 올라타더라도 갈 곳은 없다.

〈영향(影響)은 홀로그램을 의미함〉

感應通故 祈之者
감 응 통 고 사 지 자

느낌과 응대가 서로 뚫린 고로, 무엇을 바란다는 것은,

超名相而有歸
초 명 상 이 유 귀

명예나 지위를 초월했으니 돌아갈 곳 있으랴?

〈초명상(超名相)이란 명예나 지위를 초월했으니 둘 다 헛개비라는 뜻〉

所乘影響 非形非說
소 승 영 향 비 형 비 설

그림자와 메아리에 탔다고 하는 것은 모양새도 아니고 얘기 거리도 아니다.

旣超名相 何超何歸
기초명상 하초하귀
이미 명예나 지위를 초월했는데 무엇을 더 초월하고 어디로 돌아갈 곳 있으랴!

是謂
시위
이를 말로 표현 한다면

無理之至理 不然至大然也
무 리 지 지 리   불 연 지 대 연 야
이치 없음의 지극한 이치이고 그러하지 아니함의 큰 그러함이니라."

하지 않음이 아니고 내 뜻대로가 아니라, 순리적인 순환(변화)에 따라 무한으로 영속되는 나를 살아가는 것, 그것이 깨달은 사람의 지성이라는 것이다. 이것이야말로 가장 적극적인 삶의 자세가 된다는 말이다. 원효(元曉)는 〈대승기신론소(大乘起信論疏)〉에서 노자가 2장에서 상대성 원리에 대하여 언급한 것과 그 내용이 이렇게도 같을 수가 있을까? 이 글에서는 표현만 다르게 되어 있을 뿐 동일한 의미인 것이다.

우주에 대한 인식론

왕필통행본 제47장

原文

不出戶, 知天下, 不窺牖, 見天道. 其出彌遠, 其知彌少.
是以聖人, 不行而知, 不見而名, 不爲而成.

直譯

不出戶 知天下
불 출 호 지 천 하
문밖에 나가지 않고도 세상의 이치를 알 수 있고,

不窺牖 見天道
불 규 유 견 천 도
창밖을 내다보지 않고도 우주운행의 이치를 볼 수 있다.

其出彌遠 其知彌少
기 출 미 원 기 지 미 소
멀리 나갈수록(인위적인 노력을 할수록) 아는 것은 더욱 적어진다.

是以聖人 不行而知
시 이 성 인 불 행 이 지
그러므로 성인은 가지 않고도 (천지우주의 이치를) 알고,

不見而名
불 견 이 명
보지 않고도 (사물을 구분하여) 부를 수 있으며,

不爲而成
불 위 이 성
하지 않고도 (하고 싶은 것을) 이룰 수 있다.

意譯

　세상과 우주는 비록 나아감과 운행 이치가 다를지라도 하나의 이치로 귀결되는 것이므로, 문밖에 나가지 않고도 인간 세상의 이치를 알 수 있고, 창밖을 내다보지 않고도 우주의 운행 이치를 볼 수 있다. 인간 세상의 이치나 우주의 운행 이치를 알려고 인위적인 노력을 하면 할수록 아는 것은 더욱 적어진다. 그러므로 깨달은 사람은 가지 않고도 인간 세상의 궁극적 이치를 알고, 보지 않고도 사물을 구분하며 우주의 궁극적 이치를 알 수 있는 혜안(慧眼)을 지닐 수 있으며, 자신이 하고 싶은 것을 직접 행하지 않고도 이룰 수 있다.

解說

　이번 47장에서 우리가 일상생활에서 유념해야 할 곳 중 하나는 멀리 나가면 나갈수록 아는 것이 적어진다(其出彌遠 其知彌少)는 구절이다. 이 구절을 지금의 쉬운 언어로 말했을 때, 공부하면 할수록 진리에서 멀어

진다는 말로 표현할 수 있다. 공부를 하면 할수록 진리에 다가가는 것이 아니라 멀어진다는 말은 쉽게 납득이 되지 않는다.

　그 이유는 다음과 같다. 물론 이들의 공부가 우주와 세상의 부분에 대한 것이기는 하지만, 공부를 많이 하지 않은 사람에 비해 이치에 밝은 것은 부정할 수 없기 때문이다. 인위적인 노력을 하지(움직이지) 않고 진리에 다가갈 수 있다는 것이다. 어떻게 이것이 가능한가?

　첫째는 인간의 내면을 제대로 볼 수 있으면 인간을 둘러싼 사회환경(天下 : 인간 세상)이나 자연환경(天道 : 우주 운행)을 볼 수 있는데, 인간과 인간을 둘러싼 환경이 존재론적으로 연결되어 있기 때문이다. 이것은 마치 인간의 몸에 있는 수많은 세포들이 인간의 몸 전체의 정보를 모두 공유하고 있어서 임의의 한 세포 안에 있는 정보를 알면 몸 전체의 정보를 아는 것과 같다. 어차피 우리의 과학기술 능력으로는 인간 외면의 모두를 알 수는 없다. 인간 외면 모두를 알 수 없고 부분밖에 모른다면 강(綱)을 모르고 부분적인 망(網)만 알게 된다.

如說

　초신성 폭발과 그에 따른 블랙홀의 생성과정을 언급하고자 한다.

　태양보다 큰 천체들은 적색거성의 단계를 넘어서면서 초신성 폭발이라고 하는 거대한 폭발을 일으키게 된다. 별이 초신성 폭발을 하게 되면 원래의 밝기보다 수십만 배 이상 밝아진다. 그래서 평소 보이지 않던 별이 밤하늘에 갑자기 밝게 나타나기 때문에 초신성이란 이름이 붙은 것이다.

　즉, 초신성은 새롭게 태어난 밝은 별이 아니라 태양보다 큰 항성이 죽기 전에 마지막으로 반짝하고 빛을 발하는 현상이다. 우리 은하에서 초신성이 폭발하게 된다면 그 어느 별보다도 밝게 보일 것이다. 일단 초신성 폭발이 일어나게 되면, 대부분의 물질들은 그 충격으로 인해 다 부서지고 주위로 퍼져나가게 된다. 천체의 질량이 태양보다 8배 이상 무거우면 그 중심은 이미 무거운 물질들로 단단하게 묶여져 있게 된다. 따라서 초신성 폭발이 일어나더라도 중심부의 물질은 다 날아가지 않고 태양 질량의 2∼3배 정도가 남아 있게 된다. 이때 이 물질들이 엄청난 중력으로 수축을 하게 되는데, 그 힘으로 마이너스(−)를 띤 전자들이 플러스(+)를 띤 원자핵과 붙게 되는데 이것이 바로 중성자성(neutron star)이다.

중성자성 정도가 되면 손톱 크기 정도의 질량이 10억 톤을 넘게 된다. 폭발 후에 남은 물질이 태양 질량의 3배 이상이 되려면 초기의 질량이 태양보다 30배 이상 무거워야 한다. 이 정도가 되면 그 엄청난 중력으로 인해 원자핵 자체가 부서지고 모든 질량이 중심에 모이는 블랙홀(black hole)이 만들어진다.

그 블랙홀 속에서는 손톱 크기 정도의 질량이 지구 전체의 질량과 맞먹게 된다. 블랙홀은 워낙 중력이 커서 빛조차도 빠져나올 수 없는 곳이다. 즉, 블랙홀은 모든 질량이 그 중심에 모여 있는 둥근 입체 공간의 천체이다. 따라서 공상과학 소설이나 SF에 등장하는 화이트홀은 실제로 존재할 수가 없다. 블랙홀로 빨려 들어간 물질은 그 중심에 모일 뿐 그 물질들이 빠져나가는 화이트홀은 존재하지 않는다. 다만 블랙홀에서 빅뱅 현상에 의해 새로운 천체가 만들어질 뿐이다.

LIGO(Laser Interferometer Gravitational-Wave Observatory, 중력파 레이저 간섭계 관측소)의 물리학자들에 의하면, 우리 우주 중심에 있는 두 개의 거대한 블랙홀(Black Hole)이 서로 엉켜들면서 나오는 중력파는 태양의 중력파에 비해 29~36배나 더 강하고 서로 충돌하는 불쾌한 소리를 낸다고 한다. 아직 우리 과학은 중력이 왜 파동을 일으키는지는 모르고 있는 것 아닌가?

빅뱅과 블랙홀의 역할
왕필통행본 제51장

原文

道生之, 德畜之, 物形之, 勢成之. 是以萬物, 莫不尊道而貴德.

道之尊, 德之貴, 夫莫之命而常自然. 故道生之, 德畜之.

長之育之, 亭之毒之, 養之覆之.

生而不有, 爲而不恃, 長而不宰, 是謂玄德.

直譯

道生之 德畜之
도 생 지 덕 축 지
도는 (만물을) 낳고, 덕은 그것을 쌓으며,

物形之 勢成之
물 형 지 세 성 지
사물은 그것에 형태를 있게 하며, 그 세력을 성장시킨다.

是以萬物 莫不尊道而貴德
시 이 만 물 막 부 존 도 이 귀 덕
그래서 만물은 도를 존중하지 않을 수 없고 덕을 귀하게 여기지 않을
수 없다.

道之尊 德之貴
도 지 존   덕 지 귀
도가 존경받을 수 있고 덕이 귀하게 여겨지는 것은,

夫莫之命而常自然
부 막 지 명 이 상 자 연
그것을 명령하듯 하지 않고 항상 스스로 그렇게 한 것으로 한다.

故道生之 德畜之
고 도 생 지   덕 축 지
그러므로 도는 만물을 낳고 덕은 그것을 쌓는다.

長之育之 亭之毒之 養之覆之
장 이 육 지   정 지 독 지   양 지 복 지
성장케 하고 육성케 하며, 조정하고 해독하며, 기르거나 뒤집는다.

生而不有 爲而不恃
생 이 불 유   위 이 불 시
낳은 것을 소유하지 않고, 행한 것에 기대하지 않고,

長而不宰 是謂玄德
장 이 부 재   시 위 현 덕
성장시키지만 다스리려하지 않기에, 이를 일러 현덕이라 한다.

意譯

　빅뱅은 우주만물을 낳고, 블랙홀은 그것을 삼켜 모으고 쌓으며, 우주만물은 각각의 형태를 이루고, 그 세력을 성장시킨다. 그러하기에 우주만물은 어느 것이나 빅뱅을 존중하지 않는 것이 없고 블랙홀을 귀하게 여기지 않을 수가 없다. 빅뱅이 존경받을 수 있고 블랙홀이 귀하게 여겨질 수 있는 것은 우주만물을 낳고 쌓는 것을 명령하듯이 하지 않고 우주만물이 항상 스스로 그렇게 한 것으로 한다. 그러므로 빅뱅은 우주만물을 낳고 블랙홀은 그것을 삼켜 쌓는다. 성장케 하고 육성케 하며, 조정하고 해독하며, 기르거나 뒤집는다.

　빅뱅은 만물을 낳았지만 제 것으로 하지 않고, 행한 것에 기대하지 않고, 잘 성장하도록 정성을 기울이지만 다스리려 하지 않기에, 이것을 신비하고 가물한 현덕이라 한다.

解說

　이 51장에서는 빅뱅과 블랙홀의 역할을 구체적으로 설명하고 있다.

　첫 번째와 두 번째 구절의 어순을 바꾸어 "道生之 物形之 德畜之 勢成之"로 해놓으면 이해하기가 쉽다. 빅뱅이 우주만물을 낳아서 그 만물은 각기 형태를 갖게 되고, 블랙홀은 우주만물을 삼켜 쌓아서 세력을 키운다는 뜻이다. 빅뱅으로 우주만물이 창조되었다가 그 에너지가 고갈되면 다시 블랙홀로 빨려 들어가 축척되어 있다가 그 에너지가 다시 성장하면 어느 순간 또다시 빅뱅으로 하나의 천체가 탄생되는 장엄한 현상을 단 12글자로 표현하고 있다.

　빅뱅과 블랙홀은 우주의 출현과 소멸에 있어서 상호 보완적 관계인 동시에 대척적인 관계이기도 하다. 미시적인 양자역학에서 말하는 입자와 반입자의 개념처럼, 초거시적인 빅뱅과 블랙홀은 서로 대척되는 것과 동시에 서로가 보완적이다. 이 시대의 양자역학에서 밝힌 미립자나 생명의 가장 원초적인 단계의 바이러스와 같이 있는 것 같기도 하고 없는 것 같기도 해서 무와 유 사이에서 방황하는 허깨비와 같은 것이다. 미립자들이 수없이 쌓여 원자와 전자를 이루면서 물질이 비로소 형태를 나타내듯 초거시적인 우주에서도 어떠한 천체나 별이 그 에너지가 소멸되면 적색거성과 백색왜성의 과정을 거쳐 종국에는 블랙홀로 빨려 들어 갔다가 그 내부에너지가 힘을 얻고 축적과정을 거치면 빅뱅을 통해 또다시 천체로 돌아오게 된다. 이것이 노자의 우주관의 핵심이고, 그의 우주물리학이며 양자역학인 것이다.

餘說

《장자(莊子)》〈잡편〉에 노자(老子)의 제자라는 경상초(庚桑楚)로 이름한 사람의 글이 실려 있다. 이 글에 처음으로 우주(宇宙)라는 말이 있고, 宇와 宙의 조금은 다른 성격을 말하고 있다. 경상초가 이처럼 우주를 정의하기 이전에는 우주라는 글자는 없었으며 천지(天地)라는 글자로 우주를 대신했다.

무엇을 우(宇)라고 하고, 또 무엇을 주(宙)라고 정의했는지를 살펴보자.

"出無本
　출 무 본
(이 세상 모든 존재는) 근원이 없음에서 나오는 것이고,

入無竅
입 무 규
들어갈 구멍이 없는 것이다.

有實而無乎處
유 실 이 무 호 처
실제적으로 존재한다고 하는 것은 거처할 곳이 없는 것이고,

有長而無本剽
유 장 이 무 본 표
오래도록 존재한다는 것은 그 끝이 없는 것이다.

有所出而無竅者有實
유 소 출 이 무 규 자 유 실
나온 곳은 있다고 하더라도 들어갈 곳이 없는 것이 존재의 실재이다.

有實而無乎處者 宇也
유 실 이 무 호 처 자 우 야
존재한다고 해도 있을 곳은 없는 것을 우(宇)라고 하며,

有長而無本剽者 宙也
유 장 이 무 본 표 자 주 야
오래 존재하면서도 끝이 없는 것을 주(宙)라고 한다."

　장주(莊周)의 이 글은 꽤 까다롭고 논리적(理論的)이다. 무슨 말이며 무슨 뜻일까를 다시 되짚어 생각해보고서야 무릎을 친다. 우주란 존재가 있기는 해도 어디에 있다고 특정지을 수 없는 상태이며, 또한 그 존재가 영원히 끝을 찾을 수 없는 상황을 일컫는 말이라는 뜻이다. 이것이 옛 선인(先人)들의 우주관이었다.

　흔히들 《莊子》를 도(道)와 무(無)를 설파하고 신선도(神仙道)를 추구하는, 이른바 도교(道敎)로 전해오는 그대로 판단하고 만다는 것은 우리가 얼마나 부화뇌동(惱化附同)하는 어리석은 존재인지를 이를 뿐이다.

결국, 《장자(莊子)》에서 경상초가 말하는 우주(宇宙)란 존재가 있을 곳이 없는 것과 그리고 존재가 영원히 끝이 없음을 말하는 것이다. 따라서 동양철학에서 말하는 우주란, 서구 철학에서 우주(Universe)라는 의미이며, 대우주(Cosmos)라는 의미의 우주가 아니다. 서양철학에서 말하는 Universe란 다양함이 하나로 뭉쳐져 있는 것이고 Cosmos는 커다란 질서를 말한다.

우주관의 종결편
왕필통행본 제52장

原文

天下有始, 以爲天下母. 旣得其母, 以知其子, 旣知其子, 復守其母, 沒身不殆.

塞其兌閉其門, 終身不勤, 開其兌濟其事, 終身不救.

見小曰明, 守柔曰强. 用其光, 復歸其明, 無遺身殃, 是謂習明.

直譯

天下有始
천 하 유 시
우리 우주는 시작이 있었고,

以爲天下母
이 위 천 하 모
그 시작을 우리는 우주의 어미로 삼는다.

旣得其母 以知其子
기 득 기 모 이 지 기 자
어미가 있기에 그 어미가 낳은 자식을 안다.

既知其子 復守其母
기 지 기 자 복 수 기 모
그 자식을 알았다면 되돌아 어미를 지켜야만

沒身不殆
몰 신 불 태
끝까지 위태로워지지 않는다.

塞其兌 閉其門 終身不勤
색 기 태 폐 기 문 종 신 불 근
구멍은 막고 문을 닫아야 죽을 때까지 힘들지 않고,

開其兌 濟其事 終身不救
개 기 태 제 기 사 종 신 불 구
구멍을 열고 섬기기를 다하면 죽을 때까지 구원받지 못한다.

見小曰明 守柔曰强
견 소 왈 명 수 유 왈 강
작은 것을 본다면 밝다고 하고, 부드러움을 지킨다면 굳세다고 한다.

用其光 復歸其明
용 기 광 복 귀 기 명
그 빛을 쓸 수 있어야 밝음으로 돌아갈 수 있고,

無遺身殃 是爲習明
무 유 신 앙 시 위 습 명
자신에게 재앙을 남김이 없기에 이를 밝음의 이어짐(습명)이라 한다.

이 52장은 그야말로 귀신 씨 나락 까먹는 소리 같다. 도무지 무슨 얘기를 하고 있는지 짐작이 되지 않는다. 짐작해 보건대, 이 장은 우리가 아는 우주를 넘어선 우주 현황을 말하는 것으로 본다.

우리가 우주에서 모르는 것이 무엇인가? 우주의 구성은 물질(Matter)

이 4.9%, 암흑물질(Black Matter)이 27.0% 그리고 암흑에너지(Black Energy)가 68.1%인데, 이 암흑에너지는 다시 암흑에너지와 암흑력(Black Force)으로 나눠진다고 한다. 우리가 아는 것은 오직 4.9%의 물질뿐, 나머지 95.1%는 모르는 것들이다.

우주의 시작이 있는데 그 시작을 어미라고 하면, 빅뱅(Big Bang)이 어미라고 할 수 있다. 빅뱅을 알기에 우리는 그 자식으로의 우주를 안다고 하겠다. 우리가 우주를 알기에 빅뱅 이전의 상태인 블랙홀(Black Hole)은 지켜질 수밖에 없다. 그래야 우주는 존재가 가능하다는 것이다. 여기까지는 어거지로 이해가 되지만, 그다음은 필자가 아직은 해독이 어렵다. 모르는 것은 모르는 채로 두어야 한다.

언젠가 우리 인류의 지혜와 과학이 더 발전하게 되면 그때는 알게 될 것이다. 지금 당장의 결론은, 우주는 모르는 것이다.

餘說

우주 만물을 구성하고 있는 각각의 원소는 핵을 이루는 양성자와 중성자 그리고 주위를 맴도는 전자라는 입자들로 구성되어 있다. 양성자와 중성자는 그 질량이 서로 거의 같고, 전자는 그들에 비해 매우 작다. 양성자끼리 가까이 붙으면 서로 밀어내는 작용을 하므로 핵에 양성자가 두 개 이상인 원소들은 이 밀어내는 작용을 중화시키고 핵을 안정시키기 위해 중성자를 가져야 한다. 즉, 수소가 아닌 모든 원소에 들어 있는 중성자들은 양성자들 사이에서 쐐기처럼 박혀 그 역할을 하고 있는 것이다. 우주에 떠 있던 물질이 모여 덩어리가 커지고 일정 이상의 고온 고압이 되면, 수소 핵융합이 일어나기 시작하는데, 네 개의 수소가 하나의 헬륨으로 결합된다.

다시, 수소와 헬륨 혹은 헬륨끼리 융합하며 다른 원소들을 만들어 내고, 다른 원소들은 다시 융합하여 또 다른 원소들을 만들어낸다. 이 렇게 만들어진 원소들이 현재의 우주를 이루는데 이 중 수소가 무려 75% 정도이다. 수소는 양성자 하나에 전자 하나로 이루어진 가장 단순하며, 중성자를 가지지 않은 유일한 원소이다. 그 단순성 덕분에 가장 흔한 원소가 됐다는 것이 과학계의 지배적인 견해이다. 빅뱅 이전의 우주에 많은 다른 원소와 물질이 있었다 할지라도, 빅뱅으로 모든 것이 산산조각 나면서 수소처럼 가장 단순한 원소로 쪼개졌기 때문이다.

〈특이한 인종 도곤족〉
아프리카 서부 산악지대의 사막 끝에 절벽과 낭떠러지에 둘러싸인 크지 않은 곳에 살고 있는 특이한 인종이 있다. 이들 인종이 소개된 것은 20 세기에 들어온 이후였고, 그들은 200미터가 넘는 높이의 절벽에 매달린 야생 벌집을 대나무 장대를 이은 사다리를 이용해 그 절벽 끝까지 올라 가 벌꿀을 채집하는 모습이 매스컴에서도 소개된 바 있다. 이들이 그 지역 주변의 여타 아프리카인들과 너무나 다른 점과 생각조차 하기 어려운 삶의 지혜를 이해할 수 없었던 인류학자들과 탐험가들이 20세기 초에 수 없는 난관을 헤치고 그들을 찾아가 그들의 말을 배우고 대화를 해 본 결과는 놀라움의 극치였다.
그들은 자신들의 선조가 지구로부터 6만 광년 거리에 있는 시리우스라는 항성계의 행성에서 살다가 그들이 살던 행성이 더는 살 수 없는 곳으로 변해 지구로 옮겨와 지금 살고 있는 지역에 정착했다고 했다. 시리우스 항성에는 3개의 행성이 있는데 그중 하나는 회전방향이 반대이며, 지구인들은 과학의 발달이 아직 늦어 돌 속에도 물이 존재하고 있다는 것도 모르는 것 같다고, 그 원시적으로 사는 사람들이 말했다고 한다.

20세기 초에는 관측 장비가 지금처럼 발달되지 않아 시리우스 항성을 천체망원경으로 찾았지만, 그 행성은 둘밖에는 볼 수 없었다. 따라서, 그들 도곤족의 말은 신화이고 거짓말이라고 판단했던 것이다. 그런데 21세기에 들어와 천체망원경이 발전을 한 뒤에 다시 본 시리우스 항성계는 그들 도곤족의 말대로 행성이 셋이며 그중 하나는 회전 방향도 반대임이 밝혀졌다.

아시다시피 NASA가 기를 쓰며 우리 인류가 점차 죽어가는 지구를 버리고 옮겨가야 할 행성을 찾고 있다는 것을 모르는 사람은 없다. 그 후보 행성으로 이미 점찍은 곳이 열 곳도 넘는데, 거리가 너무 멀어서 지금 지구인의 수송수단은 빛보다 빠른 이론을 발견하지 못했기에, 그런 행성들이 이 우주에 많다는 것을 알면서도 단 몇 광년의 거리도 갈 재주가 없을 따름이다.

6만 광년이나 걸리는 시리우스 항성계에서 왔다고 하는 도곤족에게 무엇을 타고 왔느냐고 물어도 그들은 자신들의 먼 조상이 무엇을 타고 얼마의 시간이 걸려 지구로 온 것인 줄은 모른다고 한다. 현재의 과학은 우주를 빠르게 왕래할 수단을 찾지 못하자, 나오는 말이 이 우주에는 웜홀(Worm Hole)이 있을 수 있어서 순간이동이 가능할 것이라는 이론만 말할 뿐 웜홀을 만들지도 못하고 있다.

우리의 인류가 쏘아 보낸 인공위성의 속도로는 40년 전에 쏘아 보낸 위성이 겨우 지금에서야 태양계의 끝부분에 닿은 정도이다. 그 거리는 몇 광년도 못 되는데 말이다. 빛보다 빠른 속도는 없다는 아인슈타인의 속도 이론에서 벗어나 염속(念速, Mind Speed)의 개념이 과학으로 증명이 되어야 그에 상응하는 운반체도 가능해질 것이다.

블랙홀의 작용과 가치

왕필통행본 제56장

原文

知者不言, 言者不知. 塞其兌, 閉其門, 挫其銳, 解其紛, 和其光, 同其塵, 是謂玄同.

故不可得而親, 不可得而疏, 不可得而利, 不可得而害, 不可得而貴, 不可得而賤.

故爲天下貴.

直譯

知者不言 言者不知
지 자 불 언 언 자 부 지
아는 자는 말하지 않고, 말하는 자는 알지 못한다.

塞其兌 閉其門
색 기 태 폐 기 문
구멍은 막고, 문은 닫으며,

挫其銳 解其紛
좌 기 예 해 기 분
날카로움은 꺾이고, 헝크러짐은 풀리며,

154 / 노자 新주석서

和其光 同其塵
화 기 광 동 기 진
빛은 부드럽게 되고, 티끌은 하나가 되며,

是謂玄同
시 위 현 동
이를 일러 현동이라고 한다.

故不可得而親 不可得而疎
고 불 가 득 이 친 불 가 득 이 소
그러므로, (도와는) 친할 수 없고, 멀리할 수도 없으며,

不可得而利 不可得而害
불 가 득 이 리 불 가 득 이 해
이롭게 할 수 없고, 해롭게 할 수도 없으며,

不可得而貴 不可得而賤
불 가 득 이 귀 불 가 득 이 천
귀하게 대할 수 없고, 천하게 대할 수도 없다.

故爲天下貴
고 위 천 하 귀
그러므로 천하에서 가장 존귀하다.

解說

이 56장은 4장과 40장으로 그 내용과 의미가 연결되는 문장으로 블랙홀의 작용과 가치를 논하고 있다. 이 글의 내용에서 이러한 작용을 하고 그 대상의 주체인 도(道)를 유가(儒家)의 견지에서 지금까지 해석해 온 방식으로 접근한다면 근원적으로 올바른 해석을 할 수가 없게 되고 만다.

이 道는 뚫려있던 구멍은 막아버리고, 열려있던 문은 닫으며, 둥글었던 모가 났던 간에 그 자체로 날카롭던 것들을 꺾어버리고, 흐트러지

고 헝클어졌던 것들을 풀어내며, 빛마저도 부드럽게 감추고, 모든 것을 티끌로 만든다고 했다. 도대체 이 세상천지의 모든 것들을 이렇게 만들어버리는 주체가 무엇이겠는가?

위에 설명된 것을 수행할 수 있는 대상으로 블랙홀(Black-Hole)이 아니라면 그 무엇으로 이러한 역할을 할 수 있다고 보는가? 빛마저 감추어 버리면서 그 어떤 것도 티끌이 되게 하는 것, 제아무리 날카로워도, 아무리 흐트러졌어도 다 삼켜 보이지도 않는 작은 것으로 만드는 것은 이 우주에는 오직 하나, Black-Hole 뿐이다.

이렇게 블랙홀의 작용을 서술한 그다음에 노자는 이를 일러 현동(玄同)이라고 표현하고 있다.

Black-Hole은 21세기의 최첨단 과학기법을 총동원하여 만들어낸 그 어떠한 관측 장비를 동원하더라도 그 존재의 직접적인 관측은 불가능하다. 다만, 빅뱅(Big Bang)이나 기능을 다한 천체를 삼킬 때 그 블랙홀 근처에서 쏟아져 나오는 파장(波長, 감마선)으로 분석하여 존재한다는 것을 간접적인 방법으로 짐작만 할 뿐이다.

그래서 노자는 첫 문구에서 아는 자는 말하지 않고, 말하는 자는 알지 못한다고 표현한 것이다. 그러면서 "블랙홀(道)과는 친할 수 없고, 멀리할 수도 없으며, 이롭게 할 수 없고, 해롭게 할 수도 없으며, 귀하게 대할 수 없고, 천하게 대할 수도 없다."고 서술하고 있다. 이 문구들을 두고 인간세상의 그 어떤 대상과 잣대를 들이대더라도 결국은 어설프고 구차한 해설이 나올 수밖에 없는 것이다. 그러면서 결론으로 블랙홀이 천하에서 가장 존귀하다고 언급하고 있다.

지금부터 약 2,600여 년 전에 생존했던 노자는 단지 직관력의 사유(思惟)만으로 우주에서 벌어지고 있는 현상들을 이렇게 글로서 남겨놓았다. 빅뱅 현상과 블랙홀의 존재며 천체의 운행에 대하여 현대에 와서 스티븐 호킹을 비롯한 천체물리학자들에 의해 노자의 우주론이 사실로 증명된 것이다.

餘說

言者不知知者默 此語吾聞於老君
언 자 부 지 지 자 묵 차 어 오 문 어 노 군

若道老君是知者 緣何自著五千文
약 도 노 군 시 지 자 연 하 자 저 오 천 문

말하는 이는 알지를 못하고, 아는 이는 입을 다문다.

이 말을 내가 노자에게서 들었는데,

만약에 노자가 무엇을 조금 아는 이였다면,

어찌하여 스스로 5천 자나 되는 글을 지었다는 말인가?

위 시는 당(唐)나라에서 유명하다는 시인 백거이(白居易)가 노자의 서물(書物)을 읽고 지은 〈讀老子(독노자, 노자를 읽다)라는 제목의 시다. 노자의 서물(書物) 56장 첫머리에 나오는 "言者不知 知者不言(언자부지 지자불언)" "말하는 자는 알지를 못하고, 아는 자는 말 하지 않는다."는 문구를 비꼬아서 지은 것으로 추정된다.

이 시를 접하면서 백거이의 해학이나 재치로 받아넘겨야 할 것인가? 아니면, 노자에게서 뭔가 다른 점이나 난해함을 느낀 나머지 이런 시를 지었던 것인가? 그가 왜 이런 시를 지었는지 자못 궁금증을 자아낸다. 아무쪼록, 말을 할 때나 글을 쓸 때 함부로 내뱉음을 경계하라는 의미로 새기고 싶다.

천체의 소멸과 유지 법칙

왕필통행본 제73장

勇於敢則殺, 勇於不敢則活. 此兩者, 或利或害. 天之所惡, 孰知其故.

是以聖人, 猶難之. 天之道 不爭而善勝 不言而善應 不召而自來

繟然而善謀. 天網恢恢, 疏而不失.

直譯

勇於敢則殺
용 어 감 즉 살
기운차게 (운행해도) (영역을) 침범하게 되면 죽는 것이고,

勇於不敢則活
용 어 불 감 즉 활
기운차게 (운행하고) (영역을) 침범하지 않으면 사는 것이다.

此兩者 或利或害
차 양 자 혹 리 혹 해
이 둘 가운데 하나는 이롭고 하나는 해로운 것이다.

天之所惡 孰知其故
천 지 소 오 숙 지 기 고
우주는 이를 모질게 다루는데, 누가 그 까닭을 알까?

是以聖人 猶難之
시 이 성 인 유 난 지
이런 탓으로 깨달은 사람은 오히려 이를 어려워하는 것이다.

天之道 不爭而善勝
천 지 도 부 쟁 이 선 승
하늘의 도는 싸우지 않아도 선으로 이기고,

不言而善應 不召而自來
불 신 이 선 응 부 소 이 자 래
말하지 않아도 선으로 응하며, 부르지 않아도 스스로 온다.

繟然而善謀
천 연 이 선 모
그러함이 띠처럼 늘어져도 많음을 꾀한다.

天網恢恢 疏而不失
천 망 회 회 소 이 부 실
하늘의 그물은 넓고 넓어서, 성기지만 놓치는 것이 없다.

解說

　어떤 행성이나 항성이 내부에너지가 충분하더라도, 그 운행주기에서 벗어나거나 그 범주에서 벗어나게 되면 블랙홀로 빨려 들어가 소멸되는 것이고, 내부에너지도 보유하고 있으며 각자의 운행주기와 범주를 유지한다면 존속되는 것이다. 이 두 부류에는 분명한 결과로 나타나게 되는 것 또한 우주의 이치인 것이다.

　이 우주에는 이처럼 중력에 의해 각기 고유한 영역과 공전궤도가 정해지는 것이며 이 법칙에서 벗어나게 되면 행성끼리 충돌이 발생할 수밖에 없기에 이를 두고 모질게 다룬다는 표현을 했을 것이다.

수많은 별들의 집합체인 은하처럼 많다고 하더라도 생겨날 별들은 계속 생겨나게 된다. 블랙홀이 만물지모(萬物之母)인데 6장에서는 원초적인 암컷(玄牝)이라 부른다고 했으며, 그 원초적인 암컷의 문을 우주의 뿌리라고 했다. 만물들 가운데는 가끔씩 덜어내 버리는 것이 더하는 것이라는 생각을 하는 것도 있고, 더러는 더하는 것이 덜어내는 것이라는 생각을 할 수도 있기에 블랙홀 속으로 빨려 들어간 백색왜성이나 적색거성의 천체는 언젠가는 빅뱅을 통하여 다시금 새로운 별이나 천체로 생겨난다.

강하기만 하다고 죽지 않는 것이 아니기에 블랙홀은 우주의 곳곳에 자리하고 있으며, 수명이 다한 천체를 삼켰다가 어느 순간에는 빅뱅으로 새로운 천체를 만들어내지만, 그 자신은 그대로 존재를 유지한다. 끝이 없이 드넓은 우주는 가물거릴만큼 아득해서 성긴 것처럼 보여도 중력에 의한 천체 상호간의 균형은 잃지 않는 것이다.

如說

수없이 많은 우주의 은하계 가운데서 우리가 속한 은하계를 밀키웨이 은하(Milkyway Galaxy)라고 부르는데, 여기에는 우리가 알고 있는 모든 생명체들이 살고 있다. 그런데 이 밀키웨이 은하는 바로 옆에 존재하는 거대 은하인 안드로메다(Andromeda)의 영향으로 곧 충돌노선(collision course)에 들어가게 된다는 연구 결과가 천문학자들에 의해 밝혀졌다. 그러나 걱정할 필요까지는 없다. 충돌과정에 들어섰다는 것뿐으로, 실제 충돌로 흡수 통합되는 시기는 앞으로 4억5천만 년 이후가 될 것이라고 한다. 우주도, 은하도, 항성계도, 태양도, 지구도 각각 그 수명을 가지고 있으며 소멸하기도, 태어나기도 한다. 여하튼 4억 5천만 년 뒤에는 우리 은하와 우리의 태양계는 물론 지구도 모두 이웃의 거대 은하인 안드로메다와 충돌하여 하나의 은하가 되고 말 것이다.

한편, 천문학자들에 의하면 우리의 태양계에서 해왕성 저 너머 동결 지대(凍結地帶)에 존재할 것으로 예상되는 태양계의 제9의 행성은 태양 계의 중력 형태로 보아 반드시 존재해야 하는데도 그동안 아무리 찾아 도 발견되지 않고 있다.

중력은 있으나, 별의 형태를 찾을 수 없는 것은 우주에서 오직 블랙 홀(Black-Hole) 뿐임으로 태양계 제9의 위성은 블랙홀일 가능성이 점차 증대하고 있다는 견해이다.

"天之道, 不爭而善勝, 不言而善應, 不召而自來"

이 문장은 죽간본에서는 생략되어 있고 금서본에는 '猶難之(유난지)'와 '繟然而善謀(천연이선모)' 사이에 삽입되어 있는데, 누군가에 의해 가필 됐다고 추정된다. 이 추가된 이질적인 문구가 문장의 중간에 들어가게 되면 한마디로 골치 아파지게 된다. 지금까지의 모든 해설서처럼의 내용 으로 변질되거나 문맥이 서로 통하지 않는 이상한 내용으로밖에 해석이 안 되기 때문이다.

☯

우주자연의 순환이치
왕필통행본 제77장

原文

天之道, 其猶張弓與. 高者抑之, 下者擧之, 有餘者損之, 不足者補之.

天之道, 損有餘而補不足. 人之道則不然, 損不足以奉有餘.

孰能有餘以奉天下. 唯有道者.

是以聖人, 爲而不恃, 功成而不處, 其不欲見賢.

直譯

天之道 其猶張弓與
천 지 도 기 유 장 궁 여
우주자연의 이치는 마치 활을 당기는 것 같구나!

高者抑之 下者擧之
고 자 억 지 하 자 거 지
높은 것을 눌러 주고 낮은 것을 들어올려 주며,

有餘者損之, 不足者補之
유 여 자 손 지 부 족 자 보 지
남은 것을 덜어 주고 부족한 것을 보태 준다.

162 / 노자 新주석서

天之道 損有餘而補不足
천 지 도　손 유 여 이 보 부 족
우주자연의 순환이치는 남은 것을 덜어서 부족한 것을 보탠다.

人之道則不然 損不足以奉有餘
인 지 도 즉 불 연　손 부 족 이 봉 유 여
사람의 도는 그러하지 않아 부족한데서 덜어내어 남는 쪽에 바친다.

孰能有餘以奉天下
숙 능 유 여 이 봉 천 하
어느 누가 끝이 있을 때 우주자연의 뜻을 따르겠는가?

唯有道者
유 유 도 자
오직 수양이 완성된 자 뿐이다.

是以聖人 爲而不恃
시 이 성 인　위 이 불 시
이로써 깨달은 사람은 행한 것에 의지하지 않으며,

功成而不處
공 성 이 불 처
공을 세운다 해도 거기에 안주하지 않는 것은,

其不欲見賢
기 불 욕 현 현
그 현명함을 드러내고자 하지 않기 때문이다.

解說

이 77장에서는 우주자연의 순환 이치를 궁수(弓手)가 활을 쏠 때 화살
을 밀며 당긴 후 취하는 동작의 일부인 발사 전 멈춤 동작에 비유하고
있다. 활 쏘는 동작은 자연스럽게 연속적으로 일어나지만, 그 동작 과정
을 세밀히 구분하면 8단계로 나눌 수 있다. "발디딤 – 몸가짐 – 화살

먹이기 – 활 들어올리기 – 활 밀며 당기기 – 발사 전 멈춤 – 발사 – 발사 후 주시"의 과정이 그것이다. 활을 밀며 당길 때 왼쪽 손을 과녁 중심을 향해 맞추는데 이때, 왼쪽 손이 과녁보다 높으면 누르고, 과녁보다 낮으면 올려야 한다. 또한, 활을 밀며 당긴 후 양팔의 힘의 균형이 맞아 팽팽하고 고요한 상태에 이르면 멈춰야 한다. 한쪽 팔의 힘이 남으면 덜어내어 균형을 이뤄야 하고 한쪽 팔의 힘이 부족하면 보탠다.

우주자연의 이치는 균형을 이루어 고요한 상태로 회귀하고자 하는 속성이 있다. 즉, 천체 중에서 어떤 별은 그 수명이 다해 백색왜성으로 변화하거나, 항성 또한 적색거성으로 변화면서 그 수명이 다하거나 고유의 정해진 궤도에서 벗어난 천체들은 결국 고농축 상태의 질량으로 줄어들면서 블랙홀로 빨려 들어가게 된다. 그리고 그 속에 들어있던 것들이 블랙홀 주위로 거품현상이 나타나다가 어느 순간에는 빅뱅현상에 의해 새로운 천체가 생겨나는 것이다. 많이 가진 자가 덜 가진 자의 것을 빼앗거나, 덜 가진 자는 더 가진 자에게 잘 보이기 위해 뇌물을 바치는 인간의 성향과 비슷하다고나 할까?

餘說

우주의 물질은 원소들의 조합으로 형성되어 있다. 각각의 원소는 핵을 이루는 양성자와 중성자 그리고 주위를 맴도는 전자라는 입자들로 구성되어 있다. 양성자와 중성자는 그 질량이 서로 거의 같고, 전자는 그들에 비해 매우 작다. 양성자끼리 가까이 붙으면 서로 밀어내는 작용을 하기 때문에, 핵에 양성자가 두 개 이상인 원소들은 이 밀어내는 작용을 중화시키고 핵을 안정시키기 위해 중성자를 가져야 한다. 즉, 수소가 아닌 모든 원소에 들어있는 중성자들은 양성자들 사이에서 그 역할을 하고 있다. 우주에 떠 있던 물질이 모여 덩어리가 커지고 일정 이상의 고온 고압이 되면, 네 개의 수소가 하나의 헬륨으로 결합되어 수소 핵융합이 일어난다. 이는 또다시 수소와 헬륨 또는 헬륨과 헬륨이 융합하며 다른 원소들을 만들고, 다른 원소들은 다시 융합하여 또 다른 원소들을 만들어냈다. 수소는 양성자 하나에 전자 하나로 이루어진 가장 단순하며, 중성자를 가지지 않은 유일한 원소이다. 우주는 수소처럼 단순한 것이 주류를 이루고 있고, 복잡한 것도 단순한 수소에 뿌리를 두고 있다.

즉, 우주 만물의 기본 구성 요소가 수소이기 때문이다. 수소의 대부분은 하나의 양성자이기 때문에, 우주 만물의 기본 구성 요소를 양성자로 봐도 무방하다. 시간과 함께 블랙홀에서 빅뱅 현상으로 별이 생성될 수 있었던 것은 이런 단순함을 기본으로 하는 물질에 서로를 당기는 본성. 즉, 중력이 있었기 때문이다. 우주의 모든 천체는 수소 같은 단순함으로부터 시작하여, 본성을 따르며 생겨난 것들이다.

노자의 우주론이 현대 우주 물리학과 일치한다고 생각하지 않을 수 없다. 현대 물리학이 평행우주론이나 그림자[환상, 홀로그램(Hologram)]우주론을 펼칠 수 있기까지는 21세기가 걸렸다. 노자는 21세기가 시작되기도 전인 BC 6세기 이전(약 2,600여년 전)의 사람이다. 여기서 우주의 목적이 무엇이냐는 질문을 던지지 않을 수 없다. 그래서 노자가 한 얘기를 더 파고 들어가 보아야 된다는 것이다. 그리고 그가 파헤치지 못한 것을 발견해서 우리가 21세기의 지혜로 전진해야만 할 것이라고 본다.
"있다는 모든 것은 있는 것들로부터 나왔고, 있는 것이란 없음으로부터 나왔다."라는 말이 자꾸만 뇌리에 맴돈다.

II

人類篇

인류편

최고의 선은 '물처럼'이다
왕필통행본 제8장[1]

原文

上善若水. 水善利萬物而不爭, 處衆人之所惡, 故幾於道.

居善地, 心善淵, 與善仁, 言善信. 政善治, 事善能, 動善時.

夫唯不爭, 故無尤.

直譯

上善若水
상 선 약 수
최고로 잘한다는 것은 물처럼 하는 것이다.

水善利萬物而不爭
수 선 리 만 물 이 부 쟁
물이란 우주 만물을 이롭게 하면서도 다투면서 하지 않고

處衆人之所惡
처 중 인 지 소 오
물은 거기에 있기를 싫어하는 데가 없기에

故幾於道
고 기 어 도
그래서 물은 도에 가까운 것이다.

居善地 心善淵
거 선 지 심 선 연
물은 세상 어디에나 잘 있으며, 물의 마음은 깊으며,

與善仁
여 선 인
물은 어질음을 잘 나눠주고,

言善信
언 선 신
물이 전하는 말은 잘 믿도록 해준다는 것이다.

正善治
정 선 치
또한 물은 스스로 다스리기를 편안함으로써 잘하고,

事善能
사 선 능
물은 능력으로써 사물을 잘 섬기며,

動善時
동 선 시
물은 때를 맞추어 움직이기를 잘한다.

夫唯不爭
부 유 부 쟁
무릇 물은 스스로나 다른 것들과 다투지 않음으로써,

故無尤
고 무 우
이를 앞설 것이 없는 것이다.

이 8장에서는 도(道)를 물에 비유하고 바람직한 삶의 자세에 대해 언급하면서 현상적 주변과의 다툼 없이 인위적인 마음을 쓰지 말고 자연스러움을 잃지 말 것을 주문하고 있다. 기존 저자들의 해설서도 그 뜻에서는 크게 벗어나지는 않는다고 본다. 다만 "居善地"부터 "動善時"까지의 번역은 다소의 차이를 보여주고 있다.

노자는 낮은 곳으로 쉼 없이 흐르고, 더러운 곳도 마다하지 않고, 다른 사물과 다투지 않는 물의 속성을 닮아 겸손하고 착하고 평화롭게 살라고 가르친다. 물의 가장 큰 속성은 낮은 곳으로 언제나 밑으로 흐른다는 점이다. 또 물은 남들이 싫어하는 곳도 마다하지 않기에 겸손하기까지 하다. 흐르는 상태이거나 고여 있는지를 따지지 않고 더럽거나 진흙탕이라고 가리거나 꺼리지도 않는다. 흘러가다가 바위를 만나면 멈추기도 하고 시비를 걸지도 않고 옆으로 돌아간다. 이 같은 물처럼 사람은 몸가짐이 고요하면서도 자기를 낮출 줄 알아야만 한다. 외물과 마찰이 없을 것을 주장하는 사상을 물에 비유하여 물은 도에 가깝다고 말한 것이다.

"기어도(幾於道, 도에 가깝다)"라는 말은 도와 물 사이의 미묘한 관계를 표현한 말이다. 왕필은 이에 대해 도(道)는 무(無)이고 물(水)은 유(有)라고 설명했다. 물은 어디까지나 도를 설명하기 위한 하나의 수단적 사물에 불과하다. 즉 물이 도의 특성을 많이 가지고 있다고는 하나, 물로 도 자체를 설명할 수는 없다. 물은 근본적으로 유한한 사물의 속성을 지녔지만, 도는 그 한계를 지을 수 없는 무엇인가의 형이상학적 대상이기 때문이다.

아마도 상선약수(上善若水)는 노자의 저서(著書)에 나오는 문장에서 가장 많이 인용되는 문구 중 하나일 것이다. 노자는 물에 비유해서 정말 좋은 것이 무엇인지에 대해 말하고 있는데, 가장 좋고 가치 있는 것은 물처럼 사는 것이라고 말했다. 물은 다투지 않으면서도 만물을 이롭게 하며 사람들이 싫어하는 곳에도 머문다는 것이다.

특히 여기서는 물이 투쟁심을 줄여서 평화롭게 살 수 있는 성질을 지니고 있다는 점을 언급하며 다른 좋은 것과 대비시키고 있다. 세상 어디에나 잘 있고, 마음은 깊으며, 어질음을 나눠주고, 말을 믿도록 해주고, 편안한 다스림을 주고, 사물을 잘 섬기며, 때를 잘 맞추어 움직이듯이 다투지 않는 평화에는 물을 본받는 것이 좋다는 것이다.

세상에는 물이나 시간과 같이 한 방향으로만 가는 것들이 있다. 시간은 앞으로만 진행하지 거꾸로 가는 법이 없으며 물 또한 아래로만 향한다. 하지만 자연의 이치는 참으로 오묘해서 한쪽 방향으로 가는 것들을 다시 그것을 필요로 하는 곳으로 되돌리는 순환작용도 존재한다.

가령 비록 세월은 미래로만 흘러가지만, 작년에 지나갔던 봄이 다시 돌아와 만물에 활기를 준다. 물은 밑으로 아래로만 흘러서 계곡과 하천을 지나서 바다에 이르지만, 증발되어 구름이 되었다가 비나 눈으로 다시 돌아온다. 물은 그뿐만이 아니라 땅속으로 스며들어 지하수로 흐르다가 산기슭의 옹달샘이나 동네어귀의 우물로 그 모습을 다시 드러낸다. 만일 이처럼 물이 다시 되돌아오지 않는다면 자연의 만물이 정상적으로 그 기능을 다할 수 있겠는가 묻지 않을 수 없다.

그래서 물은 도에 가깝다고 했을 것이다. 깨달은 사람이 도를 본받고 물처럼 무위하다는 것은 스스로 물이 되어 몸을 낮추지만 그 작용은 물을 필요로 하는 곳으로 되돌아가게 하는 것과 같다.

　노자의 저서(著書) 중에서 '동(動)'은 거의 적용되지 않는 글자에 속한다. "동선시(動善時)"라는 문구의 해석에 저자(著者)마다의 차이가 보인다. 노자가 생존했던 춘추전국 시대는 지금처럼 한자에 문법체계가 없었던 시기다. 문맥의 흐름과 시대 상황과 노자의 직관적인 사고를 아울러 고려하여 해석해야 한다. 따라서 의미의 왜곡을 최소화하는 방법으로써 앞의 문구인 "事善能"과 뒷문구인 "夫唯不爭"을 살펴야 한다.

　"일을 할 때는 당연히 최선을 다하고"와 "무릇 다투는 일이 없으면" 사이에서의 "動善時"에서 키포인트가 되는 글자는 '시(時)', 즉 타이밍이라고 본다. 이 문장의 주제인 "上善若水"의 결어(結語)가 바로 "夫唯不爭 故無尤"이다. 상선(上善)은 도와 직접적인 관련은 없지만 이 문장의 전체적인 대구의 구조로 보면 그 뜻을 충분히 유추할 수 있다.

　최선(最善)은 글자 그대로 가장 나은 방법인데, 시간이 지나 더 나은 방법이 나온다면 그 순간 그 방법은 더 이상 최선이 아니게 된다. 그런 의미에서 지금 가지고 있는 선택지 중 더 나은 방법이라는 의미에서 상선이라는 문자를 사용한 것으로 보인다. 즉 'Most'가 아닌 'More', 'Best'가 아닌 'Better'로서의 上善과 물을 짝지었을 것으로 설명된다.

반본反本하며 순리대로 살라

왕필통행본 제9장

持而盈之,² 不如其已. 揣而銳之,³ 不可長保.

金玉滿堂, 莫之能守. 富貴而驕, 自遺其咎.

功遂身退, 天之道.

持而盈之 不如其已
지 이 영 지 불 여 기 이
넘치도록 채우는 것은 적당할 때 그만두는 것만 못하다.

揣而銳之 不可長保
췌 이 예 지 불 가 장 보
시험 삼아 뾰족하게 만든 것은 오래 보존할 수 없다.

金玉滿堂 莫之能守
금 옥 만 당 막 지 능 수
금과 옥이 방에 가득하면 지켜내지 못한다.

富貴而驕 自遺其咎
부귀이교 자유기구
부귀하면서 교만하면 스스로 허물을 남긴다.

功遂身退 天之道
공수신퇴 천지도
공이 이루어지면 물러나야 하는 그것이 바로 자연의 길이다.

解說

이 9장은 8장의 상선약수(上善若水)와 그 궤를 같이한다고 볼 수 있으며 반본(反本)하며 순리대로 살 것을 주문하고 있다. 몸과 마음을 낮추고 물러나 하늘의 이치를 따르라는 것이다.

욕심은 끊임없이 욕심을 채울 수 있는 그 무엇을 갈구하기 때문에 욕심을 욕구(欲求)라고도 한다. 물욕이 많은 사람은 재물을 얻기 위해서 동분서주(東奔西走)하고 출세욕이 많은 사람은 권력을 쟁취하기 위해 동분서주한다. 설사 재물이나 권력을 얻었다 하더라도 그들은 죽는 순간까지 욕구를 더 채우기 위해 안달을 한다. 욕구를 충족하기 위해 살아온 사람은 죽는 순간에 이르기까지 욕구에 일생을 바친 사람이 된다.

'시험 삼아 날카롭게 만든 것은 오래 보존할 수 없다.'고 한 것은 인간이 인위적으로 만들어 놓은 것은 아무리 잘 만들어 놓아도 부작용이 있게 마련이라는 것이다. 노자는 인간의 잣대로 만들어 놓는 것은 제아무리 잘 만든다고 해도 오래 갈 수 없다고 했다. 오랫동안 보존되는 것은 인위적인 것이 아닌 자연의 길을 따를 때 가능한 것이다. 어쩌면 인류의 역사는 인간이 만들어 놓은 것에 대하여 보완하는 과정이라고도 볼 수도 있다.

금과 옥이 방에 가득하면 지켜내지 못한다는 말은 설사 본인의 노력이나 운이 좋아 많은 재물이나 높은 지위를 얻었을지라도 주변으로부터의 부러움과 시기를 받기 마련이므로 사람들은 온갖 수단과 방법을 동원하여 빼내거나 끌어내리려 할 것이므로 결국은 지켜내기 어렵게 된다. 또한 그것으로 인해 그보다 더 귀한 것을 잃는 경우도 있을 수 있다.

부귀하면서 교만하면 스스로 허물을 남긴다는 말은 다음과 같은 교훈을 담고 있다. 경쟁을 통해 성공한 사람들은 흔히 교만해지는 경우가 많으며 경쟁에서 뒤처진 사람들을 무시하는 경향이 있는데, 무시당한 사람은 그 상대를 적으로 여기기 때문에 부귀한 사람이 교만하다면 그만큼 적이 많아진다. 교만은 스스로의 행위이므로 그로 인한 화(禍)는 본인이 자초하는 재앙인 것이다.

공이 이루어지면 물러나야 하는 법이며 그것이 자연의 길이다. 어떠한 분야에 역할을 맡아 공을 이루었다는 것은 이미 그 역할을 다했음을 의미하는 것이다. 따라서 새로운 역할을 할 사람에게 그 자리를 비켜줘야 하는 게 순리라고 본다. 어떠한 목적을 이룩하는 과정에서는 그 일을 해내기 위해 나름의 집중된 힘이 필요하지만, 그 목적이 이루어지고 나면 필연적으로 내부분열이 일어날 수밖에 없다. 이때 그 속에 머물러 있기를 고집한다면 위태로워져 목숨을 잃게 되거나, 가지고 있는 것조차 보존할 수 없게 될 가능성이 커진다.

餘說

마지막 구절인 成功身退 天之道 공을 이루었으면 물러나는 것이 도리다 와 유사한 구절이 이외에도 몇 군데 나온다.

爲而不恃 成功不居 이루어지게 했지만 연연하지 않고, 공을 이루어도 머물지 않는다 (2장)

處衆人之所惡 모든 사람들이 싫어하는 곳에 머문다 (8장)

爲而不恃 功成而不處 행한 것에 의지하지 않으며, 공을 세운다 해도 거기에 안주하지 않는다 (77장)

한(漢)나라를 세우는 데 큰 공을 세운 한고조 유방(劉邦)의 책사였던 장량(張良)은 일찍이 한몫을 챙기고 지금의 장가계로 물러나 천수를 누렸으나, 한신(漢信) 장군은 권력의 중앙에서 버티다가 결국은 토사구팽(兎死狗烹)을 당하고 말았다. 마찬가지로 미국의 글로벌기업의 공동창업자였던 스티브 워즈니악은 애플이 성공가도를 달릴 때 묵묵히 2선으로 물러나 엔지니어 본연의 업무에 충실했지만, 스티브 잡스는 모든 것을 가졌음에도 더 가지려 했고 통째로 자신의 손아귀에 넣기 위해 조직을 무자비하게 몰아붙이다가 결국 암에 정복당하고 말았다.

어느 열대지방에서는 원숭이를 포획하는 데에 아주 간단한 방법을 사용한다고 한다. 항아리 속에 과일을 넣어두었다가 원숭이가 다가와 손을 넣으면, 그때 사람이 나와서 원숭이를 그냥 잡으면 된단다. 맛난 과일을 꽉 움켜쥔 원숭이가 그 주먹 때문에 항아리에서 손을 빼지 못하고 결국 사람에게 붙잡힌다는 것이다.

무無라는 개념의 의의意義
왕필통행본 제11장

原文

三十輻共一轂, 當其無, 有車之用. 埏埴以爲器, 當其無, 有器之用.
鑿戶牖以爲室, 當其無, 有室之用. 故有之以爲利, 無之以爲用.

直譯

三十輻共一轂
삼 십 폭 공 일 곡
30개의 바큇살은 하나의 허브에 모여드는데,

當其無 有車之用
당 기 무 유 차 지 용
그 허브의 중심 아무것도 없는 데가 굴러가는 차의 쓰임이다.

埏埴以爲器
선 식 이 위 기
찰흙을 주물러 빚어 그릇을 만들면

當其無 有器之用
당 기 무 유 기 지 용
마땅히 둥그렇게 비어있는 데가 그릇으로 쓰이는 곳이다.

鑿戶牖以爲室
착호유이위실
벽을 뚫어 벽창호를 내어 방으로 만들면

當其無 有室之用
당기무 유실지용
텅비어 아무것도 없는 곳이 방으로의 쓰임이 된다.

故有之以爲利
고유지이위리
그럼으로 어떤 것이 있기에 유익하다고 함은

無之以爲用
무지이위용
그 물건이 가진 아무것도 없는 빈 곳이 쓰임이 되기 때문이다.

解說

이 11장에서는 무(無)를 가장 명료하게 표현해 놓고 있다. 흔히들 노자의 사상은 무위자연(無爲自然), 즉 아무것도 함이 없이 스스로 되어가는 대로 두면 된다는 것으로 해석하고 있지만, 이는 오해 중에서도 극히 심한 오해에서 기인하는 말이다. 노자는 그의 5천 자에 지나지 않는 짧은 글에서 위무위즉무불치(爲無爲則無不治), 무위이무불위(無爲而無不爲), 능무위호(能無爲乎)라고 세 번 무위(無爲)를 역설했을 뿐이다.

노자는 본인이 생각하는 무(無)에 대한 정의(正義)를 이 11장에 단적으로 꼬집어서 언급해 놓았다. 굴러가는 차의 바퀴 위에 얹힌 우마차를 막론하고, 자동차를 달리게 하는 것은 바퀴의 살들이 한 군데로 모이는 곳, 즉 허브(Hub)이다. 이 허브는 빈 공간, 즉 아무것도 없는 무(無)라야만 그 무에 거창한 차체(車體)를 꿰어 바퀴와 차체를 이을 수 있다. 만약에 이 허브가 바퀴살들로 차 있다면(=無가 아니라면) 차체는 바퀴와 연결되지 못하고 자동차는 굴러가지 못할 것이다. 자동차가 바퀴의 회전을 이용해 달리는 것은 바퀴의 살들이 모이는 곳에 아무것도 없는 빈 공간 즉 무(無)의 공간(空間)이 있기 때문이니, 이 무가 바로 쓰임(用)이 되는 것이다.

'埏埴以爲器(선식이위기)'에서 선식(埏埴)은 일종의 관용어로 '찰흙을 주무르다'라는 뜻으로 해석해야 한다. 그릇에 빈 공간이 없으면 그릇이 아니고 방에 빈 공간이 없다면 방이 아니다. 노자가 말하는 무(無)란 실은 비어있는 공간, 꼭 있어야 하는 없음을 말하는 것이다.

따라서 노자의 무위(無爲)란, "함이 없는 것이 아니라, 하지 않아도 될 일이 생기지 않도록 짜임새를 갖추는 것을 말함인 동시에, 하지 않는 것이 도리어 함이 되는 경지(境地)와 여건을 축성(築成)시키는 적극적인 의지의 구현"이라고 해야만 될 것이다. 쉬운 표현으로 바꾸면 "긁어 부스럼이 될 일은 만들지도 말고 하지도 말아야 한다."라는 주장이 노자가 생각하는 무위(無爲)의 본질이다.

노자는 결론을 '故有之以爲利 無之以爲用'이라 했다.

"그럼으로 있다고 하는 것의 유리함이란 거기에 있는 없음이 쓰임이 되기 때문이다."

이는 도대체 무슨 말인가?

어떤 물건이든 빈 공간이 있도록 만든 부분이 있기에 빈 곳이 생기는데, 이것이 쓰여지는 것이 아니라면 '있다는 것'은 아무런 의미도 필요도 없는 것이 되고 만다. 즉 비어있는 것은 그 물건이 만들어진 이래로 '없음'일진대, 있음이 유익해지는 것은 그 없음을 쓰는 작용을 통해 비롯된다는 것이다. 위에 언급한 문장에서 노자가 말한 무(無)란, 유(有)로 인해 생겨난 것이 무(無)이고 이때의 유(有)는 무(無)의 이용을 목적으로 한 것이 되는 구조를 갖고 있다. 이 무(無)의 개념은 결코 Nihil(허무, 무가치한)이 아니라 유(有)에게 있어서 근원적인 역할을 하는 것이다. 무(無)는 그냥 없는 것이 아니라 유(有)를 있게 해주는 가치를 가지는, 무(無)라 불리는 또 하나의 존재인 것이며, 다시 말해 무(無)가 있지 않고서는 유(有)가 성립할 수 없는 것이다.

餘說

"삼십폭공일곡(三十輻共一轂)"에서 왜 30개의 바큇살이 되어야 하는지의 근거는 '하도(河圖)와 낙서(洛書)'의 이론에서 비롯된다. 하도와 낙서에서 오행(五行)의 구도에 서로 약간의 상이한 점은 있으나 오행의 운행에서는 별다른 차이가 없다. 하도와 낙서는 공통적으로 자연 순환의 이치를 도식한 것으로서, 오행(五行)은 고유한 상생(相生)과 상극(相克)의 원리에 따라서 무한으로 반복하여 순환한다. 이러한 자연의 이치를 담고 있는 하도와 낙서의 오행설은, 진리 탐구에 있어 인간과 사물은 물론 천체에 대한 내용에까지도 다방면으로 응용할 수 있는 근간이 된다.

이론에 따르면 숫자 1에서 5까지의 수가 생수(生數)이고 6에서 10까지의 수를 성수(成數)라고 하는데, 이 중에서 홀수인 1·3·5·7·9를 모두 합한 25를 천수(天數), 짝수인 2·4·6·8·10를 모두 합한 30을 지수(地數), 그리고 천수와 지수를 더한 55를 두고 천지대연수(天地大衍數)라고 별도로 불렀다. 옛날 사람들은 이들 숫자가 우주공간에서의 변화와 운행의 법칙을 구현한다고 생각했다.

30의 바큇살 개수는 지수의 논리가 적용된 것이다. 진시황릉에서 출토된 수레바퀴의 살수가 30개인 것이 이를 가장 단적으로 보여주고 있다. 다만 우리나라에서는 조선시대 말까지 수레가 없었고, 우마차(牛馬車)의 도입은 일제시대에 신작로(新作路)와 함께 시작되었다.

현관(玄關)에 대하여 일반적인 국어사전에서는 "양옥이나 일식집의 들어가는 정면 문"이라고 해설하고 있으나, 이는 시대에 맞지 않는 설명이다. 지금의 주거형태는 아파트를 기본으로 하기 때문에 국어사전에서의 현관은 현실과 맞지 않는 부분이 있다.

한편 옥편에서는 현관 개념을 불교와 연관지어 "불도(佛道)를 깨닫는 문 또는 현묘(玄妙)한 도로 들어가는 문"이라고 국어사전과는 또 다르게 설명하고 있다.

노자(老子)의 서물(書物, 도덕경)에서의 '玄'자는, 사전적인 검다는 의미보다는 깊고 아득하여 알 수 없다는 의미이고 심오하여 이해하기 어렵다는 뜻으로도 해석된다. 글자 자체로 오묘하고 심오한 뜻을 함축하고 있는 것이다. 1장의 원문에서 '오묘할 묘(妙)'와 '돌아다닐 요(徼)'에 대해 "바라는 것이 없이 바라보면 오묘함을 보게 되고, 바람을 가지고 바라보면 그 움직임이 보이는 것"이라고 언급했다. 천체에 적용해보았을 때 이 둘은 똑같이 블랙홀(Black Hole)을 의미하지만, 이름도 서로 다르고 아무리 알려고 해도 알 수 없어 '玄(현)'이라고 부르게 된다.[4] 또한 그 문이 참으로 깊고 오묘한지라 우주 삼라만상이 드나드는 문, 즉 '衆妙之門(중묘지문)'이라고도 했다.

이렇게 보면 현관이라는 말은 삼라만상이 왕래하는 중묘지문이라는 참으로 오묘한 뜻을 내포하고 있는 셈이다. 우리가 무심코 쓰는 말에도 동양철학의 세계와 고전이 연관되어 있다는 것을 알게 되면 스스로도 놀라게 된다. 본서에서 현관(玄關)은 노자 저서(著書)의 관문(關門)이라고도 할 수 있을 것이다.

욕망을 자제하라

왕필통행본 제12장

五色令人目盲, 五音令人耳聾, 五味令人口爽, 馳騁畋獵令人心發狂.
難得之貨令人行妨, 是以聖人爲腹不爲目. 故去彼取此.

直譯

五色令人目盲
오 색 령 인 목 맹
화려한 색은 사람의 눈을 멀게 하는 것이고,

五音令人耳聾
오 음 령 인 이 롱
감미로운 소리는 사람의 귀를 멀게 하는 것이며,

五味令人口爽
오 미 령 인 구 상
맛있는 음식은 사람의 입맛을 잃게 하는 것이고,

馳騁畋獵令人心發狂
치 빙 전 렵 령 인 심 발 광
말을 타고 사냥하는 것은 사람들의 마음을 미치게 한다.

難得之貨令人行妨
난 득 지 화 령 인 행 방
얻기 어려운 재물은 사람들의 바른 행동을 어렵게 한다.

是以聖人爲腹不爲目
시 이 성 인 위 복 불 위 목
이러한 이유로 제대로 된 사람은 배를 채우지만 눈을 즐겁게 하지는 않는다.

故去彼取此
고 거 피 취 차
그래서 저것을 버리고 이것을 취한다.

解說

이 12장에서는 감각적 욕망(시각·청각·미각[5])과 오락과 재물욕 등 외부의 자극적인 대상을 추구하는 욕망을 자제하고 눈을 즐겁게 하지 말 것을 언급하고 있다. 이 12장은 3장의 "마음을 비우고 배를 채우며, 의지를 약하게 하고 뼈를 강하게 한다는 것과 무위를 하면 다스려지지 않는 바가 없다."라는 것과 그 맥락을 같이한다. 둘 다 공통적으로 외적인 세계에 대한 관심이나 오감으로 접하게 되는 현상으로부터 휘둘리지 않고 마음의 본성을 인식하여 생각의 중심을 잡는 것의 필요성을 강조하고 있다.

화려한 색깔은 사람들로 하여금 사물을 제대로 보는 것을 놓치게 만들고 감미로운 소리는 인간의 귀를 제대로 듣지 못하게 한다. 현란하게 요리된 음식은 오히려 사람들의 혀를 상하게 한다고 말하면서 입을 상하게 하지 않는 무미(無味)를 강조하고 있다. 맛있는 것을 선호하여 입맛을 까탈스러운 쪽으로 가게 하지 말고 무던한 상태로 두어 맛없는 것도 맛있게 먹을 수 있게 되는 편이 좋다는 의미이다. 이것은 맛에만 국한되는 것이 아니며 색깔, 소리 등 오감(五感)에 모두 해당되는 내용이다.

화려하거나 도드라진 것들은 인간의 인식과 감각을 해치게 되어 제대로 보고, 듣고, 느끼는 것에 대해 왜곡되거나 못 미치게 만든다. 오감을 고급화시켜 놓은 상태에서 저급의 대상을 만나야 될 상황에 처하면 그만큼의 불행이 늘어날 수밖에 없게 된다. 반대로 가장 낮은 저급의 대상을 접하더라도 그 속에서도 맛과 멋을 찾을 수 있는 사람은 어떤 상황에서도 행복할 수 있다.

일반적인 삶의 상황에 있어서는 지성과 능력을 지극히 높이고 과도한 소유욕을 추구하는 것으로 인해 사람의 마음이 어지럽게 된다. 오색, 오음, 오미의 외적 실체와 내적인 경험이 구별되고 파편화된 경향성을 보이게 되면 눈은 어지러워지고 귀는 멀어지며 혀는 상하여 삶의 본질을 놓치는 것뿐만 아니라 제대로 분간해내지도 못하게 된다.

말(馬)이 질주하는 것처럼 삶에서 자연스러운 속도 감각을 잃으면서까지 인위적인 활동에 심취하게 되면 마음을 제대로 잡지도, 듣지도, 맛보지도 못함을 넘어 발광(發狂)하는 어지러운 마음의 상태로 접어들게 된다. 이것이 바로 스스로의 다스림이 없고 자기중심이 확립되지 않는 상태인 것이다. 이렇게 외면적 현상과 내적인 반응으로서의 감각과 더 나아가 본래 있음의 경지를 벗어난 삶의 추구는 그 사람에게 주어져 있는 것의 효능성과 그 작동의 이로움을 상실하게 된다.

배를 위하는 것은 나를 기르는데 사물이 쓰이는 것이고, 눈을 위하는 것은 사물이 나에게 일을 시키는 것이다. 이는 내가 사물의 주인이 될 것인가, 아니면 사물이 나의 주인이 되게 할 것인가의 문제이다. 명심할 것은 사물을 취할 때 배를 위하는 것에 머물면 내가 사물의 주인이 되는 것이고, 눈을 위하는 데까지 간다면 내가 사물의 노예가 된다는 점이다. 때문에 현명한 사람은 배를 위할 뿐 눈을 위하지 않는다. 이러한 지혜를 지닌 사람은 삶에 있어서 멈출 지점을 알기 때문에 무리(無理)하지 않지만, 지혜가 얕은 사람들은 자기 몸을 상하게 하면서까지 하나라도 더 얻으려고 무리를 한다. 배를 위하는 것은 몸을 기르는 것이고 눈을 위하는 것은 몸을 망가뜨리는 것이라는 말은, 삶의 본질적 요소와 비본질적 요소를 구분하라는 의미이기도 하다.

버려야 할 것은 많은 재물과 음식 같은 비본질적인 것이고 취해야 할 것은 소박하고 담백한 생활이다. 욕망을 추구한다는 것은 그 사람의 언행을 그르치는 원인이 되기에 욕망을 버리고 본성을 앞세워야 한다.

餘說

5색은 흑백적청황(黑白赤靑黃), 5음은 궁상각치우(宮商角徵羽), 5미는 산고감신함(酸苦甘辛鹹)이 본래의 뜻이지만 여기서는 모든 색과 소리와 맛을 의미한다. 《장자》의 〈천지편〉에도 이와 유사한 글이 나온다.

且夫失性有五
차 부 실 성 유 오

一曰 五色亂目 使目不明
일 왈 오 색 란 목 사 목 부 명

二曰 五聲亂耳 使耳不聰
이 왈 오 성 란 이 사 이 불 총

三曰 五臭薰鼻 困惾中顙
삼 왈 오 취 훈 비 곤 수 중 상

四曰 五味濁口 使口厲爽
사 왈 오 미 탁 구 사 구 려 상

五曰 趣舍滑心 使性飛揚
오 왈 취 사 활 심 사 성 비 양

此五者 皆生之害也
차 오 자 개 생 지 해 야

"대개 본성을 잃는 일에 다섯 가지가 있다.
화려한 색깔이 눈을 어지럽혀 밝지 않게 되는 것이 첫째이고
좋은 소리가 귀를 어지럽혀 귀가 밝지 않게 되는 것이 둘째이며
나쁜 냄새가 코를 찔러 코를 막히게 하는 것이 셋째이고
좋은 맛이 입을 더럽혀 입병이 나게 하는 것이 넷째이고
득실이 마음을 어지럽혀 본성을 사라지게 하는 것이 다섯째이다.
이 다섯가지 모두는 생을 해치는 것이다."

본문에서 직접적으로 언급하는 것은 다섯 가지의 색깔과 소리와 맛
이지만, 이는 눈과 귀와 혀 등 감각기관을 즐겁게 하는 모든 쾌락과 향
락을 의미하며 끝없는 인간의 욕심을 뜻하기도 한다. 화려한 색상, 감
미로운 소리, 현란한 음식이 결국 인간의 순수한 본성을 망가뜨리게 된
다는 경고를 담고 있다.

제(齊)나라 환공(桓公)은 천하에 미식가였는데 오미(五味)가 입맛을 버
린다고 하면서도 "나는 맛이란 맛은 모두 맛보았는데 여태껏 인육(人肉)
은 먹어 보지 못했다"라고 말하자, 신하 중에서 천하의 요리사인 역아
(易牙)는 그 말을 들은 후 자신의 아들을 죽여 그 인육으로 요리를 하

여 환공에게 바쳤다고 한다. 후에 이 사실을 안 관중(管仲)은 환공에게 역아를 멀리하라고 읍소하기에 이르렀다. 관중이 죽은 후 환공은 역아의 관직을 빼앗고 추방을 했지만, 이미 역아의 오미에 맛 들여진 환공은 그 맛을 잊을 수 없어 다시 역아를 불러 그 맛을 즐기게 된다. 그러다 종국에는 역아가 반란을 일으켜 환공을 감옥에 가두고 음식을 주지 않자 결국 환공이 목을 매어 자살했다는 무서운 이야기도 있다.

수양이 완성된 사람의 모습

왕필통행본 제15장

原文

古之善爲士者,[6] 微妙玄通, 深不可識. 夫唯不可識, 故强爲之容.

豫兮若冬涉川, 猶兮若畏四隣, 儼兮其若容, 渙兮若氷之將釋, 敦兮其若樸,

曠兮其若谷, 混兮其若濁. 孰能濁以靜之徐淸. 孰能安以久動之徐生.

保此道者不欲盈. 夫唯不盈, 故能蔽不新成.

直譯

古之善爲士者
고 지 선 위 사 자
옛 선을 행하는 수양이 완성된 사람은

微妙玄通 深不可識
미 묘 현 통 심 불 가 식
미묘하고 아득한 (도에) 통달하여서 깊이를 알 수 없다.

夫唯不可識 故强爲之容
부 유 불 가 식 고 강 위 지 용
그 모습을 판별하기 어렵지만 억지로 그려본다면 다음과 같다.

豫焉若冬涉川
예 언 약 동 섭 천
조심스럽기는 겨울에 냇물을 건너는 듯하고,

猶兮若畏四隣
유 혜 약 외 사 린
머뭇거리기는 사방의 이웃을 두려워하는 듯하고,

儼兮其若容
엄 혜 기 약 용
엄숙하기는 (손님처럼) 조용하고,

渙兮若氷之將釋
환 혜 약 빙 지 장 석
풀어지기는 장차 얼음이 풀리듯 하고,

敦兮其若樸
돈 혜 기 약 박
투박하기는 (막 베어 낸) 통나무 같고,

曠兮其若谷
광 혜 기 약 곡
넓은 것은 마치 골짜기 같고,

混兮其若濁
혼 혜 기 약 탁
혼돈은 (흙탕물처럼) 흐린 것 같다.

孰能濁以靜之徐淸
숙 능 탁 이 정 지 서 청
어느 누가 흐린 물을 고요히 만들어 서서히 맑게 할 수 있겠는가?

孰能安以久動之徐生
숙 능 안 이 구 동 지 서 생
어느 누가 안정된 것을 오랫동안 움직여 천천히 소생시켜 갈 수 있겠는가?

保此道者不欲盈
보 차 도 자 불 욕 영
도를 보전한다는 것은 가득 채우려 하지 않는다.

夫唯不盈
부 유 불 영
오직 가득 채우려 하지 않으므로

故能蔽不新成
고 능 폐 불 신 성
낡은 것에 만족할 수 있어 새롭게 이루지 않는다.

解說

이 15장은 수양이 완성된 사람의 모습에 대하여 묘사하고 있다. 도를 체득한 사람은 미묘하고 아득하여 그 사고의 깊이를 드러내지 않는다. 사고의 깊이가 드러난다는 말은 뜻이 한정되었다는 것이고, 뜻이 한정되었다면 수양이 채 완성되지 않은 것이다. 글은 수양이 완성된 사람의 모습을 판별하기 어렵지만 억지로 그려본다면 그 사람은 다음과 같은 행동을 할 것이라고 말한다.

조심스럽기 겨울에 냇물을 건너는 듯하고, 머뭇거리기는 사방의 이웃을 두려워하는 듯하고, 엄숙하기는 손님처럼 조용하고, 풀어지기는 장차 얼음이 풀리듯 하고, 투박하기는 막 베어 낸 통나무 같고, 넓은 것은 마치 골짜기 같고, 혼돈은 흙탕물처럼 흐린 것 같다고 묘사하고 있다.

위 문구에서 "넓은 것은 마치 골짜기 같다"라고 표현한 부분에 쉽게 이해가 되지 않을 것이다. 골짜기의 단면은 폭이 넓고 좁은 것의 차이가 있을 뿐 모두가 'V'자 형태를 취하고 있는데, 그 양변의 선을 연장시키면 무한대로 뻗어나가게 되므로 위로는 그만큼 넓어지게 되는 원리를 연상하면 이해가 될 것이다.

그런데 노자가 이렇게 제시하는 수양이 완성된 사람은 흔히 우리가 연상하는 이상적인 인간상과는 거리가 있다. 대표적으로 위의 모습에는 맹자가 말하는 소위 호연지기(浩然之氣) 같은 것을 볼 수가 없다. 또한 막힘이 없고 지혜와 용기를 지닌 군자의 모습도 연상되지 않는다. 탁한 세상에서는 세풍에 물들지 않고 고고하게 세상을 살아가는 모습이 아니라 흙탕물처럼 세속과 어우러져 표시나지 않게 사는 모습이 그려진다. 노자는 호기롭고 멋있는 모습으로 그리지 않고 왜 이런 수수한 모습의 인물을 이상적인 인간상으로 그린 것인가?

이러한 사람의 특징은 그 사회에서 성공하기 위해 치열한 삶의 경쟁을 하지 않는다는 점이다. 인위적으로 인간들이 만들어 놓은 것에는 관심이 없기 때문이다. 수양이 완성된 사람은 무위지위(無爲之爲), 즉 함이 없는 함을 실천하는데, 그로써 세상이 스스로 조금씩 맑아지고 백성들은 스스로 생기를 찾아가며 평온해진다. 옛 선을 행하는 수양이 완성된 사람은 혼탁한 곳에 처한 것 같고, 삼가고, 질박하고, 없는 듯하며 마치 가만히 있는 것 같다. 하지만 이렇게 수양이 완성된 사람이 군주가 되면, 백성들은 교화되고 세상은 점점 고요하게 되고 맑아지며, 백성들은 스스로 때를 맞춰 움직이고 점점 삶에 생기를 찾게 된다.

의문문의 형식을 빌린 것은 이와 같은 평안한 세상은 도를 실천하는 사람만이 무리 없이 티 나지 않게 이룰 수 있는 것임을 강조하기 위함이다. 어느 누가 흐린 물을 고요히 만들어 서서히 맑게 할 수 있겠는가? 어느 누가 안정된 것을 오랫동안 움직여 천천히 소생시켜 갈 수 있겠는가? 수양이 완성된 사람은 무위지위(無爲之爲)하기 때문에 스스로 혼탁한 물을 고요하게 하거나, 가만히 있는 것을 생기 있게 할 일은 없을 것이기 때문이다. 혼탁해 보이고 가만히 있는 것의 주체가 수양이 완성된 사람이건 세상이건 대수가 아니지만, 맑아지고 생기를 찾아가는 주체는 반드시 세상이고 백성들이어야 한다. 그렇지 않으면 중심이 흔들리기 때문이다.

餘說

《장자》 내편 〈소요유〉에 다음과 같은 문구가 나온다.

至人無己
지 인 무 기

神人無功
신 인 무 공

聖人無名
성 인 무 명

지극한 경지에 이른 사람은 자기가 없고,

신의 경지에 이른 사람은 자기가 하였다고 내세울 공이 없고,

성인의 경지에 이른 사람은 공을 세우고도 남길 이름도 없다.

위 글은 자기중심적인 관점에서 벗어나 일체의 사물, 사건들을 본질적 관점에서 보고 공명심뿐 아니라 자기라는 의식조차 없고, 더 나아가 나와 나 아닌 것의 구별조차 없는 무아(無我)의 경지에 이른 사람을 말하고 있다.

나와 남을 분별하는 아상(我相), 내가 인간이고 인간 아닌 것과는 다르다고 생각하는 인상(人相), 나의 몸이 일정한 실체를 가지고 있다는 중생상(衆生相), 내가 일정한 수명을 가지고 있다는 수자상(壽者相) 등 불교에서 말하는 4가지 망상과 집착을 버리면 어떤 것에도 의지하지 않

는 무대(無待)와 어디에도 얽매이지 않는 무애(無碍)의 경지에 이른다. 이런 경지에 이른 사람은 재물과 권력, 자아의식을 버리고 공평무사하고 초연(超然)한 마음으로 소요(逍遙)할 수 있다. 집착할 내가 없으면 나에 얽매이지 않고 무아의 경지에서 일할 수 있다. 사심이 없이 일하여 공을 세워도 내가 없으니 내세울 나의 공 또한 없다. 내가 없고 나의 공이 없으니 결국 남길 내 이름도 없게 된다.

자기중심적인 관점이 아닌 내가 없는 경지 즉, 일체 만물의 본질적인 관점을 도(道)라 하기도 하고, 진리(眞理)라 하기도 하고, 공(空)이나 무(無)라 하기도하고, 하나님이라 하기도 하고, 자연과의 조화라고도 한다. 이것이 무슨 이름으로 불리든 그것들은 모두 하나이다.

근심과 두려움에 대하여

왕필통행본 제20장

原文

絶學無憂. 唯之與阿, 相去幾何, 善之與惡, 相去何若, 人之所畏, 不可不畏.

荒兮, 其未央哉. 衆人熙熙, 如享太牢, 如春登臺,[7]

我獨泊兮, 其未兆, 如嬰兒之未孩. 儽儽兮, 若無所歸.

衆人皆有餘, 而我獨若遺. 我愚人之心也哉, 沌沌兮.

俗人昭昭, 我獨昏昏, 俗人察察, 我獨悶悶.

澹兮, 其若海, 飂兮, 若無止. 衆人皆有以, 而我獨頑似鄙.

我獨異於人, 而貴食母.

直譯

絶學無憂
절 학 무 우
배움을 끊으면 근심이 사라진다.

唯之與阿 相去幾何
유 지 여 아 상 거 기 하
공손한 대답과 건성으로 하는 대답의 차이가 얼마나 다르며,

善之與惡 相去何若
선 지 여 오 상 거 하 약
아름다움과 추함이 다르면 얼마나 다르겠는가!

人之所畏 不可不畏
인 지 소 외 불 가 불 외
사람들이 두려워하는 바이고, 두려워하지 않을 수 없는가?

荒兮 其未央哉
황 혜 기 미 앙 재
황량하다, 아직 그 다함에 이르지는 못했구나!

衆人熙熙
중 인 희 희
다른 사람들은 모두 희희낙락하며,

如享太牢 如春登臺
여 향 태 뢰 여 춘 등 대
소 잡아 큰 잔치 열고 봄날 누대에 오른 것 같은데,

我獨泊兮 其未兆 如嬰兒之未孩
아 독 박 혜 기 미 조 여 영 아 지 미 해
나는 홀로 머무르며, 아무 조짐도 없고 웃지도 못하는 어린아이 같다.

儽儽兮 若無所歸
루 루 혜 약 무 소 귀
지쳤는데, 돌아갈 곳도 없구나!

衆人皆有餘 而我獨若遺
중 인 개 유 여 이 아 독 약 유
사람들은 다 여유 있어 보이는데, 나만 홀로 남겨진 것 같다.

我愚人之心也哉 沌沌兮
아 우 인 지 심 야 재 돈 돈 혜
나는 어리석은 마음을 가졌는가, 매우 어리석구나!

俗人昭昭 我獨若昏
속인소소 아독약혼
세상 사람들은 사리에 밝은데, 나만 홀로 어두운 것 같고,

俗人察察 我獨悶悶
속인찰찰 아독민민
사람들은 모두 잘 살피는데, 나 홀로 우매한 듯하다.

澹兮 其若海 飂兮 若無止
담혜 기약해 료혜 약무지
바다는 고요하려 하나, 바람은 그치지를 않는구나!

衆人皆有以 而我獨頑似鄙
중인개유이 이아독완사비
세상 사람들은 모두 쓸모가 있는데, 나는 홀로 완고하고 촌스러운 것 같다.

我獨異於人 而貴食母
아독이어인 이귀사모
나만 홀로 사람들과 다르게, 만물의 사모를 귀하게 여긴다.

解說

이 20장에서는 늘 분별하고 근심하며 세속에 휩싸이는 세상의 두려움을 표현한 글이다. 학문을 끊어 분별망상이 사라지면 긍정과 부정, 미추와 선악 같은 분별사고가 사라져 의식이 하나로 될 수 있음에도 이분법적 분별력이 사라지는 것이 두려워 학문을 끊지 못한다고 했다.

이 20장에서 가장 핵심이 되는 문구는 "인지소외 불가불외(人之所畏 不可不畏)"로 사람들이 두려워하는 바이고, 두려워하지 않을 수 없는가이다. 여기서 두려움(畏)은 첫 문구의 근심(憂)과 하나의 연결고리로 봐야 한다. 첫 구절의 배움을 끊으면 근심이 사라진다는 것은, 진리와 참

된 본성과의 거리가 먼 배움은 겉치레만 화려하기 때문에 끊으면 근심이 사라진다는 의미이지, 배움을 완전히 중단하라는 뜻은 아니다.

공손한 대답(Yes)과 건성(No)으로 하는 대답의 차이가 얼마나 다르며, 아름다움과 추함이 다르면 얼마나 다르겠는가라는 이 문구는 대답에 정중함이 있고 없음과 아름다움과 추함을 구별짓는 것에 큰 의미가 없음을 의문문으로 주장한 것이다.

이후로는 배움과 함께 구별이 더욱 확연하고, 뒤처질까 근심하며 더욱 배움에 정진하는 모습을 표현하고 있다. "사람들이 두려워하는 바이고, 두려워하지 않을 수 없는가?"라는 문구에서의 두려움의 대상은, 배움에서 뒤처지지 않을까 하는 것과 인위적인 배움마저 버린다면 세상 사람들로부터 놀림을 당할 수 있지 않을까 하는 두려움일 것이다. 노자는 배움을 찾는 사람들이나 진리의 길로 가는 사람들이나 모두 전전긍긍하고 두려워하고 있는 사람들로 보였지만, 현실적으로 딱히 해줄 만한 게 없었을 것이다. 그래서 사람들이 두려워하는 바를 두려워하지 않게 할 수 없구나 하면서 탄식했을 것이다.

"황량하다, 아직 그 다함에 이르지는 못했구나!"는 자신의 도의 경지가 아직 높지 않다는 고백이다. 추정컨대 이 문구부터는 후대의 누군가에 의해 가필(加筆)된 문장으로 보이며 그 내용상으로 보면 수준이 확연한 차이가 난다는 것을 알 수 있다. 수양을 닦는 사람이 진리의 실현이 아직 멀었다고 탄식하며 자신과 남을 잡다하게 비교한 내용들이기 때문이다.

"드리워졌으니, 돌아갈 곳도 없구나!"는 진리의 수행에 전념하다 보니, 내면의 마음에 묶여 오도 가도 못하는 드리워진 처지가 됐다는 말이다. 이 문구도 자신의 경지가 아직 높지 않다는 것을 말하고 있다. 만약 수행이 완성된 사람이라면 중심을 지키고 진리와 참 나를 비유할 일이지, 자신과 남을 비교하지 않는다. 이런 잡다한 수준의 문장이라도 표현할 수 있는 것으로 보아 나름으로 상당한 수준이겠지만 노자의 식견에 비견될 수는 없다.

마지막 문구인 '이귀사모(而貴食母)'에서 식모(食母)라고 써 놓고 어찌하여 사모라고 읽느냐고 의아해 할 것이다. '식(食)'은 일반적으로 밥식으로 사용하고 또 이해하고 있지만 '사' 자(字)로 발음하기도 한다. 여기서는 사모(食母)라고 읽으며 유모와 같은 뜻으로 젖을 먹여 키운다는 뜻으로 해석한다. 귀사모(貴食母)는 아직도 유모를 귀하게 여기며 젖을 빠는 갓난아이로 산다는 뜻이다.

남들은 모두 똑똑하고 잘났는데 자기만 우둔하고 못나서 할 일이 없다고 말하고 있다. 자조하거나 냉소하는 것이 아니라, 사모는 자연이요 도(道)라고 생각하고 있는 것이다. 자기는 중인(衆人)들과는 달리 도를 귀히 여기며 혼자 살아간다는 뜻이다. 장자(壯子)도 천사(天食)라는 말로 노자의 사모(食母)를 대신하고 있다. 즉 갓난아기가 어미의 젖을 빠는 것이 자연이요 도라고 생각하는 것이다. 사모(食母)는 우리가 평소 이해하고 있는 것처럼 딱히 비하하는 말도 아니다. 귀사모(貴食母)는 《도덕경》에 들어가는 관문이라는 것만 이해하면 된다.

餘說

20장은 "絶學無憂(절학무우)"부터 "不可不畏(불가불외)"까지와 "荒兮 其未央哉(황혜 기미앙재)"부터 나머지까지의 두 부분으로 나눌 수 있다. "荒兮~"를 기준하여 그 이전과 그 이후는 문구의 내용도 다를 뿐만 아니라 글의 수준도 확연히 차이가 나기 때문이다. 앞쪽은 무난히 보통의 노자가 쓴 글로 볼 수 있는데, 뒷부분은 자신을 남과 비교하는 등의 내용을 포함하고 있어 노자가 직관력으로 쓰고 내려간 글이라고 보기엔 도저히 인정될 수 없는 내용을 보여주고 있다. 이는 아마도 누군가에 의해 가필된 것으로 추정된다. 하지만 대부분의 주석이나 해석을 붙인 글을 보면 이 20장 전체를 노자가 직접 쓴 것으로 여겨, 전체 81장 중에서 노자의 인간성을 가장 잘 드러난 내용이라고 해석해왔었던 게 지금까지의 실정이었다.

　앞부분의 내용은 학문을 통한 분별망상이 사라지면, 긍정과 부정, 미오(美惡)나 선악(善惡) 같은 이분법적 분별사고가 사라져서 의식이 하나가 되는데, 보통사람들은 이렇게 이원적인 분별력이 사라지는 것에 겁을 먹고는 지혜를 닦으려하지 않아서 근심하고 두려워하는 것이라고 했다. 뒷부분의 내용은 누군가가 자기 체험을 통속적인 삶의 자세와 비교해서 개인적 수행내용을 기술한 것으로 보이는데, 글의 묘사 내용으로 보아서는 상당한 수준의 내면 기술에 들어가 있지만, 노자의 직관력과는 너무도 비교되는 내용이다. '나(我)'라는 글자가 나오고 남들과 자신을 비교하는 묘사라든가, 자신의 의식상태를 재음미하여 표현한 것이 그 수준을 여실히 보여주고 있다.

　마지막 결어에서 일반 사람들은 외부의 대상적인 물질과 욕망 등에만 관심을 가지고 그런 외면적인 것에만 의지해서 살아가지만, 그런 외면적인 삶과는 달리 지혜를 갈구하면서 홀로 내면의 근원을 귀중하게 여기며 살아간다고 결론을 내리고 있다.

자신을 내세우는 어리석음

왕필통행본 제24장

企者不立, 跨者不行. 自見者不明, 自是者不彰, 自伐者無功, 自矜者不長.
其在道也, 曰餘食贅行, 物或惡之, 故有道者不處.

企者不立
기 자 불 립
한쪽 다리가 없는 사람은 제대로 서 있지 못하고,

跨者不行
과 자 불 행
앉은뱅이인 사람은 제대로 갈 수 없다.

自見者不明
자 현 자 불 명
스스로를 드러내려는 사람은 밝지 못하고,

自是者不彰
자 시 자 불 창
스스로 내세우는 사람은 돋보이지 않고,

自伐者無功
자 벌 자 무 공
스스로 나서서 자랑하는 사람은 공적을 인정받지 못하고,

自矜者不長
자 긍 자 부 장
스스로 옳다고 으스대는 사람은 공이 오래가지 않는다.

其在道也
기 재 도 야
도의 견지에 있다면,

曰餘食贅行 物或惡之
왈 여 식 췌 행 물 혹 오 지
이런 일은 남은 밥과 군더더기 같은 행동으로 모두가 싫어한다.

故有道者不處
고 유 도 자 불 처
그러므로 깨달은 사람은 이렇게 처신하지 않는다.

解說

이 24장에서는 자신의 자만심과 자긍심 등을 앞세우는 것을 자제하고 개인성을 버리라는 충고이며 의도성의 개인적 행위들이 도(道)의 입장에서는 쓸모없는 군더더기 행위의 어리석음을 지적하고 있다. 남보다 잘났음을 드러내려는 사람은 세상살이에서 우위를 차지하기 위해 발돋움하며 큰 폭으로 걷는다. 자신이 한 행위를 두고 옳으며 훌륭하다고 자랑을 하는 긍지로 살아간다.

자기 스스로를 자랑스럽게 여기는 자긍심은 무엇에 근거하여 일어나는가? 그 근거가 남보다 비교 우위를 차지하기 위해, 자견(自見, 자신의 현명함을 드러냄), 자시(自是, 자신이 옳다고 생각함), 자벌(自伐, 자신의 공적을

내세움), 자긍(自矜, 자신을 자랑스럽게 여김)하기 위해 발돋움하고 큰 폭으로 걷는 행위는 쓸데없는 일에 힘을 쏟는 어리석은 행위라는 것이다.

조금이라도 더 잘나 보이려고 자신의 능력 이상을 발휘하고자 발돋움하고 큰 폭으로 나아가면 일시적으로는 갈 수 있어도 멀리 갈 수 없는 이치를 들어서 자연에 거스르지 말라고 언급하고 있다. 그렇게 하면 일시적으로 비교 우위의 위치를 차지할 수는 있어도, 비교우위에 있다고 잘난 척하면 모두가 싫어해서 그 위치도 유지할 수 없게 된다는 점도 지적하면서 그렇게 처신하지 말 것을 주문하고 있다. 이러한 원리를 아는 깨달은 사람은 그렇게 처신하지 않는다고 말했다.

자기 내면에 밝음이 있고, 자기 삶의 주변에 이치가 드러남을 보며, 자신의 행위가 타인에게 이로움이 되고 그러한 것을 오래가도록 하는 이러한 능력의 차원이 펼쳐지는 것이다. 이를 위해서는 자견(自見), 자시(自是), 자벌(自伐), 자긍(自矜)이 없는 깨달음의 경지에 머물러 있어야 한다.

여식췌행(餘食贅行)은 남은 밥과 혹 같은 행동이라 직역되는데 한마디로 표현하면 군더더기라는 의미이다.

餘說

《장자》〈잡편〉의 '경상초(庚桑楚)' 첫 문장에는 다음과 같은 글이 있다. 여기서 경상초는 노자의 제자로 나온다. 그가 노자의 도를 어느 정도 터득하고는 북쪽 외뢰산(畏壘山)에 살고 있었다. 그의 하인 중에서 똑똑하고 지혜가 있는 사람들은 그를 떠나고, 못난 자들만 그와 함께 살면서 멍청한 자들만 부림을 받았다. 삼 년이 지나는 동안 그곳 사람들이 경상초의 능력과 인품을 알아보고 성인으로 받들면서 그를 임금으로 모시고자 하였다. 그 소식을 듣고 경상초는 기뻐하지 않았다.

지금 외뢰산 지방의 백성들이 마음속으로 자신을 어진 사람들 사이에 떠받들어 놓으려 하고 있다. 그렇다면 나는 내 자신을 내세우는 인간이었는가? 도대체 어떻게 행동하였기에 이 지방 사람들이 자신을 떠받들려고 하는가? 혹여 마음속에 자신을 내세우려고 하는 것이 아직 남아 있기 때문이 아닌가?

경상초가 임금으로 추대됨을 석연치 않게 생각하는 것은 자신의 행동에 대한 반성이 따랐기 때문이다. 경상초 자신은 노자의 제자로서 부끄럽다고 여긴 것이다.

노자는 비교우위를 차지하고자 애를 쓰는 행위를 남는 여분의 밥처럼 취급하고, 쓸데없이 움직이는 군더더기 행위라고 규정하였다.
이는 에리히 프롬(Erich S. Fromm)이 했던, 소유를 키우기 위해 노력하는 행위가 기쁨이 증가하는 존재의 커짐에 영향을 미치지 않는다고 하는 말과 상통한다고 본다. 심리학자인 에리히 프롬은 《소유냐 존재냐》에서 생존의 소유를 제외한 더 이상의 소유를 아무리 증가시켜도 존재는 커지지 않는다고 말했다. 그리고 존재가 커진 만큼 진정한 행복인 기쁨도 함께 커진다고 하였다. 그에 비해 소유는 아무리 커져도 일시적인 쾌락만 따르고 그 쾌락 이후에는 오히려 허전함 등이 따라 신경증과 우울증 등 정신질환에 시달리게 된다고 하였다.
남과 비교하여 우위를 차지해야만 자신이 못나지 않았다고 안심한다면 이 또한 같은 병이라고 볼 수 있다. 왜냐하면 이 같은 사람은 남보다 우위에 있어야 한다는 강박증에 시달리고 있기 때문이다.

사람이 살아가는 방법

왕필통행본 제27장[8]

原文

善行無轍跡, 善言無瑕讁, 善數不用籌策, 善閉無關楗而不可開,

善結無繩約而不可解.

是以聖人, 常善救人, 故無棄人, 常善救物, 故無棄物, 是謂襲明.

故善人者, 不善人之師, 不善人者, 善人之資.[9]

不貴其師, 不愛其資, 雖智大迷, 是謂要妙.

直譯

善行無轍迹
선 행 무 철 적
선하게 행하는 것에는 흔적이 남지 않고,

善言無瑕讁
선 언 무 하 적
선하게 하는 말은 허물이 없으며,

善數不用籌策
선 수 불 용 주 책
선하게 하는 셈은 산가지로 계산할 일이 없고,

善閉無關楗而不可開
선 폐 무 관 건 이 불 가 개
선하게 닫으면 빗장을 걸어놓지 않아도 열 수 없고,

善結無繩約而不可解
선 결 무 승 약 이 불 가 해
선하게 묶인 것은 끈을 매듭짓지 않아도 풀 수 없다.

是以聖人 常善求人 故無棄人
시 이 성 인 상 선 구 인 고 무 기 인
이로써 성인은 항상 선하게 구원의 손길로 버려지는 사람이 없고,

常善救物 故無棄物
상 선 구 물 고 무 기 물
항상 선하게 만물을 구하고 버려지는 사물이 없다.

是謂襲明
시 위 습 명
이를 두고 깨달음의 터득이라 한다.

故善人者 不善人之師
고 선 인 자 불 선 인 지 사
고로 선한 자는 선하지 않는 자의 스승이 되고,

不善人者 善人之資
불 선 인 자 선 인 지 자
선하지 않은 자는 선한 자의 취함이 된다.

不貴其師 不愛其資
불 귀 기 사 불 애 기 자
스승을 귀하게 여기지 않고 도움의 대상을 사랑하지 않으면,

雖智大迷
수 지 대 미
비록 지혜롭다 해도 크게 미혹된 것이다.

是謂要妙
시 위 요 묘
이것을 일컬어 오묘함의 요체라고 한다.

解說

이 27장은 자연 그대로의 무위적인 수양이 완성된 사람이 살아가는 방법에 대하여 언급한 내용이다. 즉 행동하고, 말하고, 헤아리고, 막고, 규제하는 것을 모두 무위 자연적으로 하는 수양이 완성된 사람은, 전혀 인의적인 강제성을 발휘하지 않고도 저절로 최선의 효과를 낸다는 것이다.

선(善)을 행하는 사람은 몸소 구하고 인위적인 행위를 하지 않기 때문에 흔적을 남기지 않고, 말을 할 때는 선하게 말하므로 허물이 없으며, 선하게 셈을 한다는 것은 드러나 보이는 것으로 하지 않고 본성을 지키는 것이므로 별도의 도구가 필요 없는 것이고, 선하게 닫는다는 것은 스스로의 이치에 따라 닫히는 것이므로 빗장을 걸지 않아도 열 수 없다는 의미이며, 선하게 묶인 것은 이치에 따라 그러한 것이니 그 끈을 매듭짓지 않아도 풀 수가 없는 것이다. 이 다섯 가지는 모두 사물의 본성을 따르는 것이다.

그러므로 수양이 완성된 사람은 순리대로 도움을 줄 뿐이기에 늘 선함으로 사람들에게 구원의 손길로 버리는 경우가 없고, 항상 선하게 만물을 구하고 버려지는 사물이 없게 된다. 이를 두고 깨달음의 터득이라 한다. 참된 사람은 항상 선을 베풀어 선하지 않는 자의 스승이 되는 것이고, 또한 선한 자로 하여금 선하지 않은 사람을 가르치고 이끌어 주어 선하지 않는 자들을 돕는 대상이 되는 것이다. 그 스승을 귀하게 여기지 않고 그 구제 대상을 돕지 않아서 역할을 잃어버린 사람이 있다면, 그가 설령 지혜롭다 할지라도 크게 미혹된 사람인 것이다. 이러한 이치를 알게 된다면 이를 두고 오묘함의 요체라고 한다.

통상적이고 상식적 차원을 넘어서는 완벽한 선의 경지에 이르게 되면 외적인 것에서 온전히 자유스러워질 수 있다고 본다. 우리는 보통 의식적이고 상식적인 차원에서 분별과 차별을 가지고 우리가 세워 놓은 규칙과 기준에 따라 행동하고 있다. 이러한 통상적인 차별적 단계를 넘어 모든 사람과 사물을 한결같이 대할 수 있는 수양이 완성된 사람의 경지에 이르는 것을 습명(襲明), 즉 깨달음을 터득함이라고 하였다. 습명이란 취하고 버리는 이분법적인 구도에서 벗어나 인간의 본성을 따르는 평상심을 아는 것이다.

선한 사람은 그러하지 못한 사람의 스승이 된다는 것은 당연지사이다. 선함은 선하지 못함이 있을 때 성립되기에 선함과 선하지 못함 이 둘은 분리시킬 수 없는 불가분의 관계이다. 세상의 이치를 깨우친 사람은 그렇지 않은 사람들을 아끼고 가르쳐야 하며, 배워야 하는 사람들은 그 스승을 귀한 존재로 여겨야 한다.

본 문장은 사람이 살아가는 방법, 즉 무엇을 하고 다니는 것과 말하고 계획을 세우고 지키고 약속하는 것에 대하여 언급해 놓은 것이다.

노자는 자연스러운 깨달음, 직관적으로 사물의 본질을 깨우치는 것을 습명(襲明)이라고 했다. 습자는 '엄습할 습'자로 어떤 깨달음이 부지불식간에 다가온다는 뜻이다. 화두를 붙잡고 고민만 한다고 깨달음을 얻을 수 있는 것이 아니다. 기본 수양이 된 상태에서 모든 것을 내려놓고 마음을 비우고 정진하다 보면 어느 순간 자연스럽게 깨달음이 찾아오게 된다. 따라서 모든 깨달음은 본질적으로 습명이라고 할 수 있다. 보리수나무 아래에서 붓다가 얻은 깨달음도 습명이고, 광야에서 예수가 찾은 깨달음도 습명인 것이다.

진정한 지혜로움

왕필통행본 제33장

知人者智, 自知者明. 勝人者有力, 自勝者强. 知足者富, 强行者有志.
不失其所者久. 死而不亡者壽.

知人者智
지 인 자 지
지혜로움이란 남을 있는 그대로 알아보는 사람이고

自知者明
자 지 자 명
스스로를 알고 있는 사람은 밝음을 지닌 사람이다.

勝人者有力
승 인 자 유 력
다른 사람을 이기는 것은 힘 있는 사람이고

自勝者强
자 승 자 강
스스로를 이겨내는 사람이라야 힘이 세다고 한다.

知足者富
지 족 자 부
부자란 가진 것에 만족할 줄 아는 사람이고

强行者有志
강 행 자 유 지
기어코 행하면 뜻이 있는 사람이라고 한다.

不失其所者久
부 실 기 소 자 구
오래 산다는 것은 차지한 자리를 잃지 않는 사람이다.

死而不亡者壽
사 이 불 망 자 수
죽었어도 잊혀지지 않는 사람이라야 목숨이 긴 사람이다.

意譯

　남을 아는 사람이라야 지혜(智慧)롭다고 했는데 지혜란 내가 아닌 남
들을 정확하게 파악(把握)하고 알아야 지혜라고 하는 것이지, 꾀가 많은
것을 지혜롭다고 하는 것은 아니다. 다른 사람을 있는 그대로 알아보는
사람, 다른 이를 알아볼 눈을 가진 사람이라야 지혜로운 사람이라 하
고, 스스로가 나는 누구며 어떤 사람인지를 알고 있는 사람을 밝음을
지닌 사람이라고 한다.

　스스로를 알고 있는 사람이라야 명석한 사람이라 하며, 앎으로써 남
을 이길 수 있는 사람을 힘이 있는 사람이라 하지만, 스스로 자신을 이
길 수 있어야만 강한 사람이라 하고, 만족함을 아는 사람이라야 부유

한 사람이며, 굳세게 자신이 해야 할 바를 하는 사람을 뜻있는 사람이라 한다. 자신의 위치를 잃지 않는 사람을 오래가는 삶이라 하고, 죽어서도 남들이 쉬이 잊지 못하는 이를 오래 산다고 하는 것이다.

解說

이 33장은 진정한 지혜로움에 대한 언급으로 새겨둘 만한 인생 '교양훈'이다. 그 내용은 의식적 측면에서는 상대적인 앎과 절대적인 깨달음을 비교하고, 행위적 측면에서는 유위(有爲)와 무위행(無爲行)를 비교하여 서술하고 있으며 무위지위(無爲之爲) 하는 것이 육신의 죽음과 관계없이 장수하는 것이라고 일러주고 있다.

지혜(智), 현명(明), 힘(力), 강(强)의 의미를 구분해보자면 지혜(智)와 힘(力)은 그 사람의 외부와 연관되어 있고, 현명(明)과 강(强)은 그 사람의 내부와 연관되어 있는 것이다. 그 사람의 외부를 알 때 지혜(智)롭다고 하고, 그 외부를 통제할 수 있을 때 힘(力)이 있다고 한다. 이에 비해 그 사람의 내부인 자신을 알 때 현명(明)하다고 하고, 자신을 제어할 수 있을 때 강(强)하다고 한다.

사람은 자연과 사회의 이치를 알려고 노력했고 그 힘으로 자연과 타인을 통제해 왔다. 하지만 외부를 극복하기 위한 지혜(智)와 힘(力)은 아무리 사용해도 우리의 삶을 만족시킬 수 없을 뿐만 아니라 오히려 불만족한 삶을 가져왔다. 따라서 자신 마음속의 우열감(優劣感) 때문에 자신이 불만족한 상태에 있음을 알고 이것을 제어하면 만족한 삶을 살 수 있다는 이치를 아는 것이 중요하다. 이렇게 자신의 마음속에서 일어나는 이치를 아는 자를 현명하다고 하였고, 우열감(優劣感)을 제어하는 자신과의 싸움에서 이긴 자를 강자라고 하였다.

　문제는 이 우열감(優劣感)은 제어된 것 같아도 잡초가 자라듯 끊임없이 생겨난다는 것이다. 그럴 때마다 제어하는 행위를 지속하려는 강행 의지를 지닌 자를 일컬어 뜻이 있는 자라고 하였다. 이렇게 자신과의 싸움에서 이기려는 의지를 지니는 일이 무엇보다도 중요하기에 그 뜻한 바를 잃지 않으면 오래간다고 하였다.

　노자는 그의 저서(著書) 여러 곳에서 도를 닦는 목적은 오래가는 것임을 암시하고 있다. 그런데 오래간다는 것이 오래 산다는 것을 의미하는 것인지에 대해서는 확신할 수가 없다. 왜냐면 마지막 문구에서 죽었어도 잊히지 않는 자라야 장수(長壽)한다고 언급해 놓고 있기 때문이다. 노자가 말하는 장수가 단지 자신이 타고난 수명을 다한다는 뜻이 아닌 죽음을 초월한다는 뜻으로 필자는 받아들이고 싶다.

餘說

知人者智 自知者明
지 인 자 지　자 지 자 명

『남을 아는 사람은 지혜롭다. 그러나 자기를 아는 사람은 밝다.』

　지인(知人)이라 함은 다른 사람을 말할 뿐만 아니라 자기 밖에 있는 모든 것을 말하며 이를 관찰해서 알아내는 것을 지혜(知慧)라고 했다. 이러한 지혜는 분별하고 시비하며, 좋고 나쁜 것을 따지기를 좋아하는 것이다. 이러한 버릇을 일러 기지(機智)라 했다. 이에 반하여 내부를 관찰해 밝히는 것은 밝은 것(明)이라 한다. 여기서 말하는 내부란 심중(心中)을 말한다. 수행(修行)이나 자오(自悟)는 곧 자명(自明)인 것이다.

노자의 명(明)은 공자가 말하는 무자기(無自欺, 자기를 속이지 말라)와 같은 뜻이다. 지(智)는 물질을 알지만 명(明)은 목숨을 안다. 현대를 살아가는 사람들도 남을 알려고 노력함과 동시에 자기를 알려고도 노력해야 할 것이다.

《손자병법(孫子兵法)》에 나오는 "지피지기 백전불태(知彼知己 百戰不殆)"라는 명언도 뜻하는 바는 다를지라도 같은 맥락에서 볼 수 있을 것이다. 노자의 자명(自明)은 자기 평화를 말하는 것에 반하여, 손자(孫子)의 생각은 싸우지 않고 이기거나, 싸울 경우에도 절대 지지 않는 방법을 거론하고 있는 것이다.

노자의 저서(著書) 중에서 필자가 좋아하는 문장 중 하나가 바로 이 33장이다. 이 말은 누구나 다 아는데도 실제의 삶에서는 그 앎대로 살아가기가 어렵다. 독자들이 꼭 유념해야 할 것은 꽤 많은 사람들이 지혜(知慧)로운 이는 아니라는 것이다. 지혜는 자기 이외의 모든 것을 말하며 이를 관찰해서 알아내는 것이다.
일찍 죽는 것이 짧은 삶을 사는 것이 아니라, 100세를 살고도 그를 아무도 찾는 이가 없으면 죽은 것과 다르지 않은 것이다. 왜냐? 시무지(時無止). 시간이란 그치지 않고 마냥 이어지고만 있기 때문이다. 살아 있어도 죽었어도 같은 시공간(時空間, Space-time) 속에 있을 따름이다. 오로지 형태의 변화만 있을 뿐이다.

덕德의 개념에 대한 정의
왕필통행본 제38장

原文

上德不德, 是以有德, 下德不失德, 是以無德.

上德無爲而無以爲, 下德爲之而有以爲.

上仁爲之而無以爲, 上義爲之而有以爲, 上禮爲之而莫之應, 則攘臂而扔之.

故失道而後德, 失德而後仁, 失仁而後義, 失義而後禮.

夫禮者, 忠信之薄, 而亂之首. 前識者, 道之華, 而愚之始.

是以大丈夫 處其厚, 不居其薄, 處其實, 不居其華. 故去彼取此.

直譯

上德不德 是以有德
상 덕 부 덕 시 이 유 덕
덕이 높으면 덕을 드러내지 않으니, 그래서 덕이 있고,

下德不失德 是以無德
하 덕 부 실 덕 시 이 무 덕
덕이 쇠하면 덕을 잃지 않으려 하니, 그래서 덕이 없다.

上德無爲而無以爲
상 덕 무 위 이 무 이 위
덕이 높으면 무위함으로써 위함이 없고,

下德爲之而有以爲
하 덕 위 지 이 유 이 위
덕이 쇠하면 덕을 행함으로써 위함이 있으며,

上仁爲之而無以爲
상 인 위 지 이 무 이 위
인을 내세우는 이는 인을 행함으로써 위함이 없고,

上義爲之而有以爲
상 의 위 지 이 유 이 위
의를 내세우는 이는 의를 행함으로써 위함이 있으며,

上禮爲之而莫之應
상 례 위 지 이 막 지 응
예를 내세우는 이는 예를 행함으로써 응함이 없으면,

則攘臂而扔之
즉 양 비 이 잉 지
팔을 걷어붙이고 (다른 사람을) 끌어당긴다.

故失道而後德 失德而後仁
고 실 도 이 후 덕 실 덕 이 후 인
그러므로 도를 잃은 후에 덕이 나오고, 덕을 잃은 후에 인이 나오며

失仁而後義 失義而後禮
실 인 이 후 의 실 의 이 후 례
인을 잃은 후에 의가 나오고, 의를 잃은 후에 예가 나오는 것이다.

夫禮者 忠信之薄 而亂之首
부 례 자 충 신 지 박 이 란 지 수
무릇 예라는 것은 진심과 믿음이 얇아진 것이니, 분란의 시작이다.

前識者 道之華 而愚之始
전 식 자 도 지 화 이 우 지 시
깨닫기 이전의 것은 도의 꽃(극치)이자 어리석음의 시초이다.

是以大丈夫處其厚
시 이 대 장 부 처 기 후
이로써 대장부는 마음 속 가득 채워진 곳에 처하지,

不居其薄
불 거 기 박
가벼운 곳에 머물지 않으며,

處其實 不居其華
처 기 실 불 거 기 화
그 진실한 곳에 처하고 그 화려한 곳에 머무르지 않는다.

故去彼取此
고 거 피 취 차
그러므로, 저것을 버리고 이것을 취한다.

意譯

　최상의 덕(德)을 지닌 사람은 스스로는 덕이 있다고 자부하지 않는다. 그리하여 실제로는 덕이 있는 것이다. 낮은 수준의 덕을 지닌 사람은 덕을 잃지 않으려는 집착에서 벗어나지 못한다. 그렇기 때문에 실제로는 덕이 없는 것이다. 최상의 덕을 지닌 사람은 자연에 맡길 뿐 작위(作爲)함이 없다. 낮은 수준의 덕을 지닌 사람은 인위적으로 일을 처리하므로 작위함이 있다.

　최상의 의(義)를 지닌 사람은 의로운 정치를 베풀되 이를 인위적으로 행하지는 않는다. 최상의 예(禮)를 지닌 사람은 인위적으로 예에 맞는 정치를 행하려고 애쓴다. 예를 내세우는 이는 예를 행한 후에 만일 사람들이 예법에 맞게 행동하지 않으면 팔을 잡고 억지로 끌어당겨 예법을 강요한다. 그러므로 도(道)를 잃은 후에 인이 강조되며, 인을 잃은 후에 의가 부각되며, 의를 잃은 후에 예법이 필요하게 되는 것이다. 무릇 예법이 강조되는 것은 인간사회에 진심과 믿음이 얇아진 것으로 어지럽게 되는 시발점이다.

깨닫기 이전의 것은 도의 꽃인 극치이고 어리석음의 발단이 되기 마련이다. 이로 인해 대장부다운 사람은 도가 중후한 곳에 처하지 가벼운 곳에 머물지 않으며, 진실한 인을 취하고 겉만 번지르르하고 실속이 없는 것은 버리는 것이다. 그러므로 작위적인 것은 버리고 도(道)다운 것을 취해야 하는 것이다.

解說

이 38장에서는 덕(德)의 개념에 대해 명확히 정의하고 있다. 노자는 있는 그대로의 인간 본성을 덕이라고 하는 반면, 유가(儒家)에서 주장하는 덕의 핵심인 인의례(仁義禮)는 인위적이며 억지로 지어낸 개념의 행위라고 비판하고 있다.

도(道)와 덕(德)의 우선순위에 대하여 언급되고 덕 중에서 상덕과 하덕의 차이, 즉 상덕과 하덕에 해당하는 각각의 인(仁), 의(義), 예(禮)의 차이가 언급되어 있다. 높은 덕을 지닌 사람은 자신을 부덕하다고 여김에도 실제로는 덕이 있는 것이고, 낮은 덕을 지닌 사람은 덕을 잃지 않으려고 하다 보니 실제적인 덕이 없다고 하였다.

높은 덕을 지닌 사람은 인위적인 행위를 하지 않으며 그러한 행위를 할 이유도 없으나, 낮은 덕을 지닌 사람은 인위적인 행위를 하게 되며 그러한 행위를 할 수밖에 없다고 하였다. 낮은 덕을 지닌 사람이 인위적인 행위를 하는 이유는 남에게 자신이 마치 덕이 있는 사람처럼 보이게 하기 위해서이다. 자신은 덕이 있는 것처럼 인위적인 행위를 해야 자신이 잘난 사람처럼 보일 수 있기 때문이다. 잘난 사람처럼 언행하려고 하는 것은 못난 사람으로 업신여겨지기 싫기 때문인데, 실제로 못난 사람이기 때문에 사람들이 자신을 못난 사람으로 업신여긴다고 생각하는 것이다.

덕이 많고 잘난 사람은 남들이 자신에게 덕이 부족하다거나 자신을 업신여겨도 별로 신경 쓰지 않는다. 그래서 실제로 높은 덕을 지닌 사람은 자신을 부덕하다고 태연히 말할 수 있고, 바로 이 때문에 그 사람은 유덕한 사람이라 할 수 있다. 이에 따르면 인(仁)·의(義)·예(禮) 등을 낮은 덕이 된다. 다만 노자는 인이 의와 예에 비해 조금 높은 덕에 속하는 부분이 있다고 했다. 그것은 인을 행하는 것이 의와 예를 행하는 것과 그 이유와 다르기 때문이다.

본래 의와 예를 행할 때는 무엇이 옳음(義)인지, 예의(禮)인지를 미리 알고 그쪽으로 가는 것이 좋다는 의식을 지니고 해야 하는 반면, 인을 행함에 있어서는 거의 무의식적으로 행하게 된다. 의와 예를 행하고자 할 때는 자신이 하는 행위가 옳은지 옳지 않은지 또는 예의에 맞는지 맞지 않는지에 대한 의식적인 판단과정을 거치게 된다. 자신이 하고자 하는 행위의 이유에 대해서 생각해보고 의와 예에 해당한다고 판단되어야 비로소 실행으로 옮겨가는 점이 문제라는 것이다. 그중에 예(禮)를 더욱 낮은 덕으로 보는 까닭은, 예는 상대가 응하지 않을 때 소매를 걷어붙이고 팔로 끌어당겨 강제로 예를 지키게 하는 속성이 있기 때문이다. 한마디로 예는 인과 의에 비해 강제성이 더욱 커진 상태이다. 흔히들 이해하기 쉽게 인을 공자에, 의는 맹자에, 예는 순자의 덕목으로 할당시키고는 한다. 이는 특히 순자의 예에는 강제성을 지닌 '법'까지 포함되기 때문이다.

노자는 이 세 가지 중에서도 강제성이 주어지는 예에 대해서 가장 비판적이다. 노자에게 예라는 것은 진심과 믿음이 얇아져서 생긴 것이며 분란의 시작이다. 진심과 믿음이 있으면 예는 애쓰지 않아도 저절로 되는 것인데, 예를 정해서 굳이 지키게 하는 것은 기실 진심과 믿음이 약해졌기 때문이다. 그리고 예가 있으면 반드시 예에 맞느냐 맞지 않느냐를 가지고 시비가 붙어서 싸우게 되기에 예는 모든 분란이 비롯되는 바가 된다.

결론적으로 낮은 덕을 지닌 사람은 얄팍한 지식을 지니고 있으면서도 자신은 남보다 앞선 지식을 지녔다고 여기면서 화려한 언변으로 잘난 체해보지만, 이는 어리석음의 시작일 뿐이다. 이에 반하여 높은 덕을 지닌 사람을 대장부라고 하면서, 이 사람은 중후한 곳에 처하지 가벼운 곳에 머물지 않는다고 하였다. 대장부는 진실한 곳에 처하고 화려한 곳에 머무르지 않음으로써 가볍고 작위적인 것은 버리고 마음속 가득 채워진 도(道)다운 것을 취해야 한다.

<!-- 餘說 -->
餘說

사람은 누구나 도를 가지고 있으며, 그 사람의 도가 어느 정도 크기인지 알려면 그 사람의 덕의 상태를 보면 알 수 있다. 덕의 어머니가 바로 도라 하지 않는가? 덕이란 그 사람이 소유한 물질에 따라 지대한 영향을 미치며 그 크기가 정해지는 듯하다. 확실하지는 않지만 일반적으로 우리가 살아가는 이 사회에서도 적용이 될 듯하다.

보이지 않아 가늠할 수 없는 것이 도라면 그 도가 낳은 보이는 덕의 크기로 과연 어떤 삶이 도를 키워갈 수 있는 것인지는 충분히 알 수 있을 것이다. 덕이란 내가 자신에게 혹은 상대방에게 영향을 줄 수 있는 물리력을 의미한다. 보이지 않고 알 수 없는 도를 키우는 방법으로써, 기본적으로 마음에 상대를 긍휼히 여기는 것과 주변을 이롭게 하고자 하는 것을 지녀야 할 것이다.

　노자(老子)의 사상을 계승한 사람으로는 양주(楊朱)와 윤희(尹喜)를 꼽을 수 있다. 그런데 그 중 양주는 그의 스승 노자와는 상당한 부분에서 견해를 달리한다.

물론 양주 또한 노자처럼 국가제도와 문명의 이기를 반자연적이고 인위적인 것으로 보았다. 하지만 그는, 천하를 위해 자신을 희생하는 성인과 그 성인정치가 사라졌음을 한탄하고 수양산으로 숨어들었던 백이(伯夷)와 숙제(叔齊)에 대해 명성을 얻기 위해 목숨을 가볍게 여겼다고 꼬집었다. 자아를 가장 중요하게 여기는 양주의 이러한 개인주의를 위아론(爲我論)이라고 한다. 양주는 자신을 위하는 단적인 표현으로 천하를 위해서라면 자신의 몸에 있는 털 하나도 뽑지 않겠다고 언급하기도 했다.

사마천(司馬遷)의 사기(史記)에 나온 기록을 근거로 하자면 윤희는 노자의 사상을 본인의 사고방식으로 변형시킨 양주와 달리 노자의 사상을 거의 그대로 이었다고 한다. 윤희 다음으로 이어지는 노자의 사상은 태사담(太史儋)과 열자(列子), 그 이후로는 장자(莊子)로 이어졌다.

태사담은 금서본 노자 저술(著述)을 기록한 장본인으로 추정되는 인물이다. 노자는 춘추시대를 살았던 인물이지만 태사담은 전국시대를 살다 간 사람이다. 태사담은 노자의 가르침을, 인위적인 법제도를 버리고 백성들이 스스로 따르도록 이끌라는 치세술로 해석했다. 금서본에는 한비자의 법가스러운 권모술수적인 부분이 일부 삽입되고, 법가와 대척점에 있었던 유가에 대한 비판적인 언급도 비친다.

기원전 100년경에 살았던 사마천은 태사담이 쓴 것으로 추정되는 노자(老子)의 금서본과 장자(莊子), 신불해(申不害), 한비자(韓非子)가 서로 일맥상통한다고 여겨 이를 한데 묶어 〈노장신한열전(老莊申韓列傳)〉을 만들었다. 이는 신불해와 한비자가 법가(法家)인 것과 같이 도가(道家)인 노자와 장자를 제왕학(帝王學)이라는 범주로 본 것 같다.

도의 역설적인 묘사

왕필통행본 제41장

原文

上士聞道, 勤而行之, 中士聞道, 若存若亡, 下士聞道, 大笑之, 不笑不
足以爲道.
故建言有之. 明道若昧, 進道若退, 夷道若纇, 上德若谷, 大白若辱, 廣
德若不足,
建德若偸, 質眞若渝, 大方無隅, 大器晚成, 大音希聲, 大象無形.
道隱無名, 夫唯道善貸且成.

直譯

上士聞道 勤而行之
상사문도 근이행지
훌륭한 선비는 도를 들으면 부지런히 실행하고,

中士聞道 若存若亡
중사문도 약존약망
보통의 선비는 도를 들으면 있는 것 같기도 없는 것 같기도 하며,

下士聞道 大笑之
하 사 문 도 　대 소 지
질 낮은 선비는 도를 들으면 크게 비웃을 것이니,

不笑 不足以爲道
불 소 　부 족 이 위 도
(낮은 선비가) 비웃지 않는다면 도라 하기에 부족하다.

故建言有之
고 건 언 유 지
그런 까닭에 다음과 같은 격언이 있다.

明道若昧 進道若退
명 도 약 매 　진 도 약 퇴
밝은 도는 어두운 것 같고, 도로 나아가는 것은 물러서는 것 같고,

夷道若纇 上德若谷
이 도 약 뢰 　상 덕 약 곡
평탄한 도는 어그러진 것 같고, 높은 덕은 골짜기처럼 낮은 것 같고,

大白若辱 廣德若不足
대 백 약 욕 　광 덕 약 부 족
가장 깨끗한 것은 더러운 것 같고, 넓은 덕은 부족한 것 같고,

建德若偸 質眞若渝
건 덕 약 투 　질 진 약 투
건실한 덕은 구차한 듯하고, 참된 본질은 빛바랜듯하다.

大方無隅 大器晩成
대 방 무 우 　대 기 만 성
큰 네모는 모서리가 없고, 큰 그릇은 늦어 이루어지기 어렵고,

大音希聲 大象無形
대 음 희 성 　대 상 무 형
큰 소리는 들리지 않고, 큰 모양은 형태가 보이지 않는다.

道隱無名
도 은 무 명
도는 감춰져 있고 이름이 없지만,

夫唯道 善貸且成
부 유 도 선 대 차 성
무릇 오직 도만이 잘 베풀고 또 잘 이룬다.

解說

이 41장은 도(道)에 대해 역설적인 묘사를 통해 도를 좀 더 구체적으로 설명하고 있다. 도는 너무나 크고 분별적인 앎으로는 파악할 수 없으므로 의식 내면과 하나가 되는 것으로 도에 이를 수 있다고 말하고 있다. 모양과 속성이 없기 때문에 도(道)를 들었을 때 도에 따라 실행하는 사람은 훌륭한 선비이고, 보통의 선비는 있는 것 같기도 없는 것 같기도 하며, 질 낮은 선비는 크게 비웃는다고 말한다.[10] 그리고 질 낮은 선비가 크게 비웃지 않으면 오히려 도(道)가 아니라고 말한다. 수준 낮은 선비는 자기가 알고 있는 것을 진리라고 믿고, 그것을 기준으로 판단하기에 그 기준에 어긋나면 크게 비웃는 것이다. 이 사람은 이분법을 잣대로 삼는 얕은 지식인으로 자기가 알고 있는 것이 진리가 아닐 수 있다는 점을 모른다.

자기가 무지하다는 사실을 아는 보통의 선비는 도를 들으면 반신반의(半信半疑)한다. 그는 자기가 알고 있는 것이 잘못일 수 있다는 점을 알고 있는 수준이기 때문에 망설이지만 사고가 깊지 못해 도를 확신할 수는 없다. 여기에 비해 도를 들고 확신할 수 있는 사람이 훌륭한 선비다. 이 사람은 깊은 사고를 지녔으며 현묘(玄妙)한 묘리(妙理)까지 통찰력으로 볼 수 있는 자이다. 감성적 확인이나 이성적 추리를 통해 알려고 하지 않는 무위법(無爲法)을 알고 있다. 그래서 그는 도를 들으면 감동을 하면서 실행에 옮기는 깨달은 사람 혹은 수양이 완성된 자이다.

격언을 나열한 문구 중 밝은 것과 어두운 것, 전진하다와 후퇴하다, 평탄함과 굽음, 높음과 낮음, 깨끗함과 더러움, 넓음과 좁음, 건실함과 엷음 등은 서로 상반되는데, 그 상반되는 쌍은 한편 직설적으로는 동일하다는 의미로의 해석도 가능하다. 이렇게 상반되는 말을 그대로 동일하다는 뜻으로 해석하자면, 예를 들어 "크게 비웃지 않으면 어찌 지식인이라 할 수 있겠는가?"에서 크게 비웃는 지식인은 자신이 진리를 인식하는 기준을 이분법에 두고 있다는 사실을 모르는 셈이 된다.

이분법은 사물을 구분하는 데 있어서 유용하게 쓰이는 인식방법이다. 이것을 구분하지 못하는 얕은 지식인은 수준 낮은 선비이며, 이들이 크게 비웃지 않으면 도(道)라 할 수 없는 것이다.

격언을 나열해 놓은 문구의 서술논리는 정(正, A)과 반(反, B)의 이분법(二分法)이 아니다. 그렇다고 정(正, A)과 반(反, B)이 지양(止揚)하여 합(合, C)에 이르는 변증법(辨證法)의 논리도 아니다. 더구나 정(正)과 반(反)이 지양(止揚)하여 正도 反도 아니면서 正과 反을 모두 포함하는 제3의 의미(Z)에 귀결되는 것도 아니다. 正이 그대로 反과 같아지는(A = B) 논리다. 그리고 작은 것은 파악되는 데 비해 큰 것은 파악되지 않는 무위(無爲)다. 무위(無爲)로 도(道)를 파악한다고 할지라도 도는 아무것도 하지 않는 무위(無爲)가 아니며, 무위지위(無爲之爲), 즉, '함이 없는 함'을 의미한다.

도(道)는 모든 대상물로 하여금 존재하도록 끊임없이 베풀어서 그들이 자신을 이루도록 하는 창조의 역할을 한다. 도는 숨겨져 있고 이름이 없지만, 무릇 오직 도만이 잘 베풀고 또 잘 이루게 한다. 도(道)는 감각에 노출되지도 않고, 이성적 추리에도 노출되지 않으며 감춰져 있다. 그 감춰져 있는 것에 이름을 붙일 수 없으며 이름을 붙이려면 감춰져 있는 것과 감춰져 있지 않은 것을 구분해야 하는데, 감성과 이성으로 그 경계가 포착되지 않는 상태에 놓여 있기 때문이다.

이름을 붙인다는 것은 사물을 구분하여 서로 소통하기 위함에 있다. 경계가 불분명하면 소통에 오히려 방해가 되는 문제가 발생하니 오히려 이름을 붙이지 않는 것이 좋다. 한편 이름 붙일 수 없는데도 불구하고 도(道)는 우주만물을 생성하고 소멸시키는 등 모든 존재의 근원적인 작용을 남김없이 수행해낸다. 명명(命名)할 수 없을 만큼 무한의 역할로 모든 존재에게 그렇게 베풀고 참뜻을 이루어 간다.

餘說

《한비자》의 〈유로(喩老)〉편 제21장에 이 41장이 인용되어 있기에 참고사항으로 옮겨놓는다.

處半年, 乃自聽政. 所廢者十, 所起者九, 誅大臣五, 擧處士六,
처반년 내자청정 소폐자십 소기자구 주대신오 거처사육

而邦大治.
이방대치

擧兵誅齊, 敗之徐州, 勝晉於河雍, 合諸侯於宋, 遂霸天下.
거병주제 패지서주 승진어하옹 합제후어송 수패천하

莊王不爲小害善, 故有大名 不蚤見示, 故有大功.
장왕부위소해선 고유대명 부조견시 고유대공

故曰 大器晩成, 大音希聲.
고왈 대기만성 대음희성

"그리고 반년이 지나자 왕은 스스로 정치를 장악하여 폐지시킨 일이 10가지이고, 새로이 일으킨 일이 9가지이고, 대신 5명을 처형했으며, 처사 6명을 새로 등용하여 국가를 훌륭하게 통치했다.

이윽고 정벌을 위하여 군대를 동원해 제나라를 공략하여 서주를 멸망시켰다. 또 진나라와 싸워 하옹에서 승리를 거두고 송나라를 눌러 마침내 천하의 패왕이 되었다. 어쨌든 장왕은 처음에 작은 선을 행하지 않았기 때문에 또한 작은 것을 보지 않았기에 큰일을 이룩한 것이다. 그래서 노자는 말하기를 '대기는 조숙하지 않고 만성하며 대음은 평소에는 소리가 나지 않는다.'고 한 것이다."

"人人人人"이라는 옛 문구가 있다. 이 문구의 뜻풀이를 하자면 "사람이라고 다 사람이냐? 사람다워야 사람이다."라는 뜻이다.

얻음과 잃음에 대하여
왕필통행본 제44장

名與身孰親, 身與貨孰多, 得與亡孰病, 是故甚愛必大費, 多藏必厚亡.
知足不辱, 知止不殆, 可以長久.

名與身孰親
명 여 신 숙 친
명예와 몸 중 어느 것이 더 나와 친한가?

身與貨孰多
신 여 화 숙 다
몸과 재화 중 어느 것이 더 많은가?

得與亡孰病
득 여 망 숙 병
얻음과 잃음 중 어느 것이 더 병인가?

是故甚愛必大費
시 고 심 애 필 대 비
이런 까닭에 (명예에) 애착이 심하면 반드시 큰 비용이 들고,

多藏必厚亡
다 장 필 후 망
(재화를) 많이 쌓아두면 반드시 크게 잃는다.

知足不辱
지 족 불 욕
만족할 줄 알면 욕되지 않으며,

知止不殆
지 지 불 태
알아야 할 것은 모르고 몰라야 할 것을 아는 것은 위태롭지 않고,

可以長久
가 이 장 구
길게 오래 갈 수 있다.

解說

  이 44장에서는 얻음과 잃음에 대하여 언급하고 있으며 명예나 재산
을 지나치게 아끼고 집착하거나 쌓아두면 자신을 잃어버림으로 오랫동
안 편안하게 살려면 명예나 재물 같은 외물에 너무 집착하지 말라고 충
고하고 있다. 명예, 몸, 재화라는 이 세 가지의 소재를 얻음과 잃음이라
는 틀에 대입하여 서술하고 있다. 세 가지 중에서 재화와 명예는 같은
맥락으로 볼 수 있고, 몸은 이 둘과는 이질적인 요소다. 물론 노자는
세 가지 중에서 몸이 재화나 명예보다 더 중요한 것이라며, 그 사유를
예를 들어가면서 언급하고 있다.
  몸을 소중히 해야 하는 것은 자신의 삶을 오랫동안 유지하기 위해서

이다. 노자는 12장에서 "배를 위하지 눈을 위하지 말라"고 주장했다. 이때의 배를 위한다는 것은 생계를 해결하면서 살아갈 수 있는 몸을 위한다는 말이다. 이에 비해 눈을 위한다는 것은 남의 시선을 의식하고 비교하면서 자신이 우위에 서겠다는 말이다. 다른 사람들보다 잘나 보이려면 그들보다 재화와 명예가 많고 높아야 한다.

명예와 몸 중 어느 것이 나와 더 가깝고 친한가라고 물으면서 몸이 재화나 명예보다 더 중요하다는 것을 주장하고 있다. 또한 하나밖에 없는 몸보다 재화를 소중히 여기는 사람들에게 몸과 재화 중 어느 것이 더 많아서 버려도 되는가라고 묻는다. 명예는 세상 사람들에게 인정받을 때 얻어지기 때문에, 자신이 남에게 어떻게 보이는가에 신경을 곤두세우게 된다. 결국 내 몸과 남의 시선을 비교한다면 당연히 타인의 시선보다 자신의 몸이 더 가깝고 중요하다는 말이다.

하지만 우리들은 일상생활에서 자신의 몸보다 남의 시선을 더 의식하고 중요하게 생각하는 경우가 많다. 재화보다 우선되는 목표는 당연히 몸을 유지하는 것이고 그다음 차순위의 목표가 남보다 더 잘사는 것이다. 그런데도 몸을 망쳐가면서까지 재화를 모으려고 안달하는 모습을 보노라면 안타까울 수밖에 없다.

명예와 재화를 얻는 것하고 몸을 망치는 것 중 어느 것이 더 병인가라고도 물었다. 아무리 명예와 재화를 얻는다 해도 몸을 망치면서까지 그것을 추구하는 짓은 어리석은 일이 아닐 수 없다. 이런 까닭에 명예에 애착이 심하면 반드시 큰 비용이 들고, 재화를 많이 쌓아두면 반드시 크게 잃는다고 하였다.

만족할 줄 알면 욕되지 않으며, 알아야 할 것은 알지 않고 몰라야 할 것을 아는 것은 위태롭지 않으며 길게 오래 갈 수 있다고 했다. 몸이 건

강하고 기본적인 의식주가 해결되면 만족하고 욕심을 멈추면, 욕됨과 위험에서 벗어나 길게 오랫동안 편안한 삶을 누릴 수 있을 것이다. 생존하는 것에 만족하고 유위(有爲)의 일을 그친다면 그러한 삶은 일찍 안정된다. 명예와 재화를 늘려서 남보다 잘나 보이려는 행위를 지양하고 자신의 몸을 더 소중히 여겨 즐겁고 길게 사는 것도 괜찮은 삶일 것이다.

餘說

《장자(壯子)》〈외무편(外物篇)〉에는 다음과 같은 말이 나온다.

筌者所以在魚 得魚而忘筌
전 자 소 이 재 어 득 어 이 망 전

蹄者所以在兎 得兎而忘蹄
제 자 소 이 재 토 득 토 이 망 제

言者所以在意 得意而忘言
언 자 소 이 재 의 득 의 이 망 언

"발은 생선을 잡는데 쓰이므로 생선을 잡고나면 잊고,
그물은 토끼를 잡는데 쓰이므로 토끼를 잡고나면 그물은 잊어라.
그리고 말은 뜻을 나타낼 때 쓰이므로 뜻을 알고 나면 말은 잊어라."

사람은 그릇과 자질에 따라 맞는 자리가 있고, 그 자리에서 소임을 다하면 물러날 줄 알아야 하며, 설사 다른 자리를 준다고 해도 사양할 줄 알아야 한다는 이야기다. 여기서 '제전(蹄筌, 그물과 통발)'이라는 말이 생겼는데, 문자나 언설(言說)은 도를 닦는 도구이지 그 자체가 목적이 될 수 없다는 뜻이다. 말이란 뜻을 전하기 위한 도구이므로 뜻이 전달

되고 나면 말은 잊으라는 언급이 마지막에 나온다.

《장자》무위론(無爲論)의 선문답 같은 이야기다. 토사구팽(兎死狗烹)과 비슷한 말 같기도 한데 그렇게 나쁜 뜻으로 쓰인 것은 아닌 것 같고, 오히려 본인이 스스로 능력을 제대로 알고 처신하라는 뜻인 것 같다.

"돈을 잃으면 조금 잃는 것이요,
명예를 잃으면 많이 잃은 것이고,
건강을 잃으면 모든 것을 잃는 것이다."

이 문구는 비스마르크가 말했다는 설이 있으나 사실이 아니라고 한다.
그냥 좋은 문구로 전해지는 금언이다.

지족知足의 실천

왕필통행본 제46장

原文

天下有道, 却走馬以糞, 天下無道, 戎馬生於郊.

禍莫大於不知足, 咎莫大於欲得. 故知足之足, 常足矣.[11]

直譯

天下有道
천 하 유 도
세상에 道가 행해지고 있으면

却走馬以糞
각 주 마 이 분
잘 달리는 말들은 그 똥이 쓰임이 되지만

天下無道 戎馬生於郊
천 하 무 도 융 마 생 어 교
세상에 道가 없으면 전쟁용 말이 들에서도 길러지게 된다.

禍莫大於不知足
화 막 대 어 부 지 족
만족할 줄 모르는 것보다 더한 큰 화는 없고

咎莫大於欲得
구 막 대 어 욕 득
더 가지려고 하는 것보다 더 큰 허물은 없다.

故知足之足 常足矣
고 지 족 지 족 상 족 의
그런고로 만족함을 아는 만족이야말로 늘 풍족함이다.

解說

　이 46장에서는 지족(知足)의 실천에 대하여 언급하고 있다. 문장 앞
부분(天下有道~戎馬生於郊)의 내용은 세상에 도가 있으면 전쟁이 없는
평화시대가 되고 세상이 도를 잃을 경우에는 전쟁에 휘말리게 된다는
내용이다. 뒷부분(禍莫大於不知足~常足矣)의 내용은 욕망을 일으키는 것
이 도의 측면에서 가장 큰 죄악이고, 그 욕망이 충족되는 것이 도의 측
면에서 가장 큰 허물을 가진 것이며, 늘 만족하지 못하고 계속 욕망에
끌려다니는 것이 가장 큰 불행이라고 언급하고 있다. 따라서 만족함을
아는 것이 곧 넉넉하고 행복하게 사는 길이라고 할 수 있겠다.
　이 문장에서는 먼저 도가 있으면 다투던 일도 멈추게 되고, 도가 없
으면 조그마한 일에도 다투게 된다는 점을 군마의 예를 들어 말하고 있
다. 평상시에는 말이 농사짓는 일에 쓰이다가도 전쟁이 터지면 군마로
이용된다. 반면 전쟁터에서 군마로 쓰이던 말이 태평한 시절로 접어들
면 똥거름을 나르는 농사일에 쓰이게 된다. 전쟁은 아니더라도 일상에
서 다투기만 해도 생산적인 일에 쓰일 에너지가 파괴적인 일에 소모되

게 된다. 설사 이겼을지라도 순간의 쾌감은 있을지 모르지만 패자의 아픔이 떠오르면 마음은 불편하게 된다.

그런데 우리는 왜 경쟁심이 더욱 커지고 다툼이 많은 사회로 가고 있을까? 뒷부분의 문구에서 만족을 모르고 계속해서 더 많은 것을 얻고자 하기 때문이라고 그 원인을 적시해 놓고 있다. 남들의 눈을 의식해서 잘나 보이려고 하지 말고 자신의 배만 부르면 만족하라는 말이다. 상대적 빈곤감은 남들과 비교해서 그 아래에 있는 것을 견딜 수 없다는 것이다. 항상 만족할 수 있으려면 남과 관계없이 스스로 만족해야 한다.

남과 비교하지 않고 스스로 만족하는 것을 '만족함을 아는 만족'이라고 했다. 그리고 만족함을 아는 만족일 때 항상 만족할 수 있다고 했다. 다투는 마음이 비교우위를 차지하기 위해 명성과 이익 등을 더 얻고자 하는 욕심 때문에 일어난다는 것이다. 그리고 이 마음을 없애기 위해서는 만족함을 아는 만족이 필요하다고 했다. 이 만족은 남과의 비교를 통해서 이 정도면 되었다고 느끼는 만족이 아니라, 남과의 비교 없이 소박하고 주관적인 만족이다. 이러한 만족일 때 비로소 풍족함 속에 머물 수 있다는 것을 노자는 말하고 있다.

餘說
_____

간단명료한 것을 '실천하느냐? 못 하느냐?'가 언제나 우리의 문제다. 단 두 글자 지족(知足)을 알고 내 현실에 이를 지침으로 삼는 삶을 이어 가는 사람은 정말 행복을 누리는 사람이다.

달리는 말(馬)을 되돌려 농사를 짓는다는 말(語)은 어떠한 목적으로

급히 가는 말(馬)을 되돌려 생사에 관여하는 기본적인 행위인 농사를 짓는다는 것으로, 말(馬)을 달리는 것이 어떠한 목적이건 간에 그것은 의미 없는 것이고, 인간의 기본적 생활에 만족할 수 있는 삶이 가장 안정되고 완전하고 의미 있는 삶이라는 뜻이다.

무위無爲의 상황

왕필통행본 제48장

原文

爲學日益, 爲道日損. 損之又損, 以至於無爲, 無爲而無不爲.
取天下, 常以無事, 及其有事, 不足以取天下.[12]

直譯

爲學日益 爲道日損
위 학 일 익 위 도 일 손
배움을 행하면 날로 더해지고, 도를 행하면 날로 덜어진다.

損之又損 以至於無爲
손 지 우 손 이 지 어 무 위
덜고 또 덜어내면 무위에 이를 수 있고,

無爲而無不爲
무 위 이 무 불 위
무위하면 못할 것이 없게 된다.

取天下 常以無事
취 천 하   상 이 무 사
천하를 얻으려면 늘 일없음이어야 하고,

及其有事 不足以取天下
급 기 유 사   부 족 이 취 천 하
일 있음에 이르면 천하를 얻기에 부족하다.

解說

이 48장에서는 무위(無爲)의 상황에 대하여 설명하고 있다. 앞부분(爲
學日益~無爲而無不爲) 문장의 내용은, 학문은 배우면 배울수록 더 앎이
보태지지만, 도를 닦는 것은 앎을 점점 더 덜어내는 과정이라는 것이다.
온전히 앎을 덜어내면 무위가 되고 무위가 되면 모든 것이 되어 불가능
한 것이 없다고 했다.

뒷부분(取天下~不足以取天下)의 내용으로는, 세상을 지배하고자 한다
면 무위의 덕이 있어야 하며 유위적인 행위는 세상을 지배할 수 없다고
언급되어 있다. 학문을 일삼아 하게 되면 지식과 함께 구속도 커지면서
일삼는 일이 늘어난다. 그에 비해 도를 실행하면 그 구속을 벗게 되어
인위적으로 일삼는 일이 줄게 된다. 계속 도를 실행하면 결국에는 인위
적인 족쇄가 없는 무위에 이르러 일삼는 일이 아예 없게 된다. 그리하
면 즐겁게 하고 싶은 일에만 매진하게 되니 결과적으로는 그 분야에서
최고가 된다.

학문을 배우고 지성의 앎이라는 것은 어디까지나 개인적이어서 삶의
지혜를 얻을 수가 없다. 오히려 지성이라고 부르는 앎의 작용을 넘어서
야 지혜를 얻을 수가 있다. 덜어내고 비우기 위해서는 일상적으로 마음
의 때인 욕망과 집착하는 마음 등을 일차적으로 깨끗이 닦는 수행이다.

원래 없었던 마음이지만 자신을 육체와 동일시함으로써 마음이 생겼는데, 육신과 동일시된 마음으로 수행한다는 것은 마음 안에서 돌고 도는 할 일 없는 행위에 불과하다. 마음의 욕망과 집착이나 지식을 덜어내고 비워내다 보면 종국에는 무위에 도달할 수가 있다고 본다.

무위(無爲)란 바로 나 자신의 없음이며 무아(無我)와 동일한 의미이다. 털어내고 버리면서 가장 최종적으로 버려야 할 앎은 바로 '내'가 있다고 알고 있는 존재의 앎이다. 내가 없음의 상태에서 저절로 나타나는 행위가 바로 무위라고 볼 수 있다.

천하를 얻으려면 늘 일 없음이어야 하고 일 있음에 이르면 천하를 얻기에 부족하다고 한 이 글에서, 천하를 취한다는 것은 세상과 하나가 되려고 한다는 말과 같다. 여기서 무사(無事), 즉 일이 없다는 것은 일원적인 절대 상태를 다른 표현으로 쓴 것 같다. 즉 도를 완성하려면 인위적, 의도적으로 일을 만들지 말아야 된다는 것이다.

가필(加筆)된 것으로 추정되는 뒷부분의 문장은 노자의 사상으로 비춰볼 때 문맥이 어색하게 표현되었다. 천하를 취하려고 욕심을 부린다는 것은 무위(無爲)의 관점에서 어긋나는 문구이고, 할 일이 없다는 무사(無事)도 천하를 취한다는 앞 문구와 의미의 조화가 맞지 않는다. 여기서 일 있음(有事)은 주객의 이원적인 상태에서는 전체와 하나가 되지 않고 개체화되어 주체와 대상이 나눠진 상태를 이르는 것이다. 즉 무위지위(無爲之爲)를 완성한 깨달은 사람이 아니고, 범부(凡夫)의 상태를 말한다.

　노자는 배우기만 하면 나날이 더해지고, 함이 없도록 한다는 것은 매일 매일 도(道)를 함양하면 덜고 또 덜어져서 함이 없는 무위(無爲)에 이른다고 하여 무위(無爲)인, 즉 무불위(無不爲)가 된다고 했다.

　배우면 배울수록 더해진다는 말은, 세상사를 배우면 배울수록 지식(知識)은 더해지는데 이것은 본래 있었던 자신을 자꾸 잃어가는 과정이며, 도(道)를 닦을수록 하루하루 본래의 자신의 모습으로까지 덧붙여져 있던 허물이 떨어져 나가 덜어진다는 말이다. 결국 무위란 사람으로서 살아가기 위해 덕지덕지 붙여놓은 이른바 지식이라는 부자연스러운 때 같은 것들을 모두 떼어내고 난 후의 인간 본래 상태인 것이다.

　노자는 여러 곳에서 "복귀어영아(復歸於嬰兒)"라고 했는데, 영아(갓 태어난 아기의 상태)가 되면 그게 바로 무위(無爲)의 상황이라는 것이다. 갓난아기가 지닌 지식은 엄마 젖을 빨아대는 것, 조그만 손안에 쥐어지는 것을 놓지 않는 것, 그리고 남녀관계를 모르면서도 발딱 서는 고추의 힘이다. 이것이 무위(無爲, 함이 없음)이고, 이것만 있으면 배고픔에는 엄마의 젖이 기다리고, 배가 부르면 새록새록 잠이 들고 그러면서 자라난다. 노자의 무위사상은 그 갓난아기의 상태로 되돌아가는 정신적 상태를 일컫는 것이다.

　그래서 안 되는 것이 무엇이 있는지를 찾아본다면 그게 바로 무위이무불위(無爲而無不爲)의 세계이다. 어떤 것을 이해하기 어렵다면 '왜 그런 것일까'하는 생각 중에 머물러보는 것도 좋다. 그리하면 깨달음은 어느 날 스스로 찾아올 것이다.

☯

인간의 생사生死에 대하여
왕필통행본 제50장

原文

出生入死. 生之徒十有三, 死之徒十有三. 人之生動之死地, 亦十有三.
夫何故, 以其生生之厚. 蓋聞, 善攝生者, 陸行不遇兕虎, 入軍不被甲兵.
兕無所投其角, 虎無所措其爪, 兵無所容其刃. 夫何故, 以其無死地.

直譯

出生入死
출 생 입 사
(사람들은) 살 곳으로 나와 죽을 곳으로 들어간다.

生之徒十有三
생 지 도 십 유 삼
삶으로 가는 무리가 열 명이면 세 명이 있고,

死之徒十有三
사 지 도 십 유 삼
죽음으로 가는 무리도 열 명이면 세 명이 된다.

人之生 動之死地
인 지 생 동 지 사 지
살 수 있는데 죽을 곳으로 가는 사람도,

亦十有三
역 십 유 삼
역시 열 명 중에 세 명이 된다.

夫何故 以其生生之厚
부 하 고 이 기 생 생 지 후
무슨 까닭인가? 그것은 인생을 사는 데 너무 집착하기 때문이다.

蓋聞 善攝生者
개 문 선 섭 생 자
(내가) 듣기에 섭생을 잘하는 사람은

陸行不遇兕虎
육 행 불 우 시 호
육지를 여행해도 외뿔소와 호랑이를 만나지 않고,

入軍不被甲兵
입 군 불 피 갑 병
군대에 들어가도 장비와 병기의 피해를 입지 않는다.

兕無所投其角
시 무 소 투 기 각
외뿔소는 그 뿔로 들이받을 곳이 없고,

虎無所措其爪
호 무 소 조 기 조
호랑이도 그 발톱으로 할퀼 데가 없고,

兵無所用其刃
병 무 소 용 기 인
(적의) 병기도 그 칼날을 댈 곳이 없다.

夫何故 以其無死地
부 하 고 이 기 무 사 지
무슨 까닭인가? (그에게는 그것들에) 의해 죽을 곳이 없기 때문이다.

이 50장에서는 사람의 생사 문제에 관하여 언급하고 있다. 태어나고 죽는 육체를 자기 자신이라고 동일시하는 범부(凡夫)들의 삶에 대해서 묘사했으며 육체의 동일시를 초월한 도인의 일원적인 삶의 자리에서 사는 모양을 비유적으로 언급하고 있다.

세상을 살아가는 사람 중 천수(天壽)를 다하는 사람은 열 사람 중 세 명 정도이고 사지(死地)로 가는 사람은 열 사람 중 세 사람이며, 살아보겠다고 집착하다가 도리어 죽음의 길로 가는 사람이 열 사람 중 세 사람 정도는 된다. 그 까닭은 이 세상 사람들이 삶에 대한 집착이 강하기 때문에 오히려 죽음의 길로 접어드는 경우가 많기 때문이다.

산 자는 반드시 죽게 마련이므로 이와 같은 순리에 몸을 맡겨 죽음 앞에서 의연한 자세를 견지할 수 있다면 그런 사람은 정신적으로 생사를 초월한 삶이 된다. 죽음은 삶과 마찬가지로 근원으로부터의 드나듦에 불과하기 때문이다. 거기로부터 나오면 삶이고 들어가면 죽음이기에 사람이 태어나면 출생신고를 하고, 대부분 사람들이 죽음을 싫어하기에 사람이 죽으면 입사(入死)했다는 말 대신 돌아가셨다고 표현한다. 즉 왔던 곳으로 되돌아갔다는 뜻으로 입사(入死)와 동일한 의미이지만 죽음이라는 직설적인 표현을 꺼렸던 것이다.

삶의 방향으로 갈 수 있는 사람이 인위적인 원인으로 죽음의 길로 접어든 사람도 3할이라고 했다. 이들은 아직 더 살 수 있는데 스스로 사지(死地)를 향해서 달려가고 있지만 정작 본인은 모르고 있으니 안타까운 일이다. 거기에 비해서 섭생을 잘하는 사람은 죽을 곳을 알아 피할 수 있다는 것이다.

섭생을 잘하기 위해서는 출세나 성공을 위해 무리하지 않고 소박한 즐거움에 만족하는 삶을 살아야 한다. 남들에게 보여주기 위한 삶의 양(量)을 키우기 위해 노력하기 보다는 자신의 삶의 질(質)을 높이기 위해 노력하는 것이다. 자신의 삶의 질을 높이는 데는 남과의 경쟁이 없이도 가능하고, 원한을 살 필요가 없고 무리할 필요가 없다. 살아가면서 경쟁을 줄이고 삶에서 무리를 하지 않기 때문에 죽을 곳에 갈 확률을 줄일 수 있다고 본다.

餘說

춘추전국시대는 전쟁으로 수많은 사람들이 매순간마다 생사의 갈림길을 오가는 시대상황이었다고 본다. 언제 자신에게 어둠의 그림자가 밀려올지 몰라 불안에 떨고 있는 사람들에게 제대로 섭생만 하면 살 수 있다는 주장은 큰 위안이 되었을 것이다.

외뿔소, 호랑이, 적군이 섭생을 잘하는 사람을 알아보고 도를 열심히 닦은 사람이라고 해서 그냥 두지는 않았을 것이다. 천지신명의 도움으로 어떤 상황에서 구원되는 방식으로 접근한다면 이는 도가사상(道家思想)이 아니라 도교이념(道敎理念)이 된다. 삶의 방법과 살아가는 자세를 논하는 것이 아니라 어떠한 신통력을 믿게 되는 종교의 영역이 되는 것이다. 어쩌면 이 50장은 양생술을 포괄하는 도교가 시발되는 근거로 삼을 만하다고 볼 수도 있겠다.

공자는 아침에 도(道)를 들으면 저녁에 죽어도 좋다고 했다(朝聞道 夕死可矣). 석가모니 같은 선인은 설산(雪山)에서 수행을 하다가 도를 얻기 위해 자신의 몸을 나찰(羅刹, 악귀)에게 주었다. 소크라테스는 사람들의 무지(無知)를 자각시키려다가 죽임을 당했다. 이들은 모두 도(道)를 목숨보다 소중한 보물과 같이 여기며 자신도 실행하고 남도 실행하기를 바랐다.

도와 덕의 존귀함

왕필통행본 제55장

原文

含德之厚, 比於赤子. 蜂蠆虺蛇不螫, 猛獸不據, 攫鳥不搏.

骨弱筋柔而握固, 未知牝牡之合而全作,[13] 精之至也.

終日號而不嗄, 和之至也. 知和曰常, 知常曰明.

益生曰祥, 心使氣曰强, 物壯則老, 謂之不道, 不道早已.

直譯

含德之厚 比於赤子
함 덕 지 후 비 어 적 자
마음에 덕을 두텁게 품은 사람은 어린아이에 비유할 수 있다.

蜂蠆虺蛇不螫
봉 채 훼 사 불 석
(갓난아이는) 벌, 전갈, 살무사도 (독을) 쏘지 않고,

猛獸不據 攫鳥不搏
맹 수 불 거 확 조 불 박
맹수가 물어뜯지 않고, 사나운 새도 낚아채지 않는다.

骨弱筋柔而握固
골 약 근 유 이 악 고
뼈는 약하고 근육이 부드러워도 손아귀로 쥐는 힘은 견고하고,

未知牝牡之合而全作
미 지 빈 모 지 합 이 전 작
암수의 교합을 알지 못해도 온전함을 짓는 것은,

精之至也
정 지 지 야
그 정기의 지극함이다.

終日號而不嗄 和之至也
종 일 호 이 불 사 화 지 지 야
종일 울어도 목이 쉬지 않는 것은, 조화의 지극함이다.

知和曰常 知常曰明
지 화 왈 상 지 상 왈 명
조화를 아는 것을 본연이라 하고, 본연을 아는 것을 밝음이라 한다.

益生曰祥
익 생 왈 상
삶에 있어 (이익을) 늘리는 것을 상서로움이라 하고,

心使氣曰强
심 사 기 왈 강
마음으로 기력을 부리는 것을 강하다고 하거니와,

物壯則老
물 장 즉 노
만물은 장성하면 곧 노쇠하게 되니,

謂之不道 不道早已
위 지 부 도 부 도 조 이
이것은 도에 어긋난다고 하며, 도가 아닌 것은 일찍 끝난다.

마음에 덕을 두텁게 품은 사람은 갓난아이에 비유되며, 무엇을 위하는 욕심이 없어 만물의 본성을 해치지 않으니, 만물도 덕을 품은 자를 해치지 않는다. 갓난아이는 벌, 전갈, 살무사가 독을 쏘거나 물려고 하지 않고, 땅에 사는 맹수가 물어뜯지 않고, 하늘에 날아다니는 사나운 새도 낚아채지 않는다.

갓난아이의 뼈는 약하고 근육이 부드러워도 쥐는 것이 견고한 것처럼, 덕을 품은 자는 유약해 보여도 참된 본성을 견고하게 간직하고 있으며, 갓난아이가 암수의 교합을 알지 못하지만 고추가 빨딱빨딱 서는 것 같이 온전함을 짓는 것처럼 위함과 욕망이 없이 덕을 품고 있는 자는 늘 온전하다. 그것은 몸에 정기가 가득하기 때문이다. 갓난아이가 온종일 울어도 목이 쉬지 않는 것처럼, 덕을 품은 자는 설령 온종일 무엇을 하더라도 지치지 않는다. 이것은 몸과 마음에 조화가 가득하기 때문이다. 조화를 아는 것을 본연(평상심)이라 하고, 평상심을 아는 것을 깨달음(明)이라 한다.

삶에 있어 이익을 늘리는 것은 기복행위(祥)에 불과하고, 마음으로 기력을 부리는 것은 강해지려는 욕심에 불과하다. 만물은 강하고 장성하면 곧 늙고 쇠하게 되는 것이 이치이니, 도라 말할 수 없다. 도가 아닌 것은 오래가지 못한다.

이 55장에서는 어린아이의 때 묻지 않은 순수함을 도(道)와 덕(德)에 비유하면서 그 존귀함을 칭송하고 있는데, 적자(赤子)는 10장과 28장에 나오는 영아(嬰兒)와 같은 의미이다.

도(道)와의 온전한 조화야말로 영원하고 변함없는 절대상태에 머무는 것임을 아는 것이 깨달음의 지혜라고 본다면, 자기 이득만 챙기는 삶은 불행을 야기하는 재앙이며 마음을 그 기분의 움직임에 따르게 되면 개인성향을 키우는 것이 되고 만다. 이미 세상의 풍파를 경험하면서 욕심이 없는 어린아이의 순수함을 오래전에 잃어버린 사람들에게 각성을 일깨우고 있다.

암수의 교합을 알지 못해도 온전함을 짓는 것은 정기의 지극함이라는 표현을 알기 쉽게 풀이하자면 남녀의 교합은 아직 모르고 있지만 그 생식기(고추)는 빨딱빨딱 일어서고 있다는 것은 기(氣)가 순순하고 가득하기 때문에 나타나는 현상이기에 이를 온전함을 짓는다고 표현한 것이다. 온전함을 짓는다는 것은 단순히 고추가 서는 것 이상을 표현하고 있는 문구이다. 암수의 교합은 고추를 세워야 할 수 있는 것인데, 이러한 생각이 없는 갓난아이에게서 쉽게 관찰할 수 있는 것이 고추가 서는 현상이다. 암수의 교합을 알지 못하지만 온전함을 짓고 있는 갓난아이와, 위함과 욕망을 갖지 않고 덕을 품고 있는 깨달은 사람의 이미지를 겹쳐 사유(思惟)해 본다면 절묘한 비유라고 할 수 있을 것이다.

온종일 울어도 목이 쉬지 않는 것은 조화의 지극함이라는 표현에서 "종일 울어도 목이 잠기지 않는다."로 직역했지만, 그 의미는 "덕을 품은 자는 설령 온종일 무엇을 하더라도 지치지 않는다."로 의역할 수 있다. 덕을 두텁게 품은 자는 갓난아이에 비유된다고 언급했지만, 궁극적으로 말하고 싶은 것은 갓난아이의 속성이 아니라 덕을 품은 자에 대한 것이다. 쥐는 힘의 견고함, 온전함을 짓는 기운, 목이 잠기지 않는 건강함은 모두 덕을 품은 자에 대한 표현이다.

어린아이의 무지와 무욕을 본받지 못하고 부자연스러운 것은 부질없는 것일 뿐이다. 사내 갓난아이는 아직 마음마저 없는 순수한 상태이기 때문에 그 고추가 서는 것은 성욕과는 무관하며 자라는 과정에서 나타나는 생리현상이다. 이러한 생리현상은 건강한 성인 남자도 마찬가지로, 잠을 자고 있는 무의식상태에서 3~5회 정도 발기한다고 알려져 있다.

"조화를 아는 것을 본연이라 하고, 본연을 아는 것을 밝음이라고 한다."와 비슷한 문구로 16장에서는 "천명의 회복을 평상심이라 하고, 평상심을 아는 것을 깨달음이라 한다(復命曰常, 知常曰明)."로 표현해 놓았다. 조화를 아는 것(知和)과 천명의 회복(復命)이라는 것은 공히 평상심이라고 말하고 있지만, 이 둘이 같다는 것을 의미하지는 않는다. 모름지기 어른들은 어린아이의 무지무욕과 순진무구함으로 돌아가 조화로운 도(道)와 하나 될 때 참다운 자유인이 될 수 있다.

만물은 장성하면 곧 노쇠하게 되니, 이것은 도에 어긋난다고 하며, 도가 아닌 것은 일찍 끝난다고 하였다. 따라서 노자의 도는 만물이 성장하더라도 늙지 않아야 하므로 신선사상과 그 맥이 이어진다고 볼 수 있다.

餘說

아래의 시는 영국의 계관시인 윌리엄 워즈워드(William Wordsworth)의 〈Rainbow(무지개)〉다.

My heart leaps up when I behold
A rainbow in the sky:
So was it now I am a man,

So be it a

when I shall grow old,

Or let me die!

The Child is father of the Man :

And I could wish my days to be

Bound each by natural piety

"하늘의 무지개 바라볼 때면

나의 가슴 설렌다.

내 어린 시절에 그러했고

나 어른이 된 지금도 이러하거니

나 늙어진 뒤에도 제발 그래라.

그렇지 않다면 나는 죽으리!

어린이는 어른의 아버지니라.

바라기는 내 목숨의 하루하루여

천성의 자비로써 맺어지거라."

이 시에서 어린이가 어른의 아버지라는 것의 의미는, 어른이 어린이의 해맑은 동심으로 돌아가야 한다는 뜻으로 해석할 수 있다. 워즈워드의 이 시를 읽어보면 나이가 많아질수록 어린아이의 동심으로 되돌아가라는 내용이 뚜렷한 주제를 이루고 있기 때문에 어린이가 어른의 모범이 된다는 사실을 강조하고 있다. 늙어가면서도 어린이의 때 묻지 않은 순수함을 배워야 한다는 의미다. 어린아이의 지성(至性)의 무욕(無慾)을 도(道)와 덕(德)의 진수로 보는 노자의 발상은 시공(時空)을 초월하여 워즈워드의 시세계와 공감을 이루고 있다.

도의 목적과 방편
왕필통행본 제 62장

原文

道者萬物之奧, 善人之寶, 不善人之所保.

美言可以市. 尊行可以加人. 人之不善, 何棄之有.

故立天子, 置三公, 雖有拱(之)璧以先駟馬,[14] 不如坐進此道.

古之所以貴此道者何. 不曰以求得,[15] 有罪以免耶. 故爲天下貴.

直譯

道者萬物之奧
도 자 만 물 지 오
도라는 것은 만물의 깊은 곳에 있는데,

善人之寶 不善人之所保
선 인 지 보 불 선 인 지 소 보
(도가) 선한 자의 보배가 되고, 선하지 않는 자에게는 보호막이 된다.

美言可以市
미 언 가 이 시
아름다운 말은 저잣거리에서 높게 평가되고,

尊行可以加人
존 행 가 이 가 인
(선인의) 존중하는 행동은 사람들에게 (영향을) 미칠 수 있으니,

人之不善 何棄之有
인 지 불 선 하 기 지 유
착하지 않은 사람이라도 어찌 버리겠는가?

故立天子 置三公
고 입 천 자 치 삼 공
그러므로 천하를 세우고 삼공을 둠에 있어,

雖有拱璧 以先駟馬
수 유 공 벽 이 선 사 마
비록 커다란 구슬을 가지고 사두마차로 먼저 존재감이 있어도

不如坐進此道
불 여 좌 진 차 도
앉아서 도를 진상하는 것만 못하다.

古之所以貴此道者何
고 지 소 이 귀 차 도 자 하
옛날부터 이 道를 귀하게 여긴 까닭은 무엇인가?

不曰以求得 有罪以免邪
불 왈 이 구 득 유 죄 이 면 야
(道는) 구하면 얻고, 죄가 있어도 면할 수 있다고 말하지 않던가?

故爲天下貴
고 위 천 하 귀
그러므로 세상에서 (道가) 귀한 것이다.

意譯

　도(道)라는 것은 드러나지 않지만 만물 각각의 깊은 곳에 있는데, 선한 자에게는 도가 보물 같은 인생의 목적이 되고, 착하지 않는 사람에게

는 보호막 같은 인생의 수단이 된다. 아름다운 말은 세상살이에서 높게 평가되고, 존중하는 행동은 사람들에게 영향을 미칠 수 있기에 착하지 않은 사람이라도 보호막을 만들기 위해 도를 어찌 버릴 수 있겠는가?

그러므로 천자가 즉위하고 삼공을 설치할 때, 비록 먼저 옥을 바친 다음 사두마차로 끄는 수레를 바치는 의식을 거행하지만, 이는 가만히 앉아서 도(道)를 진상(進上)하는 것보다 못하다는 것이다.

옛날부터 이 도(道)를 어찌하여 귀하게 여겨왔을까? 그것은 도는 구하면 얻을 수 있고, 죄가 있어도 면할 수 있다고 말하지 않던가? 즉 도를 따르면 만물의 본성을 해치지 않기 때문에 구하는 것을 얻고, 참된 본성을 따르기 때문에 죄가 있어도 벗어날 수 있게 된다. 그러므로 세상에서 도가 귀한 것이다.

解說

이 62장에서는 사람들이 일반적으로 생각하는 진실로 존귀한 것은 높은 관직이나 말을 잘하거나 행동을 귀하게 하는 것이 아니라, 도를 따르고 실천하는 것이라고 언급하고 있다.

첫 구절의 도(道)라는 것은 만물의 깊은 오묘한 곳에 있다고 하였다. 오(奧)는 집안에서 조상들의 위패를 모시는 장소를 뜻하며 마을 또는 나라의 중심지나 신성한 장소를 말하는 것이다.

도(道)가 선한 자에게 있어서는 보물이 되고, 선하지 않은 자에게는 보호막이 된다고 하였다. 어떻게 선하지 않은 자에게 道가 보호막이 될 수 있는지에 대한 근거로는 아름다운 말(言)이 시장거리에서 높이 평가될 수 있다는 것과 남을 존중하는 행위는 사람들에게 좋은 영향을 미칠 수 있다는 것을 들었다. 이 표현은 겉으로 아름답게 나타나는 말과 그 행위 속에도 추함이 들어있다는 뜻도 된다. 하지만 자신의 이익을 취하기 위한 행위이더라도 결과적으로는 남들에게 신뢰를 얻게 되어, 불리할 때 위기를 면하게 해주는 보호막이 된다는 것이다. 결과적으로 자신에게 이익이 되는 길이 남에게 아름다운 말을 하는 것이며 남을 존중하는 행위라는 것을 알게 되니, "선하지 않는 자라 하더라도 어찌 도를 버리겠는가."라고 말하는 것이다.

보통은 세상을 살아가면서 힘이 있는 자에게 선물을 바침으로써 그 자에게 보호막 역할을 기대하기 마련이다. 그런데 여기서는 보호막이 필요하면 그렇게 하는 것보다 가만히 앉아서 도를 닦아 나아가는 것이 낫다고 하였다. 자신의 이익을 앞세우는 선하지 않는 자에게 자신의 이익을 위해 쌓은 신용은 자신의 보호막이 된다. 이 이치를 옛사람들도 잘 알고 있어, 도(道)를 귀하게 여겨 도로써 이득을 구할 수 있고, 잘못이 있어도 보호막으로 인해 면할 수 있는 것이다.

"착하지 않은 사람이라도 어찌 버리겠는가?"라는 이 구절은 강한 부정의 의미를 담은 의문문이다. 다시 말해 그것은 버릴 수 없다는 것이다. 그래서 불선(不善)은 버릴 곳도 없고 줄 사람도 없다는 것이다.

천하를 세우고 삼공을 둠에 있어 비록 구슬을 가지고 네 마리의 말이 이끄는 마차로 먼저 존재감이 있어도 앉아서 도를 닦는 것만 못하다는 뜻은, 천자를 세우고 삼공을 두는 것은 다 천하를 안정시키고 나라를 위하고자 하는 일인데, 이런 목적이라면 정작 공을 높이 세우는 것보다 앉아서 도를 수행하여 진전시키는 것이 훨씬 낫다는 말이다. 천자와 삼공이 아무리 권세로 천하를 다스려도 사람들의 불선(不善)함을 다 교화하고 그것을 버리게 할 수는 없다. 오직 도(道)만이 구하면 얻을 수 있고, 설령 불선하여 죄를 지었다 해도 그것을 벗게 해줄 수 있기 때문에 도야말로 천하에서 귀한 것이 된다.

결국 천자나 삼공도 할 수 없는 것을 도는 할 수 있다는 것이다. 도는 선을 추구하기도 하지만 그로써 불선을 버릴 수 있기 때문에 실로 귀한 것이다.

餘說

죄 있는 사람이 도(道)를 얻으면 죄 사함을 받을 것이고, 외로운 사람이 도를 얻으면 외롭지 않을 것이다. 그러므로 세상에서 도가 가장 귀한 것이다. 자연계로부터 만물이 나올 때 그 무엇도 예외 없이 도(道)로 말미암아 나오게 마련이다. 도에 따라 나오고 도에 따라 생명을 영위하며 도에 따라 이 세상에서의 인연을 마치고 저세상으로 가는 것이 만고 불변의 자연법칙이다.

삶에 있어서 자연법칙에 어긋나는 삶을 살아갈 경우 새로운 길로 들어설 수도 있다. 하지만 도를 벗어나 길이 아닌 곳으로 갈 경우에는 목적지에 도달하기 전에 이미 추락하게 될 것이다. 그럼에도 어느 길로 가야 할지에 대해 알아보려는 구도(求道)의 노력 없이 또한 별다른 고민 없이 막연한 생각으로 헤매거나 자욱한 안개 속을 방황하는 이들이 적지 않다고 본다. 설령 노력을 통해 길을 찾아가야 할 길로 들어섰을지라도 끊임없이 그 길을 닦으면서 도를 지속적으로 행하여야 목적지에 도달하게 될 것이고, 비로소 더욱 차원 높은 세계로 통하는 새로운 길로 들어설 수 있을 것이다.

무위無爲와 무사無事의 의미
왕필통행본 제63장[16]

爲無爲, 事無事, 味無味, 大小多少, 報怨以德. 圖難於其易, 爲大於其細.
天下難事, 必作於易, 天下大事, 必作於細. 是以聖人, 終不爲大, 故能成
其大.
夫輕諾必寡信, 多易必多難. 是以聖人猶難之, 故終無難矣.

直譯

爲無爲 事無事
위 무 위 사 무 사
할 일이 없는 것 같을 때 행하고, 일이 없을 때 일을 하며,

味無味
미 무 미
맛을 느끼지 못할 때 맛봐야 한다.

大小多少 報怨以德
대 소 다 소 보 원 이 덕
작아도 크게 보고 적어도 많게 보며, 원한을 갚는 것은 덕으로 하라.

圖難於其易
도 난 어 기 이
어려운 일을 도모하려거든 쉬운 것부터 도모하고,

爲大於其細
위 대 어 기 세
큰일을 하려거든 작은 것부터 처리하라.

天下難事 必作於易
천 하 난 사　필 작 어 이
이 세상 모든 어려운 일이란 쉬운 일부터 시작되고

天下大事 必作於細
천 하 대 사　필 작 어 세
세상 큰일은 다 자잘한 일에서 커지는 것이다.

是以聖人 終不爲大
시 이 성 인　종 불 위 대
그래서 제대로 된 사람은 커지도록 두지 않고 그전에 마쳐

故能成其大
고 능 성 기 대
그리하여 큰일을 능히 이룬다.

夫輕諾必寡信
부 경 락 필 과 신
무릇 가벼이 응락하는 이의 말은 믿음이 적은 것이고,

多易必多難
다 이 필 다 난
(처음에) 너무 쉬우면 반드시 많은 어려움을 겪게 된다.

是以聖人 猶難之
사 이 성 인　유 난 지
따라서 제대로 된 사람은 쉬운 일도 오히려 어렵다고 여기므로

故終無難矣
고 종 무 난 의
그런 까닭에 끝내 어려움을 겪지 않는다.

이 63장에서는 노자 사상의 핵심용어 중의 하나인 무위(無爲)와 무사 (無事)가 무엇을 의미하는지를 알 수 있게 하는 설명들이 나온다. 무미 (無味)를 통해 무위와 무사를 짐작할 수 있으며 무미가 무엇을 의미하 는지는 12장을 통해서도 확인할 수 있다.

일을 도모할 때는 인위적 행위를 애초부터 하지 않으려 하고 자연에 어긋나는 일이 처음부터 발생하지 않도록 해야 한다. 세상의 어려운 일 은 반드시 쉬운 것에서 만들어지고 천하의 큰일은 반드시 미미한 데서 부터 비롯된다. 쉽게 생각하여 처리한 것이 많아질수록 어려운 일도 생 기기 때문에 가볍게 허락하는 사람은 반드시 믿음이 부족한 것이다. 그 러므로 제대로 된 사람은 오히려 쉬운 일을 쉽게 허락할 수 없는 것으 로 여기기 때문에 끝까지 어려움에 봉착하지 않는 것이다.

노자는 12장에서 입맛을 돋우는 오미(五味)를 오히려 입을 상하게 한 다고 말하면서 입을 상하게 하지 않는 무미(無味)를 강조했다. 이 말은 맛있는 것을 선호하여 입맛을 까탈스러운 쪽으로 두지 말고 무던한 상 태로 두어 맛없는 것도 맛있게 먹는 것이 좋다는 의미이다.

사람은 미무미(味無味)를 통하여 위무위(爲無爲)와 사무사(事無事)의 의미를 알아낼 수 있다. 맛있는 음식을 자주 먹게 되어 입맛이 고급화 되려 할 때 그것을 계속하면 불행의 길로 들어서게 된다는 것을 알고, 소박하고 맛없는 음식을 맛있게 먹을 수 있는 상태를 유지하려고 노력 하는 것이 위무위(爲無爲)이다. 즉 인위적인 고급 입맛에 물들지 않기 위해 노력하는 것이다. 입이 고급화되어 소박한 음식을 맛있게 먹을 수 없는 사람은 자신의 입을 위해 출세와 성공 등 재물을 모으는 일에 신 경이 쏠리지 않을 수 없다. 이렇게 쌍심지를 켜고 하는 일을 쓸데없다고 여기고 집착하여 일하고자 하는 마음을 억누르는 것이 사무사(事無事)이다.

미무미(味無味)는 상류층에 해당하면 할수록 실천이 쉽지 않다. 그들은 맛있는 음식을 먹을 기회가 많아서 소박한 입맛의 상태를 유지하기 어렵기 때문이다. 입맛이 고급화된 이후에 다시 소박한 음식을 맛있게 먹기는 쉽지 않다. 습관이 아직 버릇이 되기 전에는 쉽게 고칠 수 있지만 버릇이 된 상태에서는 고치기 어렵다.

불행의 원인 중 하나인 원한을 쌓았을 경우도 마찬가지이다. 조그마한 원한을 쌓았을 때 즉시 덕(德)으로써 갚으면 원한을 쉽게 풀 수 있는데, 나중에 원한이 커지고 많아졌을 때 갚으려면 아주 큰 덕을 베풀어도 진정성을 의심받아서 쉽게 풀리지 않는다. 세상의 어려운 일은 반드시 쉬운 데서 만들어지고, 큰일은 반드시 소소한 데서 만들어지기 때문이다.

그러므로 제대로 된 사람은 입맛을 고급화시키는 불행의 씨앗이 크게 될 때까지 놔두지 않기 때문에 능히 큰일을 이룬다. 사회적으로 크게 성공한 사람이 끝내 입맛을 고급화시키지 않고 소박한 상태를 유지하면 주변 사람들에게 크게 신임을 받는다. 여기에 비해 검소하고 소박한 상태를 접어두고 쉽게 입맛을 고급화시키는 것을 허락해서 사치에 물든 사람들은 공익을 위해 일한다는 진정성에 대한 주변 사람들로부터의 믿음이 부족하게 되어 결국 난관에 봉착하게 된다.

제대로 된 사람은 상류층이 되더라도 자신의 입맛을 고급화시키는 일을 쉽게 허락하지 않고 부귀영화를 쫓는 행위를 하지 않으며, 그것을 차지하기 위한 일을 벌이지도 않는다. 따라서 어려운 일에 봉착하지도 않고 끝내는 큰일을 이루게 되는 것이다.

餘說

보원이덕(報怨以德)의 해석을 하면서 대부분의 저자들이 "원한(원망)을 덕으로 갚는다."는 내용으로 번역하고 있다. 이 구절과 비슷한 문구가 《논어(論語)》〈헌문(憲問)〉편 제14에 다음과 같이 나온다.

或曰 以德報怨 何如. 子曰 何以報德. 以直報怨 以德報德.
혹왈 이덕보원 하여 자왈 하이보덕 이직보원 이덕보덕

"어떤 사람이 말하길,
덕으로써 원망을 갚는데 어떻습니까?
공자 가라사대, 그렇게 하면 덕은 어떻게 갚을 것인가?
올곧음으로 원망을 갚고, 덕은 덕으로 갚아야 한다."

올곧음으로 원망을 갚는다 함은 원칙과 법으로 정의를 세워 공평해야 한다는 의미이다. 이 얼마나 현실적이고 세속적인 표현인가. 보원이덕(報怨以德)이란 표현은 일반적으로 노자가 공자보다 앞선 세대를 살았다고 보기에 공자가 노자의 문구를 인용했다고 볼 수도 있겠지만 확실한 근거를 찾지는 못했다.

보원이덕이란 이 문구는 《신약성서》의 〈마태복음〉 5장 44절의 "네 원수를 사랑하라"는 것과 맥락을 같이 한다고 본다. 이 문구는 성경 내용 중 가장 실천하기 어려운 것 중의 하나일 것이며, 용서의 미덕을 표현하는 글로 사람들에게 자주 회자(膾炙)된다. 어쩌면 용서하기에 앞서 원수를 사랑함으로써 적을 만들지 않는 것에 더 가치가 있다고 본다.

이 세상을 백성들로 하여금 원한을 갖지 않게 다스린다면 그 사회는 평온하게 흘러가게 된다. 원한을 덕으로 갚는다는 것은 단순하고 세속적인 것이 아니라, 덕을 베풀어 백성들에게 원한이 생기지 않게 하는 것

이다. 혹여 보원이덕(報怨以德)이란 문구가 후대에 누군가에 의해 가필(加筆) 되었거나 미처 노자의 의중을 다 살피지 못했다 할지라도, 노자를 연구하는 학자라면 마땅히 그 의도를 벗어나지 말아야 할 것이다.

구도자 求道者 의 수행과정과 자세
왕필통행본 제64장

原文

其安易持,¹⁷ 其未兆易謀, 其脆易泮, 其微易散. 爲之於未有, 治之於未亂.

合抱之木, 生於毫末, 九層之臺, 起於累土, 天理之行, 始於足下.

爲者敗之, 執者失之. 是以聖人, 無爲故無敗, 無執故無失.

民之從事, 常於幾成而敗之. 愼終如始, 則無敗事.

是以聖人, 欲不欲, 不貴難得之貨, 學不學, 復衆人之所過.

以輔萬物之自然, 而不敢爲.

直譯

其安易持
기 안 이 지
(마음이) 안정되어 편안함이 유지되면,

其未兆易謀
기 미 조 이 모
(생각이) 일어나기 전에 편안함이 꾀해져야 하며,

其脆易泮
기 취 이 반
마음이 가볍게 들떠서 갈라지면,

其微易散
기 미 이 산
생각이 미세하게 일어나 편안함이 흐트러지게 되며,

爲之於未有
위 지 어 미 유
행함은 생각이 아직 나오지 않을 때에 해야 하고,

治之於未亂
치 지 어 미 란
마음 다스림은 생각이 어지럽게 움직이기 전에 해야 한다.

合抱之木 生於毫末
함 포 지 목 생 어 호 말
아름드리 나무도 털끝 같은 새싹에서 자라난 것이고,

九層之臺 起於累土
구 층 지 대 기 어 누 토
9층의 누대도 한 삽 흙에서부터 쌓은 것이며,

千里之行 始於足下
천 리 지 행 시 어 족 하
천릿길도 두 발바닥에서부터 시작된다.

爲者敗之
위 자 패 지
억지로 수행하면 실패하게 되고,

執者失之
집 자 실 지
어거지로 붙잡으려 하면 잃게 된다.

是以聖人 無爲故無敗
시 이 성 인 무 위 고 무 패
그럼으로 깨달은 사람은 행하지 않음으로 실패하지 않고,

無執故無失
무 집 고 무 실
억지로 붙잡으려 하지 않으니 놓치지도 않는다.

民之從事 常於幾成而敗之
민 지 종 사 상 어 기 성 이 패 지
사람들은 일을 할 때 항상 거의 다 성취한 상태에서 실패한다.

愼終如始
신 종 여 시
처음 시도할 때처럼 마무리도 조심하면

則無敗事
즉 무 패 사
실패하는 일은 없을 것이다.

是以聖人 欲不欲
시 이 성 인 욕 불 욕
이런 까닭에 깨달은 사람은, 무욕을 바라므로,

不貴難得之貨
불 귀 난 득 지 화
얻기 어려운 재화를 귀하게 여기지 않으며,

學不學
학 불 학
가르침 아닌 가르침으로,

復衆人之所過
복 중 인 지 소 과
사람들이 지나쳐버리는 허물을 돌이키도록 도와준다.

以輔萬物之自然
이 보 만 물 지 자 연
(성인은) 만물이 스스로 있는 그대로 되도록 도와주고,

而不敢爲
이 불 감 위
억지로 행하려고 하지 않는다.

이 64장은 구도자(求道者)의 수행과정과 자세에 대하여 언급하고 있으며 앞부분(其安易持~始於足下)에서는 유위(有爲)의 기본수행을 하고 있는 수행자들에게 생각이 나오기 이전의 무심 상태에서 안정되게 머물러 있어야 된다는 가르침이며, 뒷부분(爲者敗之~而不敢爲)은 마지막 절대바탕의 도에 근접한 구도자(求道者)에게 일러주는 내용으로서, 오직 무위지위(無爲之爲)가 되어야 최종 절대 본체에 안주할 수가 있다고 충고하고 있다.

노자는 모든 지식과 수행마저 버려야만 도에 진입할 수가 있다고 일러주고 있다. 도를 추구하는 과정에서 초기에는 의도적인 수행을 하게 되는데, 이 의도적인 수행에서도 '나'라는 생각이 나오기 이전의 편안한 상태에 머물러 있어야 한다. 수행은 생각이 아직 나오지 않을 때 해야 하며 이 경우는 바로 '나'라는 느낌조차 없는 상태를 말한다. 그래서 기초를 닦고 수양을 하려는 사람들은 아무것도 알 수 없는 내면으로 들어가는 방법을 익혀야 한다. 수양하는 사람이라면 육체와 마음, 현상세계가 무지(無知)로부터 비춰진 환상이라는 것을 명확하게 이해할 수 있어야 한다. 그래야 생각이 나오기 이전에 안정되게 머물 수가 있는 것이다.

마음의 다스림은 생각이 아직 어지럽게 움직이지 않을 때 해야 한다. 생각의 다스림이란 쓸데없는 망상에 휩쓸리지 않는 것이다. 대부분의 사람들이 마음속에서 나오는 망상과 대상에 대한 집착으로부터 헤어나지 못하고 끌려다니기 십상이다. 집착과 망상으로부터 자유로워지려면 망상이 나오기 이전에서 머물러 있어야 한다. 첫 생각이 나오기 이전에 머물러 있으면 망상에서 벗어나 있는 것인데, 그 첫 생각이라는 것이 바로 '나'라는 개체적 정체성을 일컫는다. 즉 아무것도 모르는 내면으로

부터 깨어있어야 한다는 것이다.

아름드리 나무도 처음에는 마치 털끝과 같은 어린 싹에서부터 나오 듯이, 9층탑도 처음에는 한 삽의 흙부터 쌓아올렸고 천릿길도 두 발바 닥에서부터 시작되는 법이다. 구도(求道) 수행은 마음이 나타나기 이전 의 무지상태, 즉 '나'라는 생각이 나오기 이전의 무심 상태에서 안정적 으로 머무르는 수행을 하라는 것이다. 이 시점부터는 유위(有爲)의 수행 을 넘어선 구도자들에게 가르쳐 주는 무위지위(無爲之爲)이며, 절대본체 에 안주하기 위한 가르침이라고 볼 수 있겠다.

일반적으로 도를 닦는 행위를 수행이라고 하며, 여러 가지 명상이나 기도, 요가, 단전호흡 등 많은 실천 방법이 있다. 처음에 도를 구하기 위해서는 엄청난 경전공부와 자기극복을 넘어설 수 있는 무욕수행이 필요하다. 최종적인 깨달음이란 모든 지식과 개념과 모든 속성과 조건 으로부터 완전히 벗어나는 자유를 말한다.

이 자유스러운 무위의 전체상태가 되기 위해서 도를 닦는 것인데, 자 신을 억지로 개인이라고 여기면서 수행을 하고 있는 그 행위 자체 때문 에 그곳에서 벗어나지 못하고 있는 것이다. 도를 얻겠다고 너무 집착하 는 행위야말로 개인의 욕망이며, 그러한 도를 깨우치겠다는 욕망조차 도 내버려야 도를 얻을 수가 있는 것이다.

도를 닦는 사람은 지금 현재 자기 자신이 무엇이 올바른 것이고 무엇 이 그르다는 것인지를 스스로 항상 자각하고 있어야 한다. 구도자가 억 지로 행하지 않으므로 실패하지 않고 구도자가 있는 그대로에 머물러 서 개인의지적인 행위가 의식이 없다면, 도를 얻는 데 실패하지는 않는 다. 왜냐하면 도는 획득하는 것이 아니라, 원래부터 항상 지니고 있는 것이기 때문이다. 애초에 道라는 것부터 무위(無爲) 그 자체다.

외부에서 보기엔 어느 단계까지는 도달했지만 본인 자신은 최종적으로 완벽하게 깨달아야 되겠다는 욕망을 놓지 못하고, 깨달음에 대한 지성적 욕구나 이념 등을 완전히 놓아 버리지 못하기 때문에 훌륭한 지혜가 많더라도 아직 최종적인 깨달음에 도달하지 못한 사람들이 있다. 이런 상황이 바로 깨달아야 되겠다는 욕심을 마지막까지 놓아버리지 못하고 있는 상태다. 다른 말로 아직 '나'를 버리지 못하고 있는 것이다.

한편 그동안 온갖 노력을 해서 목표가 가까이 있는 것처럼 여기면서 긴장이 풀어지게 되면, 지금껏 노력한 보람마저 헛될 수가 있다. 그러므로 마지막도 처음처럼 깨어있어야 된다는 것이다. 그 마지막이라는 것은 바로 모든 것을 놓아버리고, 있는 그대로 무위적으로 되는 것이라고 노자는 반복해서 일러주고 있다.

최종적인 도를 얻는다는 것은 개체적인 내가 사라진다는 뜻이다. 깨달은 사람은 원래 수행을 해서 무욕을 얻은 사람인데, 굳이 새삼스럽게 "무욕을 바란다."라고 되풀이한 것은 아마도 무욕(無欲)의 중요성을 강하게 심어주기 위해 다시 한 번 강조한 것 같다. 깨달은 사람이 의도성을 가지고 능동적인 행위로 그렇게 하는 것이 아니라, 자연스럽게 무위적으로 그런 깨우침을 유도해 준다는 것이다.

餘說

64장은 기본적으로 63장과 그 맥을 같이 한다고 본다. 63장에서는 위무위(爲無爲), 사무사(事無事), 미무미(味無味)가 언급되었는데 64장에는 욕불욕(欲不欲)과 학불학(學不學)이 나온다.

위무위(爲無爲)에서 앞의 위(爲)는 긍정적인 의미인 자연으로의 복귀

(復歸)이고, 무(無) 뒤에 나오는 위(爲)는 부정적인 의미인 인위적(人爲的)인 위(爲)이다. 사무사(事無事), 미무미(味無味), 욕불욕(欲不欲), 학불학(學不學)도 동일한 구조이다. 세 글자 중 뒤의 글자인 인위적인 위(爲), 사(事), 미(味), 욕(欲), 학(學)은 모두 백성들이나 사람들이 더 많이 가지면 가질수록 좋아하는 것들이다. 그들은 이 좋아하는 것들을 통해서 구하기 힘든 재화, 명예, 권력, 지위 등을 지녀 남보다 잘났음을 증명할 수 있다고 믿는다.

그러나 깨달은 사람은 바로 그런 생각이야말로 위태로움의 시작이며 불행의 씨앗이기에 원천 차단하는 것이 중요하다고 말한다. 바로 원천 차단의 방법이 세 글자 중 앞의 글자인 위(爲), 사(事), 미(味), 욕(欲), 학(學)이다.

세 가지 보물 자애 검소 겸양

왕필통행본 제67장[18]

原文

天下皆謂我道大, 似不肖. 夫唯大, 故似不肖, 若肖, 久矣其細也夫.

我有三寶, 持而保之: 一曰慈, 二曰儉, 三曰不敢爲天下先.

慈故能勇,[19] 儉故能廣, 不敢爲天下先, 故能成器長.

今舍慈且勇, 舍儉且廣, 舍後且先, 死矣.

夫慈, 以戰則勝, 以守則固. 天將救之, 以慈衛之.

直譯

天下皆謂我道大 似不肖
천 하 개 위 아 도 대 사 불 초
천하가 모두 말하기를 나의 도는 커서 본받을 만하지는 않다고 한다.

夫唯大 故似不肖
부 유 대 고 사 불 초
무릇 오직 크기에, 그렇기 때문에 잘못된 것이다.

若肖 久矣其細也夫
약 초 구 의 기 세 야 부
만약 본받을 만하다면 오래갈 뿐이고 세분되어 있다.

我有三寶 持而保之
아 유 삼 보 지 이 보 지
나에게도 세 가지 보물이 있어 지키고 보존하는데,

一曰慈 二曰儉
일 왈 자 이 왈 검
첫째는 자애이고, 둘째는 검소이며

三曰不敢爲天下先
삼 왈 불 감 위 천 하 선
셋째는 감히 천하에 앞서려 하지 않는 것이다.

慈故能勇 儉故能廣
자 고 능 용 검 고 능 광
자애롭기에 용감할 수 있고, 검소하기 때문에 넓어질 수 있고,

不敢爲天下先 故能成器長
불 감 위 천 하 선 고 능 성 기 장
감히 천하에 앞서려 하지 않기에, 됨됨이를 키워 이룰 수 있다.

今 舍慈且勇
금 사 자 차 용
요즘, 자애로움을 버리고 용감하려 하고,

舍儉且廣
사 검 차 광
검소함을 버리고 단지 넓히려 하고,

舍後且先 死矣
사 후 차 선 사 의
뒤로 물러나지 않으면서 단지 앞서려고 하는데, 죽음일 뿐이다.

夫慈 以戰則勝 以守則固
부자 이전즉승 이수즉고
무릇 자애심을 지닌 상태로 싸우면 승리할 수 있고, 지키면 견고해진다.

天將救之 以慈衛之
천장구지 이자위지
하늘이 장차 구제한다면, 하늘은 자애심으로 지켜줄 것이다.

意譯

세상 사람들이 말하기를 나의 도는 크기는 하지만 본받을 만하지는
않다고 한다. 무릇 그들 말대로 나의 도는 무릇 오직 클 뿐, 그렇기 때
문에 잘못된 것이다. 만약 본받을 만하다면 그것은 오래갈 뿐이고, 이
미 세분되어 있다.

나에게도 사람들이 본받을 만한 세 가지 보물이 있어 지키고 보존하
는데, 첫째는 자애이고, 둘째는 검소이고, 셋째는 감히 세상 사람들에
게 앞서려 하지 않는 겸양이다. 자애가 있으므로 용감할 수 있고, 검소
하기 때문에 세력이 넓어질 수 있고, 감히 세상 사람들보다 앞서려 하
지 않는 겸양으로 됨됨이를 키워 이룰 수 있다.

요즘 사람들이 자애를 버리고 단지 용감하려 하고, 검소함을 버리고
단지 세력을 넓히려 하고, 뒤로 물러나지 않으면서 단지 앞에 서려고 하
는데, 이런 도(道)는 죽음일 뿐이다. 무릇 자애심을 지닌 상태로써 싸우
면 승리할 수 있고 지키면 견고해진다. 하늘이 장차 그를 구제한다면,
하늘은 자애심으로 그 사람을 지켜줄 것이다.

이 67장에서는 세 가지 보물(자애·검소·겸양)을 강조하고 있다. 깨달은 자는 자애롭고 검소하며 감히 사람들에게 앞서려 하지 않는 겸양을 견지하는데, 사람들은 이와는 반대로 위세를 부리며, 사치와 낭비를 일삼고, 싸워서라도 두각을 나타내고자 한다. 결론적으로는 하늘이 장차 사람을 구제할 때에는 자애심으로 지켜줄 것이라고 강조하고 있다.

깨달은 자가 추구하는 도(道)와 세간의 도를 큼(大)과 미세함(細)으로 잘 드러내고 있으며, 도(道)를 실천적인 의미에서 세 가지 보물(三寶)로 구체화시키고 있다. 이 삼보는 사람들이 본받을 만한 삶의 본보기를 제시한 것이다.

먼저 세상 사람들이 말하기를 깨달은 자의 도는 크기는 하지만 본받을 만하지 않다고 하는 문구로 시작된다. 세간의 도는 본받을 만한 데 비해 깨달은 이의 도는 큰 것 같기는 하지만 본받을 만한 구체적인 것이 없다는 평가가 그 시대 상황이었다고 본다. 그래서 만약 본받을 만하다면 그것은 오래갈 뿐이고, 이미 세분되어 있다고 주장했다.

세상 사람들의 생각에 대해 깨달은 사람은 세상 사람들에게 자신의 도를 보고 본받을 수 있는 세 가지(慈·儉·謙)를 세상 사람들이 실천할 수 있는 덕으로 제시했다. 나에게도 사람들이 본받을 만한 세 가지 보물이 있어 지키고 보존한다고 주장하면서 세상 사람들이 보배로 삼아도 되는 이유를 밝혔다.

자애가 있으므로 용감할 수 있고, 검소하기 때문에 세력이 넓어질 수 있고, 세상 사람들 앞에 서지 않는 겸양으로 됨됨이를 키워 수장이 될 수 있다고 한 것이다. 자녀를 보살피고 훌륭하게 키워내고자 하는 어머니의 마음이 자애이다. 검소는 겉치레하지 않는 수수함을 의미하며 화려함과 사치와는 대척점이다. 세상 사람들보다 앞서려 하지 않는 겸양으로 남들의 밑에 있으려 하고 남보다 뒤에 서려고 한다면 결과적으로 남보다 위에 있게 되고 남 앞에 서게 되는 것이다. 그런데 요즘 사람들이 자애를 버리고 오직 용감하려 하고, 검소함을 버리고 세력을 넓히려 하고, 뒤로 물러나지 않으면서 앞에 서려고 하는데, 이러한 道는 죽음일 뿐이라고 지적하고 있다.

餘說

유룡(猶龍, 마치 龍과 같다)이라고 했다. 이 말은 공자(孔子)가 노자(老子)를 처음 만나고 한 인물평이다. 용(龍)은 들여다보아도 정체를 알 수 없듯이, 사람의 지혜(知慧)와 학문(學問)이 심오(深奧)해 그 마음 저변을 알 수가 없을 때에 쓰는 말로 통용된다.

춘추시대(春秋時代)에 공자가 주(周)나라에 가는 기회에 노자를 찾아 인사를 했다. 장수한 노자가 말년에 이르렀을 때 젊은 공자가 찾아와 한 수 배우기를 청하였던 것이다.

그때 노자가 말하기를,

"자네가 흠모하는 군자(君子)는 이미 몸이며 뼈가 썩어빠져 지금은 그 남긴 말만 남아 있을 뿐이다. 내가 듣기로는 현명한 장사꾼은 상품을 깊숙이 숨겨 없는 것처럼 보이고, 군자는 뛰어난 재덕(才德)을 몸속 깊이 감추고 외모는 어리석게 보이는 법이다. 그대도 다욕(多欲)과 고만(高慢)과 잘난 체함과 미혹(迷惑)한 마음을 버려라. 내가 그대에게 할 말은 이것뿐일세."

    노자의 교훈은 언제나 교만하지 말고, 뽐내지 말고, 만족함을 알며,
쾌락을 멀리하라는 것이다.

    공자는 물러나서 제자들에게 노자의 인물평을 하기를,

吾今日見老子 其猶龍邪
오금일견노자 기유용사

"새는 날 수 있고, 고기는 헤엄칠 수 있으며, 짐승은 달릴 수 있다는
것을 나는 알고 있다. 달리는 놈은 그물을 쳐서, 헤엄치는 놈은
낚시로, 나는 놈은 활을 쏘아 잡을 수 있다. 용(龍)은 풍운(風雲)을
만나 하늘에 올라간다고 하나 나는 알 수가 없다. 나는 오늘 노자를
뵈었는데 마치 용과 같더라!"

    이러한 기록은 《사기(史記)》의 〈노장신한열전(老莊申韓列傳)〉에 나온다.

말言의 근원과 무지無知
왕필통행본 제 70장

吾言甚易知甚易行, 天下莫能知莫能行. 言有宗, 事有君.

夫唯無知, 是以不我知.[20] 知我者希, 則我者貴. 是以聖人被褐懷玉.

吾言甚易知 甚易行
오 언 심 이 지   심 이 행
내 말은 심히 알기 쉽고, 심히 행하기도 쉬운데도,

天下莫能知莫能行
천 하 막 능 지 막 능 행
세상 사람들이 알 수 없고, 행할 수 없다.

言有宗 事有君
언 유 종   사 유 군
말에는 근원이 있고, 일에는 주인이 있다.

夫唯無知 是以不我知
부 유 무 지 시 이 불 아 지
무릇 알지 못하기 때문에, 자신을 알지 못한다.

知我者希 則我者貴
지 아 자 희 즉 아 자 귀
자신을 아는 자가 드무니, 자신이 귀한 것이다.

是以聖人 被褐懷玉
시 이 성 인 피 갈 회 옥
이로써 성인은 삼베옷을 입었지만, 옥을 품고 있다.

意譯

내가 말하는 도(道)는 심히 알기 쉽고 심히 행하기도 쉬운데도, 세상 사람들이 조급하고 이익 추구에 미혹되어 알 수 없고 행할 수 없는 것 같다. 말하는 도에는 그 전달하고자 하는 핵심과 그 말의 이유가 되는 근원이 있고, 사람마다 맡은 임무가 있으니, 일에는 주인이 있다고 할 수 있다. 세상이 내 말을 들으려 하지 않고 이 이치를 알지 못하기 때문에, 자신이 누구인지 임무가 무엇인지 알지 못하는 것이다. 그 핵심과 근원은 지식이 없어야 알 수 있는데도 사람들은 그 지식에 매달려 있기 때문에 나를 아는 사람이 드물고 나를 본받는 사람도 귀하게 되었다. 그런 까닭에 그 핵심과 근원을 아는 깨달은 사람은 자신을 알고 지키고 있으므로 비록 남루한 삼베옷을 입었지만 그 속에 빛나는 옥을 품고 있는 것이라 하겠다.

이 70장은 말의 근원과 자신을 찾으려 하지 않고, 조급하고 이익 추구에 미혹된 무지의 세상을 한탄하고 있다. 도는 알기 쉽고 행하기 쉬운 것이지만, 사람들은 이원적인 앎에만 매달림으로 근원적인 상태를 이해하지 못할뿐더러 행하지도 못한다고 했다. 그래서 내 말은 심히 알기 쉽고 심히 행하기도 쉬운데도, 세상 사람들이 알 수 없고 행할 수도 없다고 한 것이다.

말에는 근원이 있고 섬김에는 주인이 있는데, 무릇 그 말의 근원과 핵심은 오직 지식이 없어야 알 수 있다. 하지만 세상 사람들은 지식을 지니고 있는데다가, 그 지식을 바탕으로 모든 것을 판단하기 때문에 근원에 대한 핵심을 이해하기가 더욱 어렵게 된다.

모든 말에는 근원이 있다는 문구는 어떤 말이 어떤 경로를 통하여 유포되고 전해지든지 간에 최초로 그 말을 한 사람이 반드시 있다는 것이다. 또한 모든 일에는 그 일에 관련하여 주관 혹은 당사자인 주체가 있다는 것도 언급했다. 따라서 모든 지식도 마찬가지로 자기에 대해 아는 것이 가장 중요하다는 것을 주장하고 싶은 것이다.

그런데도 무지(無知)하여야 한다고 말한 것은 세상의 지식은 자기를 알게 하는 것이 아니기 때문이다. 이 말은 역설적으로 자기 자신에 대하여 아는 것은 소중한 일이기에, 소위 말하는 '무지하여야 하는 것'에 포함되지 않는다. 즉 모든 지식이 다 무가치하고 번거로울 뿐이라 해도 자기 자신을 아는 것만큼은 필요하고 중요하다는 것이다.

출세를 위한 지식을 버렸기 때문에 참다운 공부가 깊은 사람의 겉모습은 소박하지만 그 내면은 마치 보배를 품고 있는 것과 같다. 성인이 그 속에 품고 있는 보옥이란 바로 자기 자신에 대한 성찰이요, 자기에 대한 지식이다. 그런 까닭에 그 핵심과 근원을 아는 깨달은 사람은 자신을 알고 지키고 있으므로 비록 남루한 삼베옷을 입었지만 그 속에는 빛나는 옥을 품고 있다고 했다. 이는 역으로 속세의 현명하다는 지식인들이란 속에는 진실로 가치 있는 것을 품고 있지 못하면서(자기 자신에 대해서는 무지하면서), 겉으로만 화려한 옷(잡스런 지식)을 걸치고 있는 사람이라는 말이 된다.

석가가 밝혀 놓은 부처의 길과 노자가 말하는 성인의 길이 그 본질에서는 조금도 다르지 않은 것이다. 자기가 무엇인지 깨달은 사람이 부처고, 자기 자신을 아는 사람은 모두가 깨달은 사람이다.

餘說

우리가 안다고 하는 것의 판단의 기준에 대하여 《장자》의 〈제물론〉에 나오는 설결과 왕예 간의 질의응답 내용이다.

齧缺問乎王倪曰 子知物之所同是乎
설 결 문 호 왕 예 왈   자 지 물 지 소 동 시 호

曰 吾惡乎知之 子知子之所不知邪
왈 오 오 호 지 지   자 지 자 지 소 부 지 사

曰 吾惡乎知之 然則物無知邪
왈 오 오 호 지 지   연 즉 물 무 지 사

曰 吾惡乎知之
왈 오 오 호 지 지

"설결이 왕예에게 물어 가로되,

세상의 물질이나 일 등은 한가지로 다 그럴만하다고 하는 바가

있음을 아십니까?

가로되, 내가 어찌 알겠소.

그러시다면 선생은 알지 못한다는 것을 아십니까?

가로되, 내가 어찌 알겠소.

그러시다면 세상 물건이나 일에 대해서는 모르십니까?

가로되, 내가 어찌 알겠소."

雖然嘗試言之
수 연 상 식 언 지

庸詎知吾所謂知之非不知邪
용 거 지 오 소 위 지 지 비 부 지 사

庸詎知吾所謂不知之非知邪
용 거 지 오 소 위 부 지 지 비 지 사

"비록 그렇다 하더라도, 시험삼아 말해 봅시다.

내가 말하는 안다고 하는 바가 알지 못함이 아니라는 어떻게 알며,

내가 말하는 알지 못한다는 것이 앎이 아님을 어떻게 알 것인가?"

且吾嘗試問乎女
차 오 상 식 문 호 녀

民溼寢 則腰疾偏死 鰌然乎哉
민 습 침 즉 요 질 편 사 추 연 호 재

木處 則惴慄恂懼 猿猴然乎哉
목 처 즉 췌 율 순 구 원 후 연 호 재

三者孰知正處
삼 자 숙 지 정 처

"내가 당신에게 묻겠소. 사람은 습기가 많은 곳에서 잠을 자면 허리가 아프고 한편을 못 쓰게 되기도 하는데, 미꾸라지도 그렇소? 사람은 높은 나무에 올라가면 떨리고 두려워 정신이 없게 되는데, 원숭이도 그렇소? 이 셋(사람·미꾸라지·원숭이) 중에 누가 바른 처소를 안다고 생각하시오?"

民食芻豢 麋鹿食薦 蝍且甘帶 鴟鴉耆鼠
민 식 추 환   미 록 식 천   즉 차 감 대   치 아 기 서

四者孰知正味
사 자 숙 지 정 미

"사람들은 기른 짐승을 먹고, 사슴과 고라니는 풀을 먹으며, 지네는 새끼 뱀을 달다고 하고, 독수리와 까마귀는 쥐를 좋아 하는데 이 넷 중에 누가 참 맛을 아는 것이냐?"

猿猵狙以爲雌 麋與鹿交 鰌與魚游
원 편 저 이 위 자   미 여 록 교   추 여 어 유

毛嬙麗姬 人之所美也
모 장 려 희   인 지 소 미 야

魚見之深入 鳥見之高飛 麋鹿見之決驟
어 견 지 심 입   조 견 지 고 비   미 록 견 지 결 취

四者孰知天下之正色也
사 자 숙 지 천 하 지 정 색 야

"수컷 원숭이는 암컷 원숭이를, 고라니는 사슴과, 미꾸라지와 물고기는 함께 논다. 모장과 여희는 사람들이 미인이라고 하지만, 물고기들이 그들을 보면 물속 깊이 숨고, 새들은 보면 높이 날아가 버리며, 사슴이 그들을 보면 한사코 달아난다. 이 넷들 가운데 그

누가 이 천하에 가장 아름다운 것을 안다는 것이냐?"

自我觀之 仁義之端 是非之途 樊然殽亂
자 아 관 지 인 의 지 단 시 비 지 도 번 연 효 란

吾惡能知其辯
오 오 능 지 기 변

"내가 보건대, 어질다 의롭다는 기준이나, 옳다 그르다의 갈림이나,
이들 모두는 어지럽게 뒤섞여 있는 것인데, 내가 어찌 그 분별을 능히
알 수 있겠는가?"

장자는 사물의 이치에 대한 판단이라는 것이 모두 그 판단의 주체가
누구이며 무엇인가에 따라 달라질 수 있는 것으로 보았다. 이런 연유로
노자와 장자는 한데 묶여 도교(道敎)라는 종교적 성격이 되고 말았다고
보아야 한다.

알지 못하는 것은 병이다
왕필통행본 제 71장

原文

知不知上, 不知知病. 夫唯病病, 是以不病. 聖人不病. 以其病病.
是以不病.

直解

知不知上
지 부 지 상
이 세상 최고의 덕목은 내가 모른다는 것을 아는 것이고,

不知知病
부 지 지 병
그렇게 알아야 할 것을 모르는 것은 병인 것이다.

夫唯病病
부 유 병 병
무릇 오로지 병을 병으로 알고 있는 것이야 말로

是以不病
시 이 불 병
그렇기 때문에 병이 아닌 것이다.

聖人不病
성 인 불 병
제대로 된 사람은 병에 걸리지 않는 것인데

以其病病
이 기 병 병
그는 그 병을 병으로 알기 때문이다.

是以不病
시 이 불 병
그렇기 때문에 (제대로 된 사람은) 병들지 않는다.

解說

이 71장에서는 지식과 관련되어 제대로 알지 못하면서 잘난 척하는 병에 대해 말하고 있다. 알 수 없는 의식을 넘어 도의 본체를 깨달으면 고귀한 근원이 되지만, 의식 너머에 있는 도의 본체를 깨닫지 못하면 무지의 병에 걸려 있는 상태라고 말할 수 있다. 깨달은 사람이 비정상적인 병의 상태가 아닌 까닭은 의식을 넘어서지 못한 무지상태가 병이라는 것을 스스로 깨우쳤기 때문이다. 따라서 성인은 비정상적인 병의 상태가 아니라고 말하고 있다.

여기서는 자신을 드러내고자 하는 마음을 큰 병폐로 보고 있다. 자신이 남보다 뒤처지지 않고 앞선 위치에 있다는 것을 굳이 나타내고자 하는 마음이다. 앞선 위치에 있으면 뒤처진 사람들로부터 부러움을 살 수 있고, 그 부러움을 살 때 우쭐하면서 살맛이 난다고 생각할 수 있다. 하지만 잘난 체하는 사람은 못난 사람이고, 정말 잘난 사람은 잘난 체하지 않는다. 그래서 알면서도 아는 척하지 않는 것이 가장 좋다. 반대로 알지 못하면서 아는 척하는 것은 병이라고 말한다.

알지 못하면서 아는 척하는 이유는 무식하다는 말을 듣지 않기 위해서이다. 콤플렉스이고 열등감 때문이며, 이는 건강하고 정상적인 사람이 가지는 마음가짐이 아니고 병이다. 많은 사람들이 아는 척하는 사고를 갖고 행동하고 있는 사회를 잘난 체하는 병에 물든 사회라 할 수 있다.

잘난 체하는 병에 걸린 사회에 살면서 그 사회를 잘난 체 병에 물든 사회로 아는 사람은 그 병에 걸리지 않는다. 왜냐하면 이 병은 정신적인 병으로서, 정신을 차리면 자신의 콤플렉스를 극복해서 더 이상 잘난 체하지 않을 수 있기 때문이다. 그래서 이러한 병은 오직 병인 줄 알기만 해도 그것 때문에 병에 걸리지 않는다고 말한다. 그 병을 극복한 자가 바로 제대로 된 사람이다. 제대로 된 사람과 일반인의 큰 차이 중 하나는 잘난 체 병을 병으로 아는가 모르는가 여부에 달려 있다고 본다.

잘난 체하는 것이 뭐 그렇게나 큰 병이냐고 반문(反問)할 수도 있다. 잘난 체하는 사람은 자신보다 못난 사람에 대한 자애가 없다보니 자신보다 못난 사람에게 말이나 행동으로 피해를 준다. 자신이 남보다 잘났음을 드러내기 위해 잘난 체하는 사람이 부리는 사치는 부패한 삶을 초래한다. 남보다 앞서기 위해서 부단하게 고생해야 하는 피곤한 삶을 살게 되어 여유가 없어진다.

이러한 삶은 인생에서 가장 중요하게 여기는 가치를 잃은 상태나 다름없다. 가치를 잃은 개인적인 삶은 인간다운 진정한 행복이 없어진다. 그러한 가치를 잃은 사람이 사회적으로 많아지면 그 사회는 필연적으로 비교우위의 무한경쟁으로 수없는 낙오자를 배출하여 살기가 어렵게 된다. 어찌 이것이 큰 병이 아니겠는가!

진정한 가치를 잃고 잘난 체하는 모습을 병으로 여기는 제대로 된
사람은 그것 때문에 병에 걸리지 않는다. 잘난 체하는 병에 걸린 사람
을 보고 병자인줄 알아야 하고 부러워하거나 시기 질투하지 않으며 오
히려 안타까워해야 한다.

餘說

　장주(莊周, 장자)는 〈대종사(大宗師)〉 편에서 다른 이의 입을 빌리지 아
니하고 자신의 입으로 사람이 안다고 하는 것과 앎의 한계에 대해서
말했다.

知天之所爲 知人之所爲者 至矣. 知天之所爲者 天而生也.
지 천 지 소 위　지 인 지 소 위 자　지 의　지 천 지 소 위 자　천 이 생 야

知人之所爲者 以養其知之所不知 終其天年 而不中道夭者
지 인 지 소 위 자　이 양 기 지 지 소 부 지　종 기 천 년　이 부 중 도 요 자

是知之盛也.
시 지 지 성 야

雖然 有患. 夫知有所待 而後當. 其所待者 特未定也.
수 연　유 환　부 지 유 소 대　이 후 당　기 소 대 자　특 미 정 야

庸詎知吾所謂天之非人乎. 所謂人之非天乎.
용 거 지 오 소 위 천 지 비 인 호　소 위 인 지 비 천 호

"하늘이 행하는 바를 알고, 사람이 행할 바를 아는 사람을 지극한
경지에 이른 사람이라고 한다.
하늘이 행하는 바를 아는 사람은 하늘이 기르는 사람이다.
사람이 행할 바를 아는 사람은 그가 아는 것으로는 모르는 바를
다스려 준 날들을 마치고 중도에 그치지 않으면 이를 앎의 이룸이라

한다.

그렇다 하더라도 걱정은 있는데, 무릇 앎이란 기대는 곳이 있고 기대고서야 맞는 것이다.

하지만 그 기대는 바가 딱히 정해진 것은 없다.

내가 하늘이라고 하는 바가 사람이 아님을 어찌 알 수 있으며 사람이 하늘이 아님을 또 어찌 알 수 있는 것인가?"

인간의 지식이란 절대적인 것은 아니기에 안다는 것은 어디엔가는 의지한다는 말과 같다. 책에 의지하거나 스승에게 의지하거나, 자연에 의지할 수도 있으며, 그 의지하는 바가 매양 같지 않을 수도 있다. 따라서 진정한 앎이란 사람이 진인(眞人)이 되어야만 참다운 앎의 경지에 든다는 것이 장주의 주장이다. 그리고 장자의 주장의 특이한 것은 하늘이라고 하는 것이 사람이 아니라는 확증이나, 사람이 하늘이 아니라고 하는 확증 같은 것은 없다고 보는 견해이다. 즉 '인내천 천내인(人乃天 天乃人)' 사상과 그 맥을 같이한다.

이 장에서는 병(病)이라는 글자가 명사로도 쓰였다가 동사로도 쓰였기에 중복되기도 하여 잘못하면 구구한 해석을 하게 되기도 한다. 진짜 병든 것이 무엇이겠는가? 내가 모른다는 것을 알지 못하는 것, 그것이야말로 진짜 병(病)중에 가장 큰 병(病)이다. 옛날 한자표기 방법대로 쉼표도, 마침표도 없이 모두 붙여 쓰면 읽기가 꽤 힘이 든다. 이 71장만은 띄어 쓰기를 해야 그 뜻이 확연(確然)하게 드러난다.

선^善의 실천은 성인의 덕^德이다

왕필통행본 제79장

原文

和大怨, 必有餘怨, 安可以爲善. 是以聖人執左契, 而不責於人.

有德司契,²¹ 無德司徹. 天道無親, 常與善人.

直譯

和大怨 必有餘怨
화 대 원 필 유 여 원
큰 원망은 화해해도 반드시 남은 원망이 있을 것이니,

安可以爲善
안 가 이 위 선
어찌 이것만으로 선이라 할 수 있겠는가?

是以聖人執左契 而不責於人
시 이 성 인 집 좌 계 이 불 책 어 인
이로써 성인은 좌계를 잡고 타인을 책망하지 않는다. 그렇기에 성인은
좌계를 가지고 있지,

有德司契
유 덕 사 계
덕이 있는 사람은 계를 맡을 뿐이고,

無德司徹
무 덕 사 철
덕이 없는 사람은 계를 맡아 담보로 잡힌다.

天道無親 常與善人
천 도 무 친 상 여 선 인
하늘의 도는 친함이 없고 언제나 착한 사람에게 준다.

意譯

　큰 원망은 화해해도 남은 원망의 찌꺼기가 있기 마련이니, 원망을 화해한 일이 어찌 선이라 할 수 있겠는가? 이를 비유하자면 아무리 친했다고 할지라도 약속의 불이행에 대한 불만이 원망으로 자라는 것인데, 친함이 원망이 되고 원망을 화해하는 것이 어찌 선이라 할 수 있겠는가? 이로써 성인은 원망이 생기지 않게 하기 위해 좌계(채권증서)를 쥐고 있을지라도, 다른 사람의 의무 불이행을 책망하지 않는다.

　덕이 있는 자는 일의 시작이 되는 계(약속)를 간직한 채 있지만, 덕이 없는 자는 일의 끝이 되는 계(약속)의 불이행시 담보로 잡히니 원망이 있게 된다. 하늘의 도(道)는 친함이 없어서, 언제나 착한 사람에게 준다. 그래서 도를 실천하면 원망이 자라지 않게 되는데 이것이 선의 실천이다.

이 79장은 선(善)의 실천은 성인의 덕(德)을 통해야 한다고 언급하고 있다. 덕은 모든 사람을 선하게 대하고 잘못을 책망하지 않음으로써, 원망의 씨앗을 만들지 않는 것이다. 큰 원망은 한 번 품게 되면 화해한 다음에도 마음속에 응어리진 것이 남아 있게 된다. 그러므로 아예 소원한 관계가 성립될 소지를 없애야 한다.

제대로 된 사람은 금전관계로 계약서를 작성할 때 자신이 지불해야 하는 쪽만 지니고 자신이 받아야 하는 계약서는 지니지 않거나 상대에게 지불요구를 하지 않는다. 그래서 덕이 있는 사람은 계약서를 맡을 뿐이지만, 덕이 없는 사람은 그 계약서에 적힌 것을 관철시키려 한다.

원망이 생기는 것은 대부분 상대에게 어떤 것을 요구하고, 그 요구한 것을 관철시키려는 데서 발생한다. 만약에 상대방의 잘못으로 인해 내가 피해를 입었을 경우에 그 상대에게 사과할 것을 요구하고, 피해 입은 것에 대한 손해배상을 청구했을 때 상대방이 순순히 자신의 잘못을 인정하고 손해배상을 해준다면 원한은 발생하지 않는다.

그러나 상대가 사과를 해도 형식적으로 하면서 손해배상을 제대로 하지 않으면 다툼이 일어나게 된다. 피해를 입은 사람은 상대방에게 정중한 사과를 받고 싶어 한다. 그래야 그 상대에게 자신이 무시당하지 않고 있음을 확인할 수 있고, 특히 다시는 그와 같은 피해의 반복을 없앨 수 있기 때문이다. 그리고 이때의 정중한 사과 속에는 말뿐만 아니라 물질적인 보상이 충분히 담겨 있어야 한다.

그러나 일반적으로 준 만큼에 비례하여 받아 내겠다는 입장으로 자신이 피해를 입은 만큼 받으려고 한다. 준 만큼에 비례하여 받아 내겠다는 입장에 입각해서 자신이 피해를 입은 만큼 상대에게 피해보상을 관철시키는 사람을 덕이 없는 사람이라고 한다. 설사 피해보상을 받아 그 문제가 일단락될지는 몰라도 상대는 원망을 갖게 되고, 이것이 새로운 문제의 씨앗이 될 수 있다고 보기 때문이다.

이러한 작은 원망이라도 있으면 이것이 나중에 큰 문제를 낳는 원인이라고 보는 내용이 63장에서 이미 밝혀 놓았다. 그러나 피해를 입고도 피해배상을 요구하지 않는 사람의 행동은 덕이 없는 사람의 관점에서 볼 때는 어리석게 보일 것이다.

이해타산적인 사람의 눈으로 보면 제대로 된 사람의 행동이 현실적인 손해로 나타나는 것은 어쩔 수 없다. 덕이 있는 사람이 자신이 손해를 감수하면서도 이러한 행동을 취하는 것이 옳은 근거로 하늘의 도는 사사로이 친함이 없고 언제나 착한 사람과 함께 한다는 이유를 들고 있다. 여기서의 선인(善人)은 상대의 착함과 그렇지 않음에 관계없이 착하게 대하는 사람이다. 자신에게 잘해주는 사람과는 친하고 자신에게 잘 못해주는 사람과는 친하지 않는 것이 일반적인 인간의 관계이다. 그러나 제대로 된 사람은 하늘의 도에 따른다.

餘說

경행록(景行錄)은 중국 송나라 때 지어졌다고 전해지는 책이다. 유실(流失)되어 지금은 전해지지 않지만 보다 밝고 큰 행위들을 기록해 놓은 것이라고 한다. 그 책의 내용은 인생이란 어느 곳에서든 서로 만나게 마련이기에 은혜와 의리를 널리 베풀고 원수와 원한을 맺지 말라는 내용이라도 한다.

경행록의 내용은 현실의 작은 이익을 챙겨서 원한을 만들기보다는 미래의 큰 손해를 미리 예방한다는 의미에서 원한을 만들지 않는 것이 좋다는 것이며, 미래의 큰 이익을 위해서는 은혜와 의리를 널리 베풀고 선행을 하라는 뜻이다. 이것은 선행을 베푼다는 의미를 지닌 덕(德)이라는 글자가 큰 덕으로 불리는 이유를 나타내고 있다.

21세기에는 노장사상(老莊思想)에 그 해답이 담겨 있다고 본다. 동양사상이라고 하면 소위 제자백가(諸子百家)로 표현되면서 수많은 사상으로 복잡할 것 같지만 이를 단순화 시켜보면 노장사상(老莊思想)과 공맹사상(孔孟思想)으로 대별할 수 있겠다.

공맹사상은 천지(天地), 부모(父母), 군신(君臣) 등과 같이 양(陽)이 앞서고 음(陰)이 뒤에 오는 조합으로 구성된다. 이와는 반대로 노장사상에서는 음이 양의 앞에 오는 음양(陰陽)의 이치인 것이다. 또한 노장사상의 핵심은 적극적인 행위 개념의 유위(有爲)가 아닌 무위(無爲)에 있다. 아울러 부드러운(Soft) 것이 종국에는 강한(Hard) 것을 넘어선다는 원리이다.

20세기 막바지에 시작된 이후 2000년 동안의 후천시대는 음(陰)의 시대고, 수(水)의 시대이며, 여성의 시대다. 다가오는 미래는 세월이 흐를수록 여성의 위상이 상대적으로 확대되어 가는 기운으로 흘러갈 것이다. 여전히 공맹사상(孔孟思想)에 머물려는 낡은 의식과 사상으로부터 벗어나야 한다.

자연의 도道를 실천하는 덕德

왕필통행본 제81장

原文

信言不美, 美言不信. 善者不辯, 辯者不善. 知者不博, 博者不知.

聖人不積, 旣以爲人己愈有, 旣以與人己愈多.

天之道, 利而不害. 聖人之道, 爲而不爭.

直譯

信言不美
신 언 불 미
믿을 수 있는 말은 아름답게 꾸미지 않고,

美言不信
미 언 불 신
아름다운 말은 믿을 수 없다.

善者不辯 辯者不善
선 자 불 변 변 자 불 선
선한 사람은 따지지 않고, 따지는 사람은 선하지 않다.

知者不博
지 자 불 박
제대로 아는 사람은 박식하지 못하고,

博者不知
박 자 부 지
박식한 사람은 알지 못하는 사람이다.

聖人不積
성 인 부 적
성인은 모아 두지 않고,

旣以爲人
기 이 위 인
다른 사람들을 위해 자기를 버린 사람은,

己愈有
기 유 유
더욱 자신이 더 있어지는 것이고,

旣以與人 己愈多
기 이 여 인 기 유 다
타인에게 주는 사람은 오히려 자기가 더 많은 것을 갖는다.

天之道 利而不害
천 지 도 이 이 불 해
하늘의 도리는 이롭게 하며 해를 끼치지 않고,

聖人之道 爲而不爭
성 인 지 도 위 이 부 쟁
인간 중의 선지자는 행함이 있으면서 다투지 않는다.

　　믿음은 참된 본성이기에 믿을 수 있는 말은 아름답게 꾸미지 않고 아름답게 꾸며서 하는 말은 믿을 수 없다. 선행은 도의 실천이므로 착한 사람은 따지지 않고, 따지는 사람은 착한 사람은 아니다. 도를 안다는 것은 본성을 아는 것이므로 제대로 아는 사람은 박식하지 못하고 박식한 사람은 알지 못하는 사람이다. 깨달은 사람은 모아두지 않고 다른 사람들을 위해 자기를 버린 사람은, 자기를 버린 사람은 더욱 자신이 더 있어지는 것이고 남들에게 주는 사람은 오히려 자기가 더 많은 것을 갖는다. 하늘의 도리는 이로운 것일지언정 해롭지는 않고 인간 중의 선지자인 깨달은 사람들의 도리란 행함이 있으면서도 다투지 아니하는 것이다.

　　이 81장에서는 자연의 도(道)를 인간생활에서 실천하는 덕(德)을 통해 인간 삶의 핵심을 알 수 있을 것이다. 인륜(人倫)에 있어서 도(道)가 이론적이라면 덕(德)은 실천이다. 하늘과 성인, 도와 덕을 종합적으로 마무리 하고 있는 듯 한 글이다. 이 마지막 장은 지금까지 언급한 인류편의 모든 내용들을 담으려고 노력했다.

　　하늘의 도리는 만물을 이롭게 하지만, 본성을 잃지 않아 누구에게도 해를 끼치지 않고, 깨달은 사람의 도는 사람들이 잘 행하도록 덕을 베풀지만, 다투어 차지하려 하지 않음으로써, 사람들이 이를 본받아 다투지 않고 평안하게 살아가게 한다. 천도는 스스로 무위하지만, 깨달은 사람의 덕을 통해 세상을 편안하게 다스린다.

자연은 주어진 여건 안에서 만물의 이익을 늘이고 피해를 줄이기 위해 최선을 다하는 길을 간다. 여기에 자신의 존재를 내세우면서 고집하거나 자신의 이익을 위해 타자를 버리지 않는다. 자연을 훼손하는 일이 자주 일어나더라도 자연은 끝까지 좋은 상태를 유지하기 위해 최선을 다한다. 그러다가 더 이상 버틸 수 없으면 파괴되면서 근원인 無로 돌아갈 뿐이다.

인간생활에서 깨달은 사람도 이와 같이 타자를 위해 최선을 다해 노력하지만 타자를 자신이 통제하려고 하지 않는다. 따라서 타자의 생각을 억지로 바꾸려고 하지 않기 때문에 그와 다투지 않는다.

자연에 있는 대부분의 존재들도 자신을 드러내려고 하지 않고 각자의 분야에서 전체와 조화를 이루고 있는 것은 아닌가. 그래서 하늘의 도는 만물을 이롭게 하되 해를 끼치지 않는다고 말했다. 마지막 문구는 하늘의 도(道)와 깨달은 사람의 도를 비교하고 있다. 하늘의 도는 만물을 이롭게 하되 해를 끼치지 않고, 인간 중의 선지자인 깨달은 사람의 도는 행함이 있으면서 다투지 않는다는, 무위(無爲)와 불언(不言)의 이치를 논하고 있다. 깨달은 사람의 도(道)는 인간이 생활 속에서 실천하는 것과 연결되어 있기 때문에 덕(德)이라고 할 수 있다.

　　장주(莊周)가 본 노자(老子)의 도(道)에 대하여《莊子》내편〈제물론(齊物論)〉에 다음과 같은 문구가 나온다.

夫大道不稱, 大辯不言. 大仁不仁, 大廉不謙, 大勇不忮, 道昭而不道.
부대도불칭　대변불언　대인불인　대렴불겸　대용불기　도조이부도

言辯而不及, 仁常而不成, 廉淸而不信, 勇忮而不成.
언변이불급　인상이불성　염청이불신　용기이불성

五者圓而幾向方矣.
오자원이기향방의

故知止其所不知 至矣. 孰知不言之辯, 不道之道.
고지지기소부지　지의　숙지불언지변　부도지도

若有能知, 此之謂天府. 注焉而不滿, 酌焉而不竭. 而不知其所由來,
약유능지　차지위천부　주언이불만　작언이불갈　이부지기소유래

此之謂葆光.
차지위보광

　　"위대한 도란 말로 일컫지 못하고, 위대한 이론은 말로는 할 수 없는 것이다. 위대한 어짊은 어짊이 아닌 듯하고, 위대한 청렴이란 겸손하지 않으며, 위대한 날램은 해침이 아니고, 도가 맑게 드러난 것이면 도가 아닌 것이다. 말이 이론이라면 불충분한 말이고, 언제나 어진 것은 온전한 어짊이 아니며, 청렴이 겉으로 드러나면 믿기 어려운 것이고, 용감하고도 해치는 용감이라면 용기로 이뤄진 것이 아니다. 이 다섯 가지는 둥근 것인데도 모가 난 것에 가까운 것이다. 따라서 안다는 것은 알지 못하는 데 이르면 지극해진 것이다.

　　뉘라서 말로 표현되지 않은 이론을 알고, 도 같지 않은 도를 알 것이냐? 만약에 이를 능히 깨달아 안다면 이를 일컬어 하늘 곳간에 이르렀다 할 것이다. 그런 상태에서는 아무리 부어도 차지 않으며,

아무리 퍼내어도 마르지 않게 된 것이다. 그것이 어디서 온 것인지는 모르지만 이를 일컬어 빛을 숨긴 보광이라 한다."

위 《장자》의 해설을 보면, 장주도 노자가 저술(著述)한 1장·4장·5장의 내용을 적덕(積德)으로 유추 해석하고 있을 따름이다.

이 81장은 노자 저서(著書)의 마지막 장으로 결론에 해당되어야 마땅하다고 본다. 하지만 얼핏 보면 맺음말 같기도 한데 결어(結語)라고 하기엔 뭔가 부족하다. 老子는 그 많은 것에 대하여 언급을 했음에도 불구하고 결론은 왜 이렇게 표현했을까? 사고(思考)와 사유(思惟)의 바탕은 왜(?)라는 의문에서 비롯된다. 이 81장에는 노자의 사상이 오롯이 담겨있지 않을 수도 있다는 것이 필자의 생각이고 판단이다.

III

治世篇
치세편

정치의 근본적 의의
왕필통행본 제3장

不尙賢, 使民不爭. 不貴難得之貨, 使民不爲盜, 不見可欲, 使民心不亂.

是以聖人之治, 虛其心, 實其腹, 弱其志, 強其骨, 常使民無知無欲.

使夫知者, 不敢爲也, 爲無爲, 則無不治.

直譯

不尙賢
불 상 현
현명하다는 것을 숭상하지 않음으로,

使民不爭
사 민 부 쟁
국민들로 하여금 더 잘났다고 다투지 않게 할 수 있다.

不貴難得之貨
불 귀 난 득 지 화
얻기 어려운 재화를 귀히 만들지 않음으로써,

使民不爲盜
사 민 불 위 도
민중들이 도적질 할 마음을 갖지 않도록 할 수 있고,

不見可欲
불 현 가 욕
욕심 낼만한 것을 보이게 하지 않으면,

使民心不亂
사 민 심 불 란
백성들이 마음을 어지럽히지 않을 수 있다.

是以 聖人之治
시 이 성 인 지 치
이런 까닭이기에 깨달은 사람의 다스림이란,

虛其心 實其腹
허 기 심 실 기 복
백성들이 마음을 비우게 하고 배를 채우도록 해준다.

弱其志 强其骨
약 기 지 강 기 골
백성들의 의지는 부드럽게 만들고 몸은 튼튼하게 만들도록 하며,

常使民無知無欲
상 사 민 무 지 무 욕
언제나 백성들이 알려고도 욕심내지도 않도록 만들어야 하는 것이다.

使夫知者 不敢爲也
사 부 지 자 불 감 위 야
무릇 뭣을 안다고 하는 자들로 하여금 무언가를 하지 못하도록 해야만
한다.

爲無爲 則無不治
위 무 위 즉 무 불 치
함이 없음을 행하면 다스려지지 않는 것은 없다.

解說

이 3장에서는 정치의 근본적 의의(意義)에 대한 언급으로 다스리는 사람의 입장에서 무위지위(無爲之爲)를 어떻게 실천하는가에 대한 원리 (原理)를 언급하고 있다.

무위지위는 함이 없는 함을 의미하므로 위함 없이 티 나지 않게 하는 것이며, 다스림에 있어 무위를 실천하면 다스리지 못할 것이 없다는 것이다. 스스로 만족하는 삶을 살기 위해서는 삶의 우선순위를 조정해야 한다. 욕망에만 집착하면 외적인 요인이 우리를 지배하게 되고 돈이나 권력, 명예만을 좇는 등 도(道)를 향한 눈은 가려지고 만족으로부터는 멀어지게 된다.

이 장(章)에서는 우리에게 과감히 자신의 명예, 돈 등 논쟁을 야기시키는 요인들에 대하여 버리라고 말한다. 물론 쉽지 않은 결정이고 인간이라면 자신의 욕구를 충족시키고 싶은 본능이 있기 때문에 어렵겠지만 노자는 늘 말하듯 모든 것을 내려놓고 물처럼 살아가는 것이 결국자기 자신을 위하는 길이라고 주장한다. 대신 도(道)를 내면에 존재하게하여, 도의 조화로움을 믿고, 원하는 것의 목록을 만들어서 도에 넘겨주고, 그냥 믿으며 그와 동시에 도의 인내에 귀를 기울이고 살펴보라고말한다. 영원한 도(道)가 자신을 통해 작용하도록 내버려 두면 그것으로만족할 것이다.

백성들로 하여금 알아야 할 것도 욕심낼 것도 없게 한다고 했는데, 성인이 무위지위를 실천하면 정말 그리 되겠는가? 백성들이 알려 하고 욕심을 내는 이유는 미래에 대한 불안감 때문이며 그것을 찾아서 미리 대비하기 위함이다. 그래서 무위지위의 다스림은 백성들의 현재의 평안을보장하고, 미래에 대한 불안감을 해소할 수 있는 다스림이어야 한다.

이 문장에서는 도와 덕의 실체와 실천 외에 이러한 다스림의 방법을 다루고 있다. 즉, 무위의 정치는 위함 없이 티 나지 않는 다스림이지만 그 목표는 세상과 백성들을 평안케 하는 것이다. 그래서 마지막 행에서 주장하듯 무위지위를 실천하면 다스리지 못할 것이 없게 된다고 언급하고 있다.

지(智) 또는 지혜(智慧)로 표기되는 지혜라는 글자가 이 3장 이후부터는 자주 나온다. 왕필의 지혜에 대한 주석을 보면 꾀를 써서 구하고 이루며 수를 써서 감춰진 것을 찾아내는 것이라고 했다. 학문을 했다는 능력 있는 자들이 지혜를 쓰며 백성들의 평안을 짓밟았던 것이 당시의 시대 상황이었다.

이 3장은 그동안 가장 논란이 많았던 내용 중의 하나이다. 훌륭한 학자들을 존경하지 말며, 백성을 무식하고 욕심이 없도록 만들어 통치해야 한다는 말은 현대인의 관점에서는 이해가 힘들 것이다. 백성이 무식하고 욕심이 없어야 고생을 해도 고생으로 느끼지 않을 뿐만 아니라 군주가 횡포를 부려도 불만이 안 생긴다는 이러한 논리는 법가의 한비자(韓非子)와 이사(李斯)가 내세우는 논리이지 노자의 사상과는 거리가 있는 내용이다.

이 3장은 호북성 곽점촌의 BC 4세기경 초나라 시대의 무덤에서 출토된 죽간본에는 나오지 않는 문장이기에 노자가 직접 쓴 글이 아닐 가능성을 배제할 수 없다고 본다.

　노자는 2,600여년 전에 살았던 인물인 만큼 춘추전국이라는 시대 상황과 가치관에 있어서도 지금과는 다른 점이 있다. 따라서 인간이 살아가는 규범 등을 적시해 놓은 〈인류론〉과, 다스림과 전쟁에 대한 그의 견해를 피력해 놓은 〈치세론〉에 대한 부분에서는 지금의 관점에서 판단하고 이해하는 기준이라면 주의 깊은 고려가 반드시 따라야 할 것이다.

　노자의 저서(著書)가 잘 읽히지 않는 이유를 들라고 한다면 필자는 이 3장을 서슴없이 들 것이다. 이러한 우민정책(愚民政策)은 춘추전국시대에는 쓸모가 있었는지는 모르겠지만, 통치자를 선거에 의해 국민 중에서 가려내는 현대(現代)에는 맞지 않은 정책이라고 아니 할 수 없다. 다만, 이 장의 마지막 문구인 "뭘 좀 안다는 자들로 하여금 멋대로 일을 벌리지 못하게 하라. 차라리 아무것도 하지 않는 편이 다스리지 못할 것이 없는 것이 되기도 한다."라는 말은 오늘날에 적용을 하더라도 과할 것은 없다고 본다.

　금서본은 '尙'이 아닌 '上'을 사용하고 있다. '尙'은 '숭상하다, 높이다'의 뜻이다. 즉 '不尙賢'이나 '不上賢'은 현명함을 숭상하지 말라는 의미에서의 차이는 없다.

천하를 도모하려면
왕필통행본 제13장

寵辱若驚, 貴大患若身.

何謂寵辱若驚, 寵爲上, 辱爲下, 得之若驚, 失之若驚, 是謂寵辱若驚.

何謂貴大患若身, 吾所以有大患者, 爲吾有身, 及吾無身, 吾有何患.

故貴以身爲天下, 可以寄天下, 愛以身爲天下, 若可託天下.

直譯

寵辱若驚
총 욕 약 경
총애를 받고 치욕을 당하면 놀란척하라.

貴大患若身
귀 대 환 약 신
큰 근심이 생기면 내 몸처럼 소중히 여겨라.

何謂寵辱若驚
하 위 총 욕 약 경
총애와 수모에도 놀란듯이 대한다는 것은 무슨 뜻일까?

寵爲上 辱爲下
총 위 상 욕 위 하
총애는 성공이고 치욕은 실패이다.

得之若驚 失之若驚
득 지 약 경 실 지 약 경
(총애나 수모를) 얻거나 잃어도 놀라운 일이다.

是謂寵辱若驚
시 위 총 욕 약 경
이를 총욕에 놀라는 것 같다고 한다.

何謂貴大患若身
하 위 귀 대 환 약 신
환란을 내 몸처럼 귀하게 여긴다 함은 무슨 뜻인가?

吾所以有大患者
오 소 이 유 대 환 자
나에게 큰 근심이 있는 까닭은,

爲吾有身
위 오 유 신
내가 몸을 가지고 있기 때문이다.

及吾無身
급 오 무 신
나에게 몸이 없다면,

吾有何患
오 유 하 환
내게 무슨 고난이 있겠는가?

故貴以身爲天下
고 귀 이 신 위 천 하
고로 자신을 천하처럼 귀하게 여기는 사람에게는,

可以寄天下
가 이 기 천 하
세상을 잠시 맡길 수 있고,

愛以身爲天下
애 이 신 위 천 하
자신을 천하처럼 사랑하는 사람에게는,

若可託天下
약 가 탁 천 하
세상을 영원히 맡길 수 있다.

解說

　이 13장에서 노자는 천하를 맡을 사람의 기본적인 가치관을 제시했다. 자기 몸을 천하보다 귀하게 여기고 사랑하는 사람이 천하를 맡아야 한다는 정치이론을 펼치고 있다. 소박한 삶을 가치 있게 여기는 사람이 통치를 해야 백성들을 업신여기지 않는다. 왜냐하면 백성들이 자신보다 더욱 소박한 삶을 살고 있기 때문이다. 백성들의 삶을 소중히 여기며 지켜내려고 한다면 자연히 그들의 배를 불리는 민생을 최우선으로 한다. 화려한 삶을 가치 있게 여기는 위정자에게 천하를 맡기면, 이는 마치 고양이에게 생선을 맡기는 격이 된다. 사람들은 총애를 받거나 치욕을 당하면 놀라듯 하고, 큰 근심이 되는 것을 내 몸처럼 귀하게 여긴다. 총애는 좋고 치욕은 나쁘다고 아는 사람들은 그것들을 얻어도 놀라듯 하고 잃어도 놀라듯 한다. 이를 두고 총애를 받거나 치욕을 당하면 놀라듯 한다는 것이다.

　큰 근심이 되는 것을 내 몸처럼 귀하게 여긴다고 하는 것은 내 몸이 있기 때문이다. 내가 몸이 없다면 나에게 어찌 근심이 있겠는가? 그러므로 천하보다도 내 몸을 귀하게 여기는 사람에게는 천하를 맡겨도 좋을 것이며, 천하를 다스리는 것보다도 내 몸을 사랑하는 사람에게는 곧 천하를 기탁해도 좋을 것이다.

이 문장의 주요 골자는 자기 동일시에 대한 가르침이다. 총애와 치욕은 사람들의 마음에 충격을 주는데, 이러한 마음의 변화인 근심 걱정을 실재한다고 믿고 있는 것이다. 그래서 이러한 속마음의 변화에 속절없이 자신이 이끌려 다니게 된다. 즉 자신이 마음이라고 여겨서 마음의 변상들을 자기 자신으로 여기는 것이다. 이런 자기 자신을 근심 걱정으로 여기는 것은 바로 육체를 자신이라고 여기기 때문이다. 이 육체를 자기 자신이라고 여기는 동일시만 없다면 근심 걱정을 달고 있지는 않게 된다.

자신의 원래 순수한 의식을 육체라는 비좁은 생물체에 제한시킴으로서 자신을 작은 하나의 개체로서 축소해 버린 것이 육체를 자신으로 여기는 육체 동일화 상태라는 것이다. 따라서 노자는 자기 자신을 육체라는 한 개체로 여기지 말고, 전체세상으로 여길 것을 주장하고 있다. 자기 자신처럼 세상을 소중하게 여긴다면, 자기 자신이 세상을 떠맡은 것과 같지만, 자기 자신처럼 세상을 사랑한다면, 마치 세상과 하나가 된 것과 같다고 충고하고 있다.

혹여 자기 자신을 어떤 목적을 위한 수단으로 삼고 있지는 않은지 돌아볼 필요가 있다. 정작 자기 자신을 바르게 위할 줄 알아야 세상을 바르게 볼 안목이 생긴다고 본다. 세상사의 문제와 갈등은 자신을 제대로 사랑하고 아낄 줄도 모르면서 천하를 도모하겠다고 나서는 데서 싹트는 법이다. 자신도 제대로 위할 줄 모르면서 단지 자신의 욕망을 실현하기 위한 방편으로 세상을 위하겠다고 한다면 그것은 어불성설이다. 먼저 자기 자신을 알고 난 후에 자신을 제대로 위하는 방법을 찾아야 한다. 그런 연후라야 세상을 바르게 도모할 수 있게 된다. 노자는 이러한 사람이라야 천하를 맡길 수 있다고 충고하고 있다.

첫 구절의 '놀랄 경(驚)'은 『설문해자』에서 '마해야(馬駭也, 말이 놀람)'로 풀이하고 있다. 백성들은 총애를 받으면 좋아하고 모욕을 받으면 분해 하겠지만 노자는 총애를 받거나 모욕을 받아도 이를 경계해야 한다고 말한다. 이 표현은 곧 총애와 모욕에는 차이가 없다는 뜻이다.

'以 ~爲~(~을 ~으로 여기다)'의 용례로 적용하여 보면 '내 몸을 천하처 럼 소중히 여긴다.'로 명확한 해설이 되는 장점이 있다. '貴'가 '身'까지 수식한다고 보는 경우에는 '以'의 역할이 모호하고 문장이 불명확하게 보이게 된다.

'寄'와 '託'은 동일한 의미로 한한대자전 등에서 설명하고 있다. "故貴 以身爲天下 可以寄天下"의 '寄'는 맡긴다는 뜻이지만 영원히 맡긴다는 뜻 이 아닌 잠시 맡긴다는 뜻이고 "愛以身爲天下 若可託天下"의 '託'은 온전 히 맡긴다는 뜻으로 본다. 사실 '기(寄)'는 '얹혀사는(붙어있는)' 것이고 '탁 (託)'은 '믿고 맡기'는 것으로 그 뉘앙스의 차이가 있다.

한비자의 정치이론은 도덕과 인의를 기반으로 한 유가사상과 배치된다. 그래서 한비자의 입장에서 왕은 법에 의해 다스려지기 때문에 성인이나 군자일 필요가 없다. 그러나 국가가 강해지려면 무엇보다도 왕권이 강해야 한다는 믿음은 버리지 않았다. 법도 강한 왕이 없으면 만들어질 수도, 적용될 수도 없다고 보았다.

따라서 한비의 법치는 군주를 위한 것이지 일반 백성들을 위해 만들어진 것이 아니다. 이 때문에 《한비자》에서는 강력하고 절대적인 왕권이 주창된다. 그래서 이 책이 까다로운 법을 만들어 백성들을 고통에 빠뜨렸던 진시황에 의해 악용된 측면이 있다는 점도 간과해서는 안 될 것이다.

결국 한비자는 노자의 무위자연설, 순자의 성악설, 상앙의 법과 신불해의 술, 신도의 세를 조화하여 법치사상을 《한비자》에 집대성한 것이다. 그것은 공명정대한 법치를 바탕으로 한 법률 만능주의였고, 궁극적으로 통치에 도움을 주기 위한 정치사상서였으며, 결국 유가 사상을 넘보는 중국 역대 군주의 통치지침서가 되었던 것이다.

《한비자》는 현실적이면서 실천적인 정치이론이라는 평가를 받으면서 당대에 유가를 뛰어넘는 진보적 사상을 구현한 것이었으나, 인간에 대한 극도의 불신감과 통치자의 경도된 사상 등의 한계를 근본적으로 내포하고 있었다. 하지만 인간이 지니는 부조리나 권모술수에 경종을 울리고 있기 때문에 현대 민주주의의 법치주의와 비교하면서 다시금 그의 사상의 명암을 재정리해 볼 필요가 있다.

도^道가 실행된 리더쉽

왕필통행본 제17장

原文

太上下知有之. 其次, 親而譽之. 其次畏之. 其次侮之. 信不足焉. 有不信焉.
悠兮其貴言, 功成事遂, 百姓皆謂, 我自然.

直譯

太上下知有之
태 상 하 지 유 지
가장 뛰어난 통치자는 (백성들이) 단지 그가 있다는 것만 알고,

其次 親而譽之
기 차 친 이 예 지
그 다음의 통치자는 (백성들이) 그를 가까이 하고 칭송하는 것이며,

其次畏之
기 차 외 지
그 보다 못한 통치자는 (백성들이) 그를 두려워하게 만들고,

其次侮之
기 차 모 지
무능한 통치자는 (백성들이) 자신을 업신여기게 한다.

信不足焉
신 부 족 언
(백성이 통치자에게) 믿음이 부족하면,

有不信焉
유 불 신 언
결국 불신에 이르게 된다.

悠兮其貴言
유 혜 기 귀 언
(통치자는) 느긋하게 생각하고 말을 아낀다.

功成事遂
공 성 사 수
(통치자가) 공을 이루고 일이 완수되었어도,

百姓皆謂 我自然
백 성 개 위 아 자 연
백성들은 모두 말하기를, 내가 해도 그렇게 되었다고 한다.

解說

이 17장에서는 도(道)가 실행된 상황에서의 통치자가 백성을 다스리는 리더십에 대하여 언급하고 있다.

무엇보다도 통치자는 백성에게 존경받으려는 마음을 버려야 한다. 이러한 마음을 마치 백성들을 위하는 행위로 포장하지만, 이는 명예욕이며 자신이 우위에 있는 존재임을 확인시키는 행위에 불과하다. 더구나 백성을 제압하여 자신의 말을 듣도록 하겠다는 것은 자신의 권력욕이며, 이는 백성들의 의욕을 꺾는 행위다. 백성들이 힘이 없을 때는 두려워서 따르겠지만, 힘이 생겼을 때는 통치자를 업신여기게 된다.

어떤 집단의 책임자가 취할 수 있는 가장 좋은 자세는 구성원의 능력을 믿고 일을 맡기는 것이다. 그러면서 간섭을 최소로 하고 말을 아끼면 구성원 스스로 최대치의 능력을 발휘하게 되며 소기의 성과를 거둘 수 있다.

통치자의 지배력이 덕(德)에 기반해 있다 해도 차선(次善)이 될 수밖에 없는 한계도 분명히 상존한다. 구성원의 책임자에 대한 친밀감과 칭찬이 커질수록 명예욕이 충족되어 좋아하겠지만, 지속되는 경우 구성원의 자생력이 약화되고 의존심이 커져서 종국에는 책임자가 감당을 하지 못할 지경에 이르게 된다.

통치자가 커져가는 백성들의 요구를 감당할 정도로 무한의 덕을 베풀 수가 없기 때문이다. 구성원은 자신의 힘과 능력으로 과업을 완수했다고 생각할 것이다. 책임자는 이를 섭섭하게 생각하지 말고 당연하게 여겨야 하며 구성원을 자립시키는 것도 좋다고 본다. 섭섭한 생각이 든다면 그것은 명예욕에 사로잡혀 있다고 반추해봐야 할 것이다.

믿음이 더 약화되면 대부분의 결정을 책임자가 하게 되고, 구성원은 그의 결정에 따르기만 하는 피동형의 인간으로 자율성을 상실하게 된다. 사람에게서 자유결정권을 뺏어버리면 반발할 수밖에 없게 되고, 이 항변은 책임자의 완력을 불러일으키는 악순환을 겪게 된다.

이러한 힘의 논리는 그 집단의 질서유지를 위한 불가피한 상황이라고 정당화시킬 것이다. 그리되면 책임자는 자신들을 억압하는 존재에 불과하다고 생각하게 되면서 여건만 되면 그 집단에서 벗어나려 할 것이기에 그 집단은 무너지게 된다. 통치자의 레벨은 당연히 백성과의 믿음 정도에 따라 결정된다. 믿음이 사라질수록 폭군이 되어 억압하다가 종국에는 모두를 잃게 되고 만다.

餘說

17장의 마지막 구절에 자연이라는 단어가 나오는데 왕필은 천지임자연(天地任自然)이라는 주를 달았다. 하늘과 땅이 자연인데 스스로 하는 그대로 맡기는 것이란 뜻이다. 자연은 명사로 쓰는 것이 아니고 '스스로 맡기다'라는 동사로 쓰인다. 서양에서는 '낳다'라는 의미의 'natur'라는 라틴어에서 유래한 말들이 파생되어 자연의 의미로 쓰이고 있다. 그런데 서양인들은 자연을 정복의 대상으로 이해했다. 정복의 대상이다 보니 당연히 이를 지배하고 통제하며 가공하는 수단으로써의 물질문명이 발달했다고 본다.

반면, 동양에서의 자연이란 외경(畏敬)의 대상이고 거슬러서는 안 되는 것으로 이해한 것이다. 기본적으로 자연에 순응하는 것이 동양문명의 기저로 인식되어 있다. 우주가 탐사대상인 것이 서양문명이라면, 우주를 자연 그대로 두고 숭배하는 것이 동양문명이랄 수 있다.

어느 것이 더 진리에 가까운지는 아직도 요원한 숙제로 남아 있을 것 같다.

이 17장을 보노라면 《논어(論語)》〈위령공(衛靈公)〉 15편에 나오는 구절이 떠오른다.

子曰 無爲而治者 其舜也與 夫何爲哉 恭己正南面而已矣.
자왈 무위이치자 기순야여 부하위재 공기정남면이이의

"공자가 말하기를, 아무것도 하지 않고도 잘 다스리는 사람은 저 순(舜)임금일 것이다. 대저 무엇을 하였기에 그러한가? 다만 자신을 공손히 하고 바르게 남면(南面)하였을 뿐이다."

요순(堯舜) 시절을 묘사한 문장으로 아래의 이야기는 이 17장의 내용과 너무도 흡사하다.

나라를 다스리는 4등급의 지도자들에 관한 얘기를 보자면, 가장 훌륭한 지도자는 순(舜) 임금의 경우처럼 백성들이 그가 있다는 것만 알 뿐 전혀 치자(治者)의 무게를 느끼지 못하는 것이고, 그다음 지도자는 덕치(德治)를 베풀어 백성들이 그를 친근히 여기고 칭송하는 것이며, 그다음 지도자는 법과 힘과 형벌로써 다스려 백성들을 두렵게 하는 것이다. 그리고 가장 하급의 지도자는 마침내 백성들로부터 업신여김을 당하는 무능한 지도자인 것이다.

도道가 무너진 상황과 결과

왕필통행본 제18장

原文

大道廢有仁義, 慧智出有大僞. 六親不和有孝慈, 國家昏亂有忠臣.

直譯

大道廢有仁義
대 도 폐 유 인 의
도가 완전히 무너졌으므로 이에 인의가 생겨나게 되었고

慧智出有大僞
혜 지 출 유 대 위
지혜가 나가버리면 큰 거짓이 있게 된다.

六親不和安有孝慈
육 친 불 화 안 유 효 자
집안이 화목하지 않으면 자식은 효도하고 어른은 자애로워지며

國家昏亂有忠臣
국 가 혼 란 유 충 신
국가가 혼란스러울 땐 충신이 있게 된다.

　이 18장에서 말하고자 한 것은 도가 무너진 상황과 그 결과로 풍속이 천박해지고 말았다고 주장하고 있다. 풍속이 천박해진 원인은 큰 도(道)가 폐했기 때문으로 보았다. 그 결과 인의가 생겨나고 지혜가 나가버리면 효자와 충신이 나타난다.

　세상에 효자와 충신이 나타났다는 것은 인의와 지혜가 필요할 만큼 그 세상의 풍속이 천박해졌다는 것을 의미한다. 세상의 근본 질서인 道가 드러나면 인간의 인위적인 질서가 필요 없는데, 이 道가 흐려졌기 때문에 인위적인 인의(仁義)가 강조된다는 뜻이다. 군주가 원인을 제공하여 성신(聖神)이 부족해지면 도가 무너지고 육친이 불화하고 나라가 혼란스럽게 된다는 것이다. 세상이 천박해지고 어지러워지면 인의와 지혜를 통해서라도 집안에서는 효도와 자애, 나라에서는 충성을 강조하여 더 이상 나빠지지 않도록 할 필요가 있다.

　그렇지만 노자는 이러한 해결책이 도움이 되지 않는다고 생각한다. 그 사유는 인의와 지혜가 커지면 거짓도 함께 커진다는 사실을 알기 때문이다. 어짊과 올바름으로 어지러운 세상을 막기 위해서는 인의의 의미를 분명히 하는 지혜가 따라야 한다.

　사물이나 사실에 의미를 부여하기 위해 이름을 붙이게 되면 의미가 고정되면서 이분법에 빠지게 된다. 좋고 나쁨이나 옳고 그름에 대한 고정관념은 사실을 왜곡하게 만든다. 사실은 그렇게 예단할 수 없는데 알 수 있는 것으로 착각하기 때문이다. 잘못된 행위를 제재하는 관련법이 늘어나지만, 현실적으로는 죄도 그에 비례하여 증가하고 있다.

　의료기술이 늘어 수명이 연장되었지만 성인병과 각종 질환 등도 함께 증가되어 우리의 생활을 위협하고 있다. 이러한 모든 원인으로는 큰 도가 무너지는 데서 기인한다. 그 도(道)가 무너져졌으므로 인의(仁義)가 생겨나게 되고 지혜가 나가버리면 더 큰 거짓이 생겨나오며, 부모 부부 형제간에 화목하지 못하니까 효도와 자애를 강조하게 되고 국가가 혼란스러워지면서 충신이 있게 되는 것이다.

餘說

이 18장은 왕필본에는 별도의 장(章)으로 분리되어 있으나 죽간본이나 금서본에는 17장과 18장의 문장이 하나로 묶여 있다. 또한 그 내용을 확인해보면 18장은 17장에 대한 결론 부분에 해당한다.

죽간본에 "故大道廢"의 첫 글자로 접속사 '故'가 있는 것을 보면, 17장과 18장은 본래 같은 하나의 장으로 연결되었다는 징표다. 故자의 앞 문장인 17장은 도가 실행되는 상황을 말하고 있고, 그 뒤 문장인 18장은 도가 무너진 상황을 언급하고 있어, 두 문장이 잘 대조된 하나의 문장이다.

여기에서 '大'자는 '아주, 완전히'라는 부사의 용법이다. 죽간본은 "安有仁義, 安有孝慈, 安有正臣"의 각 구문 앞에 의문사 '安'자가 있다. 이 의문사로 인하여 죽간본과 금서본의 그 서술(敍述) 방법이 정반대가 되고 말았다. 즉, 금서본은 '大道, 慧智, 六親, 國家'가 혼란스러워 엉망진창이 된 다음에 '仁義, 大僞, 孝慈, 忠臣'이 생겨난다고 했다. 그러나 죽간본은 '大道, 六親, 邦家'가 바르게 확립돼 있어야, '仁義, 孝慈, 正臣'이 있게 된다고 했다. '安'은 부사나 의문대명사로 사용될 때는 '어찌(焉, 何)'의 뜻으로 사용되지만, 접속사일 경우에는 '이에(乃)'의 뜻으로 사용된다.

〈금서본(帛書本)〉

大道廢有仁義
대 도 폐 유 인 의
도가 완전히 무너졌으므로 이에 인의가 생겨나게 되었고,

慧智出有大僞
혜 지 출 유 대 위
지혜로움이 나가버리면 큰 거짓이 있게 된다.

六親不和有孝慈
육 친 불 화 유 효 자
집안이 화목하지 않으면 자식은 효도하고 어른은 자애로워지며

國家昏亂有忠臣
국 가 혼 란 유 충 신
나라가 혼란스러워지면 충신이 있게 된다.

〈죽간본(竹簡本)〉

故大道廢 安有仁義
고 대 도 폐 안 유 인 의
그러니 큰 도가 사라졌는데 어찌 어짊과 의로움이 있을 수 있는가?

六親不和 安有孝慈
육 친 불 화 안 유 효 자
가족들 사이가 화목하지 않는데 어찌 효자와 자애로움이 있겠는가?

邦家昏亂 安有忠臣
방 가 혼 란 안 유 충 신
나라 안이 혼란스러운데 어찌 정직한 신하가 있겠느냐?

〈금서본〉에는 '慧智出有大僞'가 더 첨가되어 있다. 이 두 가지 원문(原文)은 따지고 보면 결국에는 같은 뜻으로 읽히기는 하지만 그 서술(敍述) 방법은 정반대가 된다. 노자(老子)의 저술(著述)이 그의 사후 겨우 몇

백 년이 경과한 진시황제(秦始皇帝) 이후 이처럼 바뀌고 말았다. 각기 다른 원문(Text)에서 긍정과 부정이 결과적으로는 같은 의미의 결론에 이른다는 묘리(妙理)를 발견하게 된다.

무위지위無爲之爲의 실현방법

왕필통행본 제19장

絶聖棄智, 民利百倍. 絶仁棄義, 民復孝慈. 絶巧棄利, 盜賊無有.
此三者以爲文不足, 故令有所屬. 見素抱樸, 少私寡欲.

直譯

絶聖棄智
절 성 기 지
성스러움을 끊고 지혜를 버리면,

民利百倍
민 리 백 배
백성들의 이로움이 백배로 늘어난다.

絶仁棄義
절 인 기 의
어짊을 끊고 정의를 버리면,

民復孝慈
민복효자
백성들은 효성과 자애를 회복할 것이다.

絶巧棄利
절교기리
기교를 끊고 이익을 버리면,

盜賊無有
도적무유
도둑이 없게 될 것이다.

此三者以爲文不足
차삼자이위문부족
이 세 가지 글로서는 속뜻을 표현하기 어렵다.

故令有所屬
고령유소속
그러므로 덧붙임이 있도록 해야 한다.

見素抱樸
견소포박
꾸밈없음을 드러내고 순박함을 품고 살며,

少私寡欲
소사과욕
사심을 버리고 욕심을 줄여야 한다.

解說

이 19장에서는 본래의 무위지위(無爲之爲)에로의 실현 방법과 그 결과를 말하고 있다. 소위 유가(儒家)에서도 말하고 있는 인위적 가치관을 버리고 무위하도록 두면 사회가 저절로 다스려지고 백성들에게도 그것이 백 번 낫다는 점을 되풀이해서 강조한다.

성스러움, 지혜, 인, 의, 기교, 이것은 인간의 본성에 비추어 볼 때 자연스럽지 않다는 것이다. 이런 덕목들은 마음을 꾸미기 위해 의도적으로 기획된 것이며 거기에는 인간의 과도한 욕망이 개입되어 있다는 것이다. 노자는 이런 인위적인 태도를 버리고 자연스러운 심성을 회복하는 것이 필요하다고 말한다. 사사로운 욕심을 버리고 소박하고 검소하게 사는 극소주의(minimalism)가 도(道)에 가장 가깝다는 것이다. 인의를 버리고 본래로 돌아가면 사람의 본성인 효성과 자애도 자연스레 회복될 것이라고 언급하고 있다.

무위의 자연스러운 입장에서 보면 의식주 정도만 해결되면 인생은 충분히 즐길 수 있다고 했다. 그러하기 위해서는 꾸밈없는 본래의 순박함으로 본질의 물성(物性)을 드러내놓아야 한다.

도(道)를 되살리는 방법으로 세 가지를 끊고, 세 가지를 버려야 한다고 언급하고 있다. 그 끊어야 할 세 가지는 성(聖), 지(智), 인(仁)이고, 버려야 할 세 가지는 의(義), 교(巧)와 리(利)이다. 이렇게 끊고 버려야 할 여섯 가지는 모두 인위적인 것들이다. 이러한 유위(有爲)들을 끊고 버리는 것은 노자가 이상향으로 생각하는 자연 상태를 의미하는 무위(無爲)에 이르는 데 필요하다. 그러나 이것만으로 충분하지 않고 부족해서 덧붙일 것이 있다고 말한다. 그 덧붙일 것은 소박하게 살며 사욕을 줄이는 일이라고 언급하고 있다.

따라서 온전한 도를 되살리고 무위에 이르는 방법과 그 결과를 말하고 있다. 그 방법 중 하나는 세 가지를 끊고 제거하거나 부정하는 소극적인 방법이고, 다른 하나는 두 가지를 실현하거나 실행하는 적극적인 방법이다.

여기서 성(聖)·리(利)·인(仁)·교(巧)는 모두 사람들이 바르고 잘살기 위해서 지향해야 할 것들이지만, 인위적인 꾸밈이기 때문에 문제가 발생된다고 보았다. 이것을 추구하면 할수록 세상은 나빠지며, 이 세 가지를 끊고 버려야 세상이 좋아진다고 했다. 세상이 좋아진다는 것은 백성이 이로움을 얻고 자애와 효도가 증가하고 도적이 없어진다는 것이다. 온전한 도(道)인 무위지위(無爲之爲)를 실현하기 위해서는 타고난 소박함을 유지하면서 자신을 키우려고 하지 말고 오히려 적게 줄이려고 하며 키우려는 욕심을 줄이는 삶이 좋다고 했다.

餘說

이 19장의 문장과 18장이 그 내용상으로 볼 때 하나로 이어진 문장이었을 것으로 추정해 볼 수 있다. 따라서 17장부터 19장까지의 3개 장은 하나로 연결되는 내용을 보여주고 있다. 18장에서 언급한 대도가 사라지니 인의가 생겼다(大道癈 有仁義)는 내용과 일맥상통한다. 성스러움을 끊고 지혜를 버린다든지, 인을 끊고 의를 버린다는 문구는 앞장과 그 구조가 같다.

노자의 저서(著書)에는 26개의 장(章)에서 30번 정도에 걸쳐 성인(聖人)이란 글자가 나온다. 그런데 '聖'이라는 글자가 독립된 말로 나오는 곳은 18장 한 군데뿐이다. '聖'은 성인의 가르침, 성스러움 정도로 보는 것이 적당할 것이다. '聖人'은 문장의 내용에 따라 깨달은 사람, 수양이 완성된 자, 가장 잘난 사람, 제대로 된 사람 등으로 해석할 수 있겠다.

통치자의 신뢰부족
왕필통행본 제23장

原文

希言自然. 故飄風不終朝, 驟雨不終日. 孰為此者, 天地.

天地尚不能久, 而況於人乎.

故從事於道者, 道者同於道, 德者同於德, 失者同於失.

同於道者, 道亦樂得之, 同於德者 德亦樂得之, 同於失者 失亦樂得之.

信不足焉, 有不信焉.

直譯

希言自然
희 언 자 연
(통치자는) 말이 적어야 자연스럽다.

飄風不終朝 驟雨不終日
표 풍 부 종 조 취 우 부 종 일
회오리바람은 아침을 넘기지 못하고, 소나기는 하루를 넘기지 못한다.

孰爲此者 天地
숙 위 차 자 천 지
누구가 이렇게 하는가? 우주자연이다.

天地尙不能久 而況於人乎
천 지 상 불 능 구 이 황 어 인 호
우주자연도 오래가게 하지 못하는데 하물며 사람(통치자)은 어떻겠는가.

故從事於道者
고 종 사 어 도 자
그러므로 도에 따르는 사람은

道者同於道
도 자 동 어 도
도를 터득한 사람을 만나면 똑같이 도를 따르고,

德者同於德
덕 자 동 어 덕
덕에 따르는 사람을 만나면 똑같이 덕을 따르고,

失者同於失
실 자 동 어 실
(도나 덕을) 상실한 사람은 똑같이 실수를 한다.

同於道者 道亦樂得之
동 어 도 자 도 역 락 득 지
똑같이 도를 따르면 도를 터득한 사람도 그를 만난 것을 즐거워하고,

同於德者 德亦樂得之
동 어 덕 자 덕 역 락 득 지
똑같이 덕을 따르면 덕있는 사람도 그를 만난 것을 즐거워하고,

同於失者 失亦樂得之
동 어 실 자 실 역 락 득 지
잃음에서 하나가 되면 잃은 자 또한 그를 만난 것을 즐거워한다.

信不足焉 有不信焉
신 부 족 언 유 불 신 언
(통치자에게) 믿음 부족해지면 (백성들에게) 불신이 존재하게 된다.

이 23장에서는 통치자에 대한 신뢰가 부족해지면 백성들한테는 불신이 싹트게 된다고 일러주고 있다.

첫 구절의 "희언자연(希言自然)"에서 말(言)이 적은 주체가 누구인지 구체적으로 적시하지 않고 추상적으로 이야기하고 있지만 통치자의 명령은 자연을 본받는 무위(無爲)가 아니라 인위(人爲)에 가까운 것이므로 이런 말이 적을수록 좋다는 것이다.

5장에서 다언삭궁(多言數窮, 말이 많으면 자주 궁해진다)이라고 한 말과 서로 상통한다. 이렇게 통치자의 지배를 염두에 두고 살피게 되면 이해가 쉽다. 사나운 돌풍이나 소나기가 하루종일 가지 않듯이 강제적인 인위가 오래 갈 수가 없다는 것을 설명하기 위한 문구이다.

"우주자연도 오래가게 하지 못하는데 하물며 사람은 어떻겠는가"에서의 사람은 일반인으로 보기보다는 통치자로 봐야 한다. 우주자연도 오래간다는 보장을 하지 못하는데 하물며 인간이 만든 명령이나 통치가 영원할 수는 없는 것이다. 모두 자연을 본받고 무위지위(無爲之爲)로 통치하라는 의미 속에서 이해해야 한다고 본다.

자연현상으로 나타나는 것도 이치를 분간하다 보면 일상적인 현상과 특이한 현상으로 분류할 수 있다.

도에 따라 살아가는 사람은 의식의 굴레에 얽매이지 않기에 '나'라는 의식이 없다. '나'라는 의식이 없는 사람에게는 '남'이라는 것이 존재하지 않으며 그 구별이 없어지면 나와 남 사이에 갈등이 생기지도 않는다.

도(道)를 가진 자와는 도에서 하나가 되고 그러한 차원에 있는 사람은 도를 가진 사람과 만나면 그 도의 차원에서 하나가 된다. 덕(德)을 가진 자와는 덕에서 하나가 되며 덕은 도를 실천하는 능력인 것이다.

덕을 가진 자는 도를 실천하고, 도를 실천하는 자는 덕을 가지고 있는 것과 같다. 도의 차원에 있는 사람이 덕을 가진 사람을 만나면 덕을 가진 입장에서 서로 하나가 된다.

도에서 하나가 되면 도를 가진 사람 또한 그를 얻은 것을 즐거워하고 도의 차원에 있는 사람과 하나가 되는 사람이 있으면, 도의 차원에 있는 사람도 그를 만난 것을 즐거워한다. 하나가 되는 것은 즐거운 것이고, 분리되는 것은 괴로운 것이다. 덕에서 하나가 되면 덕을 가진 사람 또한 그를 얻은 것을 즐거워하며 덕 있는 사람 역시 덕의 차원에서 하나가 되어 주는 사람을 만나면 즐겁다. 잃음에서 하나가 되면 잃은 사람 또한 그를 만난 것을 즐거워한다. 어려운 환경에 있는 자는 잃는 것이 많고 다른 사람들에게 무시당하기 쉽다. 그러한 사람들은 자기의 처지를 이해해 주고 하나가 되어 주는 사람이 그립다. 도의 차원에서 살아가는 사람이란 인자한 어머니 같은 사람이다.

마지막 구절의 해석에서는 저자마다 견해의 편차가 다소 있는 것 같다.

본 필자는 통치자 대한 믿음이 부족해지면 백성들은 의심하게 되고 불신이 존재하게 된다로 해석했다. 믿음은 만물의 참된 본성을 안정시키는 순수함과 꾸준함이며, 이는 도의 실천을 뜻한다.

餘說

이 23장은 17장과 그 내용의 맥락이 서로 이어진 문장으로 본다. "信不足焉, 有不信焉" 이 문구는 17장에 이미 나왔으며 금서본에는 없다. "故從事於道者 道者同於道" 이 구절은 왕필본 문구이다. 금서본과 북경

대본에서는 중간에 '道者'라는 글자가 없다.

　"故從事於道者 同於道"(그러므로 도에 종사하는 사람은 도와 같아진다)

　이렇게 해석하는 것이 오히려 깔끔한 느낌이 든다.

　"同於道者, 道亦樂得之. 同於德者, 德亦樂得之. 同於失者, 失亦樂得之."라는 문구는 금서본에서는 "同於德者, 道亦德之. 同於失者, 道亦失之."로 되어 있다. 덕과 일체가 된 사람은 도를 또한 얻을 수가 있으며, 상실함과 일체가 된 사람은 도를 또한 잃게 된다는 뜻이다. 왕필본의 '德'은 금서본의 '得'과 그 의미가 일맥상통이다.

통치자의 처신과 몸가짐

왕필통행본 제26장

原文

重爲輕根, 靜爲躁君. 是以聖人終日行, 不離輜重, 雖有榮觀, 燕處超然.

奈何萬乘之主, 而以身輕天下. 輕則失本, 躁則失君.

直譯

重爲輕根 靜爲躁君
중 위 경 근 정 위 조 군
무거움은 가벼움의 근본이고 고요함은 조급함의 주인이다.

是以聖人終日行
시 이 성 인 종 일 행
그러므로 깨달은 사람은 하루종일 다닐지라도

不離輜重
불 리 치 중
짐수레 같은 무거움에서 벗어나지 않는다.

雖有榮觀
수 유 영 관
비록 영화로움을 볼 수 있을지라도,

燕處超然
연 처 초 연
초연함을 잃지 않고 제 자리를 지킨다.

奈何萬乘之主
내 하 만 승 지 주
어찌하여 만승(대국)의 군주가 되어,

而以身輕天下
이 이 신 경 천 하
함부로 세상에서 가볍게 처신할 수 있겠는가?

輕則失本 躁則失君
경 즉 실 본 조 즉 실 군
가벼우면 근본을 잃게 되고, 조급하면 군주 자리를 잃게 된다.

解說

이 26장에서는 통치자의 처신과 몸가짐에 대해 언급하고 있다.

천하대국의 통치자로서 항상 내면의 중심에 뿌리를 두고 신중하게
처신하고 경박한 언행을 금(禁)하는 내용이다. 무거움과 고요함을 강조
하면서 가벼우면 근본을 잃고 들뜨면 주인을 잃는다고 하였다.

노자 당대에는 생존에 필요한 식량의 해결과 전쟁에 대비하는 것이
치세의 가장 중요한 덕목이었다. 이것에 치중하면서 식량을 비롯한 보
급품, 무기 등을 실은 수레를 떠나지 않는다. 그래서 성인은 하루종일
다녀도 생존에 필요한 물자에 실어놓은 무거운 수레를 벗어나지 않는다
고 하였다. 이때 통치자가 수레를 떠나지 않는 이유는 자신의 몸을 무
엇보다도 소중히 여기기 때문이다. 통치자가 비록 영화로움을 볼 수 있
을지라도, 초연함을 잃지 않고 제 자리를 지킨다는 것은 권력, 지위, 재
산, 명예 등을 누릴 수 있음에도 불구하고 가볍게 여기면서 본체만체

하여야 한다고 했다.

영화로움을 볼 수 있는 자리 중 최고의 자리가 나라의 임금인데 수양이 완성된 사람이 어찌하여 그런 만승대국의 군주가 되어 그 자리보다 자신의 생존을 더 중하게 처신할 수 있겠는가라고 말하고 있다. '萬乘之主'는 전차 일만 대를 보유한 나라의 군주라는 뜻이다. 12장에서 말을 타고 달리며 사냥하는 것은 사람의 마음을 발광케 하고, 얻기 어려운 재화는 사람다운 행위를 방해한다. 그러므로 성인은 배를 위하지 눈을 위하지 않는다고 말했다.

배를 위하지 눈을 위하지 않는다는 것은 영화로움을 볼 수 있는 임금의 자리는 가볍게 여기고 배를 채울 식량을 실은 수레를 무겁게 여기는 태도와 동일하다.

영화로움 앞에서 들떠 있는 사람은 가벼운 자로서 근본을 잃었기 때문에 오히려 영화로움을 불러일으키는 임금 자리까지 잃는다고 경고하고 있다. 수양이 완성된 사람은 근본을 자신의 몸이라고 생각하므로 임금 자리는 자신의 몸보다 가볍다고 하였다. 백성의 삶을 통치의 목적으로 삼아야 하므로 자신의 몸을 천하보다 더 무겁게 여기는 마음이 먼저 있어야 한다.

이때 자신의 몸을 무겁게 여기면 천하를 얻었어도 눈 앞에 펼쳐지는 영화로움은 가볍게 여기고 몸을 지탱하는 식량을 소중히 여기게 된다. 식량이 영화로움보다 무겁다는 것을 알기 때문에 천하를 움켜쥐어 영화로움을 누릴 수 있는 기회가 왔음에도 수양이 완성된 사람은 고요할 수 있다.

《한비자》의 〈유로(喩老)〉편 제21장에 이 26장이 인용되어 있기에 참고
할 가치가 있다고 보아 옮겨놓는다.

制在己曰重, 不離位曰靜. 重則能使輕, 靜則能使躁.
제재기왈중 불리위왈정 중즉능사경 정즉능사조

故曰 "重為輕根, 靜為躁君. 故曰 君子終日行, 不離輜重也."
고왈 중위경근 정위조군 고왈 군자종일행 불리치중야

邦者, 人君之輜重也. 主父生傳其邦, 此離其輜重者也.
방자 인군지치중야 주부생전기방 차리기치중자야

故雖有代, 雲中之樂, 超然已無趙矣.
고수유대 운중지락 초연이무조의

主父, 萬乘之主, 而以身輕於天下, 無勢之謂輕, 離位之謂躁,
주부 만승지주 이이신경어천하 무세지위경 리위지위조

是以生幽而死.
시이생유이사

故曰 "輕則失臣, 躁則失君." 主父之謂也.
고왈 경칙신신 조즉실군 주부지위야

"신하를 통제하는 주권이 군주 자신의 손에 있는 상태를 중이라 하고
지위를 떠나지 않는 상태를 정(靜)이라고 한다.
중(重)이 되면 경(輕)한 사람을 사용하고 靜이 되면 조(躁)한 사람을
사용하게 된다.
그래서 노자는 重은 輕의 근본이요 靜은 躁의 군주라고 했고 군주는
여행 중에 종일 치중(輜重. 식량과 의복을 실은 수레)에서 떠날 수 없다고
했다.
나라는 군주에게 있어 치중과 같이 소중한 것이다.

주보가 생존 중에 그 지위를 아들에게 넘겼는데 이는 소중한 치중을 떠난 셈이다.

그래서 대와 운중에서 환락에 도취할 수는 있었지만 조나라는 그의 손에서 떠나 그의 소유가 아니었다.

주보는 만승의 나라의 군주로서 그 몸을 경망스럽게 다룬 셈 이었다 권세가 없는 것을 輕이라 하며 함부로 지위에서 떠나는 것을 躁라 한다.

주보는 輕하고 躁했기 때문에 살아서 감금을 당한 채 사망한 것이다. 그래서 노자가 말하기를 군주는 輕하면 신하를 잃고 躁하면 지위를 잃는다고 한 것이다.

주보를 두고 이르는 말이다."

위 문장은 조나라 임금인 주보(主父)가 만승의 군주로 몸을 가벼이 처신하다가 그 지위를 잃은 것에 대하여 논하고 있다.

☯

지나침 사치 교만을 버려라

왕필통행본 제29장

將欲取天下而爲之, 吾見其不得已. 天下神器 不可爲也. 爲者敗之, 執者失之. 故物或行或隨, 或歔或吹, 或强或羸, 或載或隳. 是以聖人, 去甚去奢去泰.

直譯

將欲取天下而爲之
장 욕 취 천 하 이 위 지
장차 천하를 취하려고 한다면,

吾見其不得已
오 견 기 부 득 이
나는 그 뜻을 이루지 못함을 볼 뿐이다.

天下神器 不可爲也
천 하 신 기 불 가 위 야
천하는 신령스러운 병기(兵器)이기에, 취할 수가 없다.

爲者敗之 執者失之
위 자 패 지 집 자 실 지
전쟁을 하려는 자는 패하고, 붙잡으려 하는 자는 잃게 된다.

故物或行或隨
고 물 혹 행 혹 수
그러므로 만물은 앞서가기도 하고 뒤따르기도 하며,

或歔或吹
혹 허 혹 취
미약하기도 하고 부추기기도 하며,

或强或羸 或挫或隳
혹 강 혹 리 혹 좌 혹 휴
강하게 되기도 하고 약하게 되기도 하며, 꺾이기도 하고 무너지기도 한다.

是以聖人 去甚去奢去泰
시 이 성 인 거 심 거 사 거 태
이로써 성인은, 지나침을 버리고 사치를 버리며 교만을 버린다.

解說

이 29장에서는 지나침, 사치, 교만한 마음을 버리라고 주문하고 있다.

나라를 다스리는 통치자에게 인위적이며 억지로 다스리려 하지 말고 과도하지 않게 절제와 덕행으로 다스리라는 내용이다. 천하가 신령스러운 기물인 이유는 도(道)가 언제나 천하와 함께 있고, 도(道)가 어디서나 천하와 함께 하며 본성인 저절로 그러한 바로서, 도(道)가 천하에 내재하고 있기 때문이다. 천하를 취하고 위(爲)하려 하는 자는 그것이 안 될 것임을 볼 뿐이라고 언급한 것은 천하를 취하는 것 자체가 아니라 천하를 취한 이후에 위(爲)하려고 하는 일을 말한 것이다.

천하의 자연은 신령한 기물이라서 인간이 어찌 해보겠다고 덤벼서는 큰 낭패를 보기 마련이다. 만물 또는 세상의 관계와 변화는 스스로 내지 저절로 이루어진다. 이때 스스로 혹은 저절로 이루어진다는 것은 자기 원인적이거나 자기 충족적이라는 의미이다.

세상만물은 참으로 다양하고 나름대로 고유한 특성을 지니고 있다. 그러기에 인간의 천박한 이해에 따라서 분류되고 활용될 수 없는 그런 대상인 것이다. 자연은 그 자체가 위대한 예술이고 도(道)의 흐름을 거스르지 않으므로, 극단적이고 지나친 유위를 행하지 않고 오만하거나 뽐내지도 않는다. 도(道) 앞에서는 누구나 겸손해질 수밖에 없는 것이다. 만물을 익히 알고 도(道)로써 천하를 다스리면 지나치지 않으며, 삿된 길로는 흐르지 않고, 하늘의 뜻을 알아 흔쾌히 믿고 따르는 것이다. 하늘의 뜻을 알아 흔쾌히 믿고 따른다는 것이 바로 무위 그 자체이다.

천하는 하늘의 물건이며 모든 사람의 공동 소유물이기에 특정 개인이 소유하거나 다룰 수 있는 대상이 아니다. 억지로 하면 부서지고, 위(爲)하려 하는 자는 패(敗)할 것이고, 가지려는 자는 잃게 되는 것이다. 이에 깨달은 사람은 무위(無爲)하므로 패(敗)하지 않고, 소유하지 않으므로 잃지 않는다.

세상 만물은 앞서 나가기도 하고 뒤를 따라가기도 하며, 미약하기도 하고 부추기기도 하며 강하게 되기도 하고 약하게 되기도 하며, 꺾이기도 하고 무너지기도 한다. 마지막 구절의 지나침을 버리고 사치를 버리며 교만함을 버린다는 것은 천하를 위(爲)할 때 자기가 옳다고 생각하거나 원하는 모습이 되도록 노력하지 않으며, 그렇게 할 수 있다는 교만한 생각을 갖지 않는다.

山中何所有
산 중 하 소 유
산중에 무엇이 있는가 묻지만

嶺上多白雲
영 상 다 백 운
산마루 위에는 흰구름만 자욱하여

只可自怡悅
지 가 자 이 열
다만 스스로 좋아하여 즐길 수 있을 뿐

不堪持贈君
불 감 지 증 군
감히 님에게 가져다가 드릴 수는 없구려』

〈──이 詩에서 군(君)은 황제를 지칭한다〉

이 시(詩)를 지은 도홍경(陶弘景)은 양(梁)나라 시대의 학자로 호는 은거(隱居)로 구곡산에서 도학(道學)에 심취하였으며, 선불유(仙佛儒)에 정통하여 양무제(梁武帝)가 입조(入朝)할 것을 수 차례 권하였으나 응하지 않았다. 이에 황제가 직접 그의 처소로 방문하여 자문을 구했다고 하여 산중재상(山中宰相)이라고도 불렸다.

황제가 "山中何所有(산중하소유, 산속에는 무엇이 있길래 그러고 있는가?)"라고 물으니 도홍경이 "조문산중하소유부시이답(詔問山中何所有賦詩以答)"이라는 시로 화답했을 뿐이었다. 풀이하자면 "산속에 무엇이 있는가?'라는 물음에 대하여 답한 시"이다. 이백(李白)의 산중문답(山中問答)과 비슷한 내용이라 할 수 있겠다.

유위^{有爲} 정치인 전쟁의 폐해^{弊害}
왕필통행본 제30장

以道佐人主者, 不以兵强天下. 其事好還.

師之所處, 荊棘生焉, 大軍之後, 必有凶年. 善者果而已, 不敢以取强.

果而勿矜, 果而勿伐, 果而勿驕. 果而不得已, 果而勿强.

物壯則老, 是謂不道. 不道早已.

直譯

以道佐人主者
이 도 좌 인 주 자
도로써 군주를 보필하는 위정자는

不以兵强天下
불 이 병 강 천 하
병기(兵器)를 사용하여 천하를 강압하지 않는다.

其事好還
기 사 호 환
그 일은 곧잘 (보복전쟁으로) 되돌아오기 마련이다.

342 / 노자 新주석서

師之所處 荊棘生焉
사 지 소 처 형 극 생 언
군대가 머물렀던 곳에는 가시덤불이 우거지게 되고,

大軍之後 必有凶年
대 군 지 후 필 유 흉 년
대군을 일으킨 뒤에는 반드시 흉년이 든다.

善者果而已 不敢以取强
선 자 과 이 이 불 감 이 취 강
병법에 능한 자는 날래지만, 감히 강제로 취하려 하지 않는다.

果而勿矜 果而勿伐
과 이 물 긍 과 이 물 벌
성과가 있어도 으스대지 않고, 성과가 있어도 내세우지 않으며,

果而勿驕
과 이 물 교
성과를 내고도 교만하지 않는다.

果而不得已 果而勿强
과 이 부 득 이 과 이 물 강
성과를 내는 것은 부득이한 것이니, 성과로 강해지려 하지 않는다.

物壯則老
물 장 즉 노
만물이 (지나치게) 왕성하면 (빠르게) 쇠퇴하므로,

是謂不道
시 위 부 도
이를 일러 도(道)답지 않음이라 한다.

不道早已
부 도 조 이
도답지 않은 것은 빨리 끝나버린다.

  이 30장에서는 유위(有爲)정치인 전쟁의 폐해(弊害)에 대하여 경고하고 있다. 나라를 다스리는 통치자가 함부로 무력을 사용하여 강압적으로 다스리면 그 대가가 반대급부로 반드시 자신에게 되돌아온다는 것이다. 만일 무력으로 다른 나라를 굴복시키면 그 나라 또한 설욕하려고 하여 싸움은 싸움을 불러들이고 피는 피를 부를 뿐이다. 전쟁은 사람들을 불행하고 비참한 환경으로 몰아넣어 농경지는 황폐하게 되어 기근과 전염병 등이 따르게 마련이다. 용병에 탁월한 이는 설사 무력을 사용하더라도 최소한도의 목적달성으로 그치고 승리로 교만해지지는 않는 것이다.

  노자는 도를 따르지 않는 것은 오래가지 못한다고 하면서 이렇게 빨리 쇠퇴한 것은 도를 따르지 않았기 때문이라고 지적하고 있다. 이 원리는 인간세상의 이치일 뿐 아니라 자연의 이치이기 때문에 피할 수 없는 도(道)라고 말한다. 만물이 지나치게 왕성하거나 성장이 빠르면 쇠퇴 또한 그만큼 빠를 수밖에 없는 것은 당연한 이치이다. 그런데 인간들은 왜 이러한 이치인 도에 위배되는 행위를 하면서 스스로 빨리 망해가는 길을 가려고 하는가?

  그 원인을 노자는 자신이 한 결과를 남에게 자랑하고, 자신의 공로를 내세우며, 남들보다 잘났다고 생각하여 교만하고, 어쩔 수 없이 그런 일을 하게 되었다기보다 의도적으로 타인을 지배하는 강제력을 높이려 하기 때문으로 보았다. 권력을 쥐고 휘둘러보면 그 마력을 잊을 수 없게 되고, 그 미련에서 벗어나기 쉽지 않다. 병법에 능한 장수는 군주를 보필할 때 성과를 낼 뿐이고 강제로 더 이상을 취하려 하지 않는다. 여기서 성과를 낸다는 것은 상대를 제압하여 더 이상 자신의 나라를 침략하지 못하게 하는 것이고, 강제로 더 이상을 취하지 않는다는 것은 상대 국가를 점령하고 재물을 뺐거나 사람들의 생명을 해치지 않는 것이다. 이렇게 하지 않고 전쟁을 통해 강제력을 계속 키워 가면 백성들은 도탄에 빠지게 된다. 빨리 강해지기 위해 병력을 동원하여 강제적으로 제압하는 방식은 도에 어긋나는 것으로 옳지 않다는 것이다. 부국강병이 이루어지려면 주변나라보다 조금이라도 빨리 왕성하게 되어야 하는데, 그렇게 되면 상대적으로 빨리 쇠퇴하게 된다는 점을 들고 있다. 이 장에서는 유위에 따른 성과와 전쟁으로 인한 폐해를 경고하고 있다.

餘說

노자는 그 당시의 시대에 통치자들이 가장 선호했던 병가(兵家)의 방식을 부정하고 잘못되었음을 지적하고 있다. 병가에서는 강력한 병력으로 재빠르게 천하를 제패하는 것이 평화로운 세상을 만드는 방법이라고 주장했다.

천하가 여러 나라로 갈라져 있으면서 국가마다 통일을 노린다면 전쟁이 일어날 가능성이 높아진다. 병가는 빠른 속도로 천하통일을 하여 전쟁을 막고 평화로운 세상을 만들 수 있다는 사상이다. 노자가 살았던 춘추시대는 군소국가로 나뉘어졌다가 전국시대의 격렬한 전투를 겪으면서 결국은 진(秦)나라의 시황제(始皇帝)에 의해 통일되었다. 하지만 통일 후 불과 11년을 통치하던 진시황제는 50의 나이로 사망하였고, 진나라는 몇 년 후 역사에서 사라지고 말았다. 진시황제는 만리장성(萬里長城)을 쌓기 시작했고 불로불사(不老不死)를 꿈꾸며 불로초(不老草)를 구하려고 애썼다. 그렇지만 노자가 언급한 것처럼 도를 따르지 않았기 때문에 오래가지 못했을 수도 있겠다.

　병가(兵家)의 대표적 인물인 손자병법(孫子兵法)의 손무(孫武)는 싸우지 않고도 적을 굴복시키는 것이 최상의 용병법(用兵法)이라고 했고, 적을 알고 나를 알면 백 번을 싸워도 위태롭지 않다고 했다.(不戰而屈人之兵, 善之善者也. 知彼知己, 百戰不殆.) 여기서 싸우지 않는다와 위태롭지 않다는 것을 최상의 병법(兵法)으로 본 것은 노자사상의 영향을 받았음인가? 아님 이심전심(以心傳心)이었나!

예의를 갖춘 전쟁관

왕필통행본 제 31장

原文

夫佳兵者, 不祥之器, 物或惡之. 故有道者不處. 君子居則貴左, 用兵則
貴右.

兵者 不祥之器, 非君子之器. 不得已而用之, 恬淡爲上, 勝而不美.

而美之者, 是樂殺人. 夫樂殺人者, 則不可得志於天下矣.

吉事尙左, 凶事尙右. 偏將軍居左, 上將軍居右, 言以喪禮處之.

殺人之衆以哀悲泣之, 戰勝以喪禮處之.

直譯

夫佳兵者 不祥之器
부 가 병 자 불 상 지 기
무릇 좋은 병기는 상서롭지 못한 기물이어서,

物或惡之
물 혹 오 지
세상 사람들은 늘 그것을 싫어한다.

故有道者不處
고 유 도 자 불 처

그러므로 도에 맞게 사는 자는 그런 곳(병기 사용)에 머물지 않는다.

君子居則貴左
군 자 거 즉 귀 좌

군자는 (편안히) 거주할 때 왼쪽자리를 귀하게 여기고,

用兵則貴右
용 병 즉 귀 우

군사를 쓸 때는 오른쪽을 귀하게 여긴다.

兵者 不祥之器 非君子之器
병 자 불 상 지 기 비 군 자 지 기

병기란 상서롭지 못한 기물이어서 군자가 쓸 물건이 못된다.

不得已而用之
부 득 이 이 용 지

부득이하게 그것을 사용한다고 할지라도

恬淡爲上
염 담 위 상

명리(名利)를 탐하지 않는 것이 최상이다.

勝而不美
승 이 불 미

이기더라도 미화해서는 안 된다.

而美之者 是樂殺人
이 미 지 자 시 락 살 인

(이긴 것을) 미화하는 사람은 바로 살인을 즐기는 것이 된다

夫樂殺人者 則不可以得志於天下矣
부 락 살 인 자 즉 불 가 이 득 지 어 천 하 의

대체로 살인을 즐기는 자는 천하의 뜻하는 바를 얻을 수 없다.

吉事尙左 凶事尙右
길 사 상 좌   흉 사 상 우
경사스러운 일에는 왼쪽을 높게 여기고, 흉한 일에는 오른쪽을 높게 여
긴다.

偏將軍居左 上將軍居右
편 장 군 거 좌   상 장 군 거 우
편장군은 왼쪽에 자리하고 상장군은 오른쪽에 자리한다는 것은,

言以喪禮處之
언 이 상 례 처 지
말하자면 이것은 상례에 따라 처신하는 것이다.

殺人之衆 以哀悲泣之
살 인 지 중   이 애 비 읍 지
수많은 사람이 죽었으니, 슬픔과 애도의 마음으로 읍하는 것이다.

戰勝 以喪禮處之
전 승   이 상 례 처 지
전쟁에 승리했어도 상례로 처신해야 한다.

解說

이 31장에서는 예의를 갖춘 전쟁관에 대한 내용으로 전쟁에 임하는
마음가짐 등에 대하여 언급하고 있다. 군사를 동원하여 전쟁을 어쩔
수 없이 치르게 되더라도 승리를 찬양하지 말고 죽은 사람을 애도하고
슬퍼하는 마음을 가져야 한다고 말하고 있다.

전쟁에서 사용하는 병기는 상서롭지 못한 물건이라서 가까이하지 않
는 것이 좋다는 것이다. 세상 사람들이 그것을 싫어하기 때문인데 싫어
하는 이유는 사람들이 모두 살기를 원하고 죽기를 원치 않기 때문이다.

통치자가 양의 기운인 남쪽을 향하여 좌정(坐定)했을 때 왼쪽은 해가

뜨는 동쪽이고, 오른쪽은 해가 지는 서쪽이다. 해 뜨는 동쪽은 기운이 커져가는 양의 방위고, 해가 지는 서쪽은 기운이 꺼져가는 음의 방위다. 그래서 군자가 평상시에는 양의 기운이 커져가는 동쪽인 왼쪽을 상석(上席)으로 하고, 전쟁 시에는 죽음의 기운이 커져가는 서쪽인 오른쪽을 상석으로 하는 것이다. 기쁜 일이 있는 길사(吉事)에는 왼쪽이 상석이고 슬픈 일이 있는 흉사(凶事)에는 오른쪽이 상석이 된다. 따라서 전쟁 시에는 상장군은 오른쪽에 위치하고, 편장군은 왼쪽에 위치한다. 편장군은 상장군을 보좌하는 역할로 지위가 상장군보다 아래다.

전쟁은 흉사이며 만물이 싫어하는 행위이고, 그 전쟁에서 쓰이는 병기는 상서롭지 못하니 가까이하지 않는 것이 좋다고 말한 것이다. 또한 부득이하게 병기를 사용해야 되는 경우에는 명예와 이익을 탐하지 않는 것이 최상이다. 특히 전쟁에서 승리했다고 들떠서 잔치를 하면 안 되고, 차분하게 상례에 임하듯이 해야 한다는 것이다. 전쟁에서 승리하였더라도 죽은 병사들을 애도하고 유가족의 슬픔을 위로하면서 그들을 예로써 대해야 한다고 했다.

노자는 전쟁에서 이겼다고 미화하는 사람은 바로 살인을 즐기는 것이 된다고 단호하게 말하고 있다. 더욱이 전쟁에서 공을 세웠다고 내세우거나, 자신의 행위를 미화한다면 그 사람은 천하를 얻을 수 없다. 전쟁을 통해서 많은 사람들이 죽었는데, 애도의 마음이 없고 승리에만 도취해 잔치를 하는 사람이 민심(民心)을 얻기는 힘들 것이다.

노자는 전쟁뿐만 아니라 일상의 다툼에 대해서도 동일한 생각을 가지고 있다. 8장에서 물은 만물을 이롭게 하면서도 다투지 않기 때문에 물처럼 사는 것이 좋다고 말했다. 그리고 물은 오직 다투지 않기 때문에 재앙이 없다는 것도 언급했다. 노자는 다툼에서 이겼을 때 상대의 아픔을 함께 하는 마음을 지닐 것을 강조했다.

　손무의 《손자병법》은 노자의 저서(著書)에 영향을 받아 나왔다는 것
이 정설이다.

餘說

　《손자병법(孫子兵法)》을 지은 손무(孫武)는 오나라 왕 합려를 도와서
그 당시 제일 강력한 군대를 지닌 초나라를 격파하고 큰 세력을 떨치게
된다. 하지만 결국에는 합려의 의심을 받아 쫓겨나게는 신세가 되었다.
그는 오나라에서 쫓겨나오면서 도중에 백성들의 수군거리는 원성을 듣
게 된다.

　손자라는 놈이 우리나라에 나타나서 전쟁을 즐기는 바람에 우리 자
식들을 잃었고, 경작지도 모두 황폐하게 되어 못살게 되었다는 말을 듣
고 나서야 손자는 전쟁에서 이기는 것만이 능사는 아니라는 생각을 갖
게 된다. 그래서 손자병법을 지을 때, 가능하면 상대를 해치지 않고 승
리하는 방법을 최상으로 하는 병법서를 기술하게 되었다.

　進不求名, 退不避罪, 惟民是保. 凡用兵之法, 全國爲上, 破國次之.
　진불구명　퇴불피죄　유민시보　범용병지법　전국위상　파국차지

　(장군은) 공격함에 있어 명예를 구하고자 하지 않고, 후퇴를 함에 패
전의 책임을 피하고자 하지도 않을뿐더러 오직 자신을 따르는 병사들
을 보호하기 위하여 모든 힘을 다할 뿐이라고 말하면서 인명(人命)을 가
장 해치지 않는 방법으로 전쟁을 치를 것을 강조하였다. 용병의 방법으
로 적국을 온전하게 두고 이기는 것이 최상책이고 적을 파괴하여 이기

는 것은 차선책이다. 그는 아군은 말할 것도 없고 비록 적이라 하더라도 파괴하지 말고 온전하게 두는 것을 최선으로 여겼다. 이것은 노자가 살인을 하는 전쟁을 즐겨서는 안 되고, 마지못해 전쟁을 해서 이기더라도 죽은 자들을 생각해서 상례에 따라 처신해야 한다는 견해를 피력한 것과 유사한 선상이라고 본다.

제자백가 가운데 전쟁을 가장 적극적으로 비난하고 반대한 사람은 아이러니하게도 묵자(墨子)라고 해야 할 것이다. 유가(儒家)는 가급적 전쟁을 피하되 불가피하다면 받아들일 수밖에 없지 않느냐는 입장이었다고 본다. 그런 까닭에 이 31장은 유가의 견지와 그 궤를 같이한다고 해도 큰 무리가 없어 보인다.

치도는 세상과 함께 있다

왕필통행본 제 32장

道常無名, 樸雖小, 天下莫能臣也. 侯王若能守之, 萬物將自賓.

天地相合以降甘露, 民莫之令而自均. 始制有名, 名亦既有, 夫亦將知止.

知止, 所以不殆. 譬道之在天下, 猶川谷之於江海.

道常無名 樸雖小
도 상 무 명 박 수 소
도는 본연에는 이름이 없고 비록 작지만 두드러지게 커서,

天下莫能臣也
천 하 막 능 신 야
천하의 그 누구도 능히 신하로 삼지 못한다.

侯王若能守之
후 왕 약 능 수 지
제후나 왕이 만약 그것(도)을 지킬 수 있다면

萬物將自賓
만물장자빈
만물은 곧 스스로 손님은 해코지를 못하며,

天地相合以降甘露
천지상합이강감로
하늘과 땅의 (음양이) 서로 화합하여 새벽이슬로 내리듯

民莫之令而自均
민막지령이자균
백성들은 명령을 하지 않아도 스스로 잘 따를 것이다.

始制有名
시제유명
제도가 시작되고 이름이 생겼는데

名亦旣有 夫亦將知止
명역기유 부역장지지
이름(구분) 또한 이미 있더라도, 무릇 멈출 줄 알아야 한다.

知止, 可以不殆
지지 가이불태
멈출 줄 알면, 위태롭게 되지 않는다.

譬道之在天下
비도지재천하
비유하건대, 도가 세상과 함께 있다는 것은,

猶川谷之與江海
유천곡지여강해
오직 골짜기와 시냇물이 강과 바다로 흘러가는 것과 같다.

도는 언제나 그 이름이 없으며 비록 작지만 두드러지게 커서 천하의 그 누구도 감히 신하로 부리지 못한다. 만일 통치자가 도를 지킬 수 있다면 세상만물은 스스로 그에게 몰려들 것이고, 하늘과 땅은 서로 화합하여 감로수를 내릴 것이며, 백성들은 명령을 내리지 않아도 스스로 잘 따르게 될 것이다.

제도가 시작되고 이름이 생겨남에 따라 여러 가지 기물과 만물이 생성되면서 저마다의 이름으로 구분 지어져 있다고 할지라도 무릇 멈출 줄 알아야 한다. 즉 멈추어 만족할 줄 알고 그쳐야 할 시점에서 그침을 알면 결코 위태롭지 않을 것이다. 비유하건대, 도가 세상에 머물러 있다는 것을 오직 골짜기와 시냇물이 강과 바다로 흘러드는 것과 같은 것이다.

解說

이 32장에서는 도는 세상과 함께 있기에 나라를 다스리는 통치자는 도를 바르게 지켜 무위지위(無爲之爲)의 견지로 임하라는 충고이다.

제후나 왕이 왜 도와 질박함을 지켜야 하는지에 관한 내용과 하늘의 양기와 땅의 음기가 어울려 화합하여 저절로 천하 만물이 음양의 질서를 강제하지 않아도 스스로 안정을 따른다고 했다. 왕과 제후들이 부득이하게 어떤 제도를 만들어 시행하면, 그것은 유위(有爲)의 소산이기 때문에 갖가지 폐단이 생겨나기 마련이다. 따라서 적절한 때에 그 제도를 폐기할 줄도 알아야 위태롭지 않게 된다는 것이다.

도(道)라는 진리의 세계는 만물이 만물로 구별되기 이전의 세계다. 작

고 큰 것의 구별은 도를 떠나 물질적 차원에서 따질 때만 성립한다. 질
박한 태초의 모습을 간직하고 있는 도는 우주의 모습이므로 그것이 아
무리 미미한 존재라 해도 천하의 신하로서 못할 것이 없다. 제후나 왕
이 만약 도를 지켜만 준다면 세상의 모든 것들은 시키지 않아도 스스
로 그 왕과 제후에게 복종하게 될 것이다. 그렇게 되면 하늘과 땅의 음
양이 서로 화합하여 감로수를 내리듯 백성들은 명령을 하지 않아도 스
스로 잘 따를 것이다. 만물이 제 모습을 잃고 서로 뒤엉켜 다툼을 벌인
다면, 하늘과 땅이 등을 돌리고 온갖 변고가 생기게 된다.

만물이 제 모습을 찾아 하늘처럼 존귀해지면, 우주의 기운이 두루
미쳐서 생명력이 온 누리에 충만하고, 하늘과 땅이 힘을 합쳐 자족해
할 것이다. 그러나 사람들이 도를 잃고 욕심을 채우려고 하면 세상의
사람들이 모두 적으로 변한다.

제도가 시작되고 이름이 생겨 그 구분이 또한 이미 있더라도 멈출 줄
알아야 한다고 했다. 도가 무너지고 제도로써 처음으로 이름이 생기면
만물을 구별하게 된다. 구분이 만들어 낸 결과물로 이름이 생기면 만
물은 이른바 뚜렷해진다. 이름이 다 만들어지고 나면 사람들은 그 이
름을 바탕으로 사유하고 판단하게 된다.

하나의 방편으로 붙이기 시작한 이름이 도리어 본질적인 것처럼 되
면, 만물들의 구별이 본질적인 것처럼 굳어진다. 만물들의 구별된 각각
의 모습이 본질적인 것으로 굳어지고 나면, 본래의 모습을 회복하기 어
렵다.

또한 이름을 본질적인 것으로 파악하면, 모든 존재가 서로 하나될
수 있는 길이 차단되고, 경쟁 관계로 된다. 경쟁 관계가 되면 욕심이 생
겨나고 욕심은 채울수록 더 커지고 그에 따라서 고통도 커진다. 그렇기

때문에 욕심을 그칠 줄 아는 것이 중요한 것이다.

그칠 줄을 알면 위태롭지 않아 도가 세상과 함께 있다는 것은 마치 골짜기와 시냇물이 강과 바다로 흘러가는 것과 같다고 했다. 하천이 강과 바다를 찾는 것은 강과 바다가 부르지도 않고 요구하지도 않았는데도 스스로가 그렇게 되돌아가는 것이다. 세상의 도가 천하에 행해지면 명령하지 않아도 스스로 다스려지고 구하지 않아도 저절로 얻게 된다. 그래서 오직 골짜기와 시냇물이 강과 바다와의 관계와 같다고 말한 것이다.

餘說

노자는 그의 저서(著書, 도덕경)에서 이상적인 인간, 이상적인 사회, 이상적인 국가, 이상적인 공동체를 제시하고 인간이 이것을 이룰 수 있는 방법으로 도(道)를 제시한다. 이러한 나라를 이루기 위하여 인간이 도를 깨달아 덕을 실천함으로써 이룰 수 있다는 것이다. 인간 자체와 인간의 능력을 긍정적이고 낙관적인 관점으로 바라보았다. 따라서 노자에게는 이상적인 나라를 이루는 출발점이 인간의 본성과 능력이다.

그의 저서에서는 당시 폭정으로 고통받던 백성들에 대한 그의 애민정신과 현실정치에 대한 비판정신을 느낄 수 있다. 노장사상으로 표방되는 동양철학의 진수이자 자기수양서이지만 군주된 이들의 통치의 비결 즉 일종의 제왕학으로 볼 수도 있다. 그러나 이 책을 군주론과 비슷한 부류로 간주하는 것은 옳지 않다.

치세편에서 백성들을 존중하고 군주의 권력을 제한하고자 하는 노자의 민주적 정치의식을 엿볼 수 있기 때문이다. 그리고 도덕경은 81장으로 구성되었다는 선입견을 버려야 한다. 노자가 세상으로 나가기 전 함곡관에서 죽간에 기록해 놓았던 저술(著述)이 창고에 방치되었다가 뒤늦게 수습되는 과정에서 묶어 놓았던 끈이 삭아서 순서를 알 수 없게 되었고 후대에 누군가에 의해 그 내용이 추가되거나 다른 글자로 대체되기도 했기 때문이다.

실제로 죽간본, 금서본, 왕필본 등을 비교하여 보면 각 장(章)의 구분이 다르다는 것을 알 수 있고, 그 내용을 면밀히 분석하여 보면 동일한 장에서도 앞뒤의 문맥이 다르거나 글의 수준이 확연하게 차이가 나는 부분도 있다. 또한 1960~1970년대 중국에서는 순수한 학문연구보다는 정치논리와 계급투쟁, 유물사관이 극단적으로 고취되었던 시기였다. 그래서 이 시기에는 노자가 우민정책을 선동했다거나 그를 권모술수나 쓰던 모략자로 비판한다거나 쇄국정책을 고취했다는 잘못된 해석을 시도하기도 했었다.

미명微明의 통치술統治術

왕필통행본 제36장

將欲歙之, 必固張之, 將欲弱之, 必固强之, 將欲廢之, 必固興之,

將欲奪之, 必固與之.

是謂微明, 柔弱勝剛强. 魚不可脫於淵, 國之利器, 不可以示人.

將欲歙之 必固張之
장 욕 흡 지 필 고 장 지
장차 오므리기 위해서는 반드시 본래의 펼침이 있어야 하고,

將欲弱之 必固强之
장 욕 약 지 필 고 강 지
장차 약해지기 위해서는 반드시 본래의 강함이 있어야 하고,

將欲廢之 必固興之
장 욕 폐 지 필 고 흥 지
장차 폐망하기 위해서는 반드시 본래의 부흥함이 있어야 하고,

將欲奪之 必固與之
장 욕 탈 지   필 고 여 지
장차 빼앗는 상황이 되기 위해서는 반드시 본래의 주는 상황이어야
한다.

是謂微明
시 위 미 명
이것을 숨겨진 밝음이라고 한다.

柔弱勝剛强
유 약 승 강 강
(결국은) 부드럽고 약한 것이 단단하고 강한 것을 이긴다.

魚不可脫於淵
어 불 가 탈 어 연
물고기가 연못을 벗어나면 안 되듯이,

國之利器
국 지 리 기
나라를 이롭게 하는 기물은

不可以示人
불 가 이 시 인
타인에게 보여주어서는 안 된다.

解說

　이 36장의 내용은 권모술수를 이용한 통치술(統治術)을 언급하고 있
어서인지 진위(眞僞)의 논란과 함께 그 해석에 있어서도 저자마다 천양
지차(天壤之差)의 시각과 방법으로 분분한 해설이 나오는 장(章)이다.

　이 문장의 영향을 받은 제자백가로는 손자(孫子)의 병가(兵家)와 한
비지(韓非子)를 비롯한 법가(法家)라고 알려져 있는데 이 문장의 문구를
직접 인용하거나 비슷한 내용의 글이 《한비자》의 〈유로(喩老)〉 편(篇)과

〈설림(說林)〉 상편(上篇), 《전국책(戰國策)》, 《손자병법》, 《주서(周書)》 등에서 나온다.

이 문장의 내용은 변증법적 논리로 병법(兵法)을 비유하여 논하고 있다. 이 세상에는 무엇이든 극점에 다다르면 다시 되돌아간다는 것을 언급했다. 오므림과 펼침, 쇠약함과 강성함, 폐망과 부흥, 그리고 빼앗고 주는 것처럼 서로 상반되는 현상에 비유하여, 국가의 중요한 사항은 적국이 잘 모르도록 숨겨두고 유약한 것처럼 보여야 결국 강대국을 이겨 낼 수 있다는 설명이다. 이것을 숨겨진 밝음이라고 한다.

남에게 보이기 위해 강해지려는 것은 물고기가 연못을 벗어나는 것처럼 위험하다고 했다. 국가기밀사항은 물고기가 연못 속 풀숲이나 돌 밑에 숨어 있듯이, 일반 사람들이 볼 수 없도록 숨겨두고, 겉으로는 유약한 것처럼 보여야 한다는 것이다. 부드럽고 약한 것이 단단하고 강한 것을 이기고, 물고기는 연못을 벗어나면 안 되듯이, 국가의 이로운 기물은 남에게 보여서는 안 된다는 말로써 결론을 내리고 있는 것은 병가나 법가에 노자의 사상이 영향을 미친 것으로 알고 있는데 이 문장은 도리어 이들의 영향을 받았지 않았나 하는 느낌이 들 정도의 노골적인 권모술수의 표현이기에 노자의 저술이라기보다는 누군가에 의해 삽입된 문장으로 추정할 수도 있는 내용을 보여주고 있다.

餘說

이 36장은 병법에서 거론되는 상대를 이기기 위한 전략적인 방법론이랄 수 있다. 노골적으로 상대의 세력을 축소시키려 하면 상대는 사력을 다해 반발할 것이므로 성공하기 어렵다. 오히려 상대를 부풀려 주어서 방심을 하게 만들어야 기회가 온다. 상대를 노골적으로 잡으려 하면 적은 필사적으로 도망가기 때문에 실패하기 쉽다. 오히려 공격할 뜻이 없는 것처럼 연막전술로 상대를 안심시킨 뒤에 결정적인 순간에 공격을 해야 성공할 수 있다. 노골적으로 적을 제압하려 하면 상대는 필사적으로 반발할 것이므로 성공하기 어렵다. 오히려 강하다고 느끼게 해 방심하게 만들면, 오만해져서 자중지란이 일어난다. 그때를 기다려서 공격해야 성공할 수 있다. 이때 주의해야 할 것은 전략이 상대에게 노출되지 않도록 은밀해야 한다. 물고기가 물 밖으로 노출되면 살 수 없는 것처럼, 은밀한 전략일수록 상대에게 노출되면 안 된다.

물고기는 물을 떠나면 위험해지고 결국 죽는데 물을 떠나려 하는 것은 욕심과 조급함으로 무엇인가를 위하려 하기 때문이다. 이로운 기물을 보면 백성들은 얻으려는 욕심을 갖게 되고 조급해져, 마치 물고기가 뛰어올라 물 밖으로 나온 것처럼 위험에 처할 수 있게 된다. 욕심과 조급함이 더해지면 세상은 혼란스러워지게 될 것이기 때문에 이로운 기물은 숨겨두어야 하는 것이다. 여기서 말하는 나라의 이로운 기물이란 자기 나라에만 가지고 있는 비밀스러운 무기나 비밀스러운 전략 등을 말한다. 이러한 권모술수의 방법은 손자의 병법이나 한비자의 책략과 관련된 이론이다.

한비자의 〈유로(喩老)〉편 제21장에 이 36장이 인용되어 있기에 옮겨놓는다.

勢重者, 人君之淵也. 君人者, 勢重於人臣之間, 失則不可復得矣.
세중자　인군지연야　군인자　세중어인신지간　실즉불가복득의

簡公失之於田成, 晉公失之於六卿, 而邦亡身死.
간공실지어전성　진공실지어육경　이방망신사

故曰 魚不可脫於深淵.
고왈　어부가탈어심연

賞罰者, 邦之利器也. 在君則制臣, 在臣則勝君.
상벌자　방지리기야　재군즉제신　재신즉승군

君見賞, 臣則損之以爲德 君見罰, 臣則益之以爲威.
군견상　신즉손지이위덕 군견벌　신즉익지이위위

人君見賞, 而人臣用其勢, 人君見罰, 而人臣乘其威.
인군견상　이인신용기세　인군견벌　이인신승기위

故曰 邦之利器, 不可以示人.
고왈　방지리기　불가이시인

"무거운 위세는 물고기가 못을 떠나지 못하는 것처럼 군주도 거기서 떠나서는 안 된다.

군주인 자가 무거운 위세를 신하에게 잃게 되면 다시 그것을 회복하지 못한다.

제나라의 간공은 위세를 전성에게 빼앗겼고 진공은 이것을 여섯 대신(번, 준, 행, 지, 한, 위)에게 빼앗기고 나라를 잃고 죽었다.

그래서 노자는 물고기가 심연에서 탈출할 수는 없다고 한 것이다.

상벌은 나라를 다스리는 이기이다.

그것이 군주의 수중에 있으면 신하를 제어하며 신하의 수중에 있으면 군주를 능가하게 된다.

그러니까 군주가 상을 제시하면 간신이 위력을 대신 행사하고

군주가 벌을 제시하면 간신은 벌의 위력에 편승하여 멋대로 놀아난다.

그래서 노자는 나라의 이기는 사람에게 보여서는 안 된다고 한 것이다."

다스리는 방법에 대하여
왕필통행본 제37장

原文

道常無爲, 而無不爲. 侯王若能守之, 萬物將自化.

化而欲作, 吾將鎭之以無名之樸.

無名之樸, 夫亦將無欲, 不欲以靜, 天下將自定.

直譯

道常無爲 而無不爲
도 상 무 위 이 무 불 위
도는 본래 하려고 함이 없지만, 하지 못하는 것이 없다.

侯王若能守之
후 왕 약 능 수 지
제후나 왕이 만약 이를 지킨다면,

萬物將自化
만 물 장 자 화
만물은 장차 스스로 저절로 변화해갈 것이다.

化而欲作
화 이 욕 작
(만물을) 인위적으로 도모하려는 욕심이 생기면

吾將鎭之以無名之樸
오 장 진 지 이 무 명 지 박
나라면 장차 무명의 질박함으로 그 도모함을 진압할 것이다.

無名之樸 夫亦將無欲
무 명 지 박 부 역 장 무 욕
이름 없는 질박함은 또한 그 욕심이 없으니,

不欲以靜
불 욕 이 정
(만물이) 욕심내지 않고 고요하게 되면,

天下將自定
천 하 장 자 정
천하는 장차 스스로 안정을 찾을 것이다.

意譯

도는 본래 가장 자연스러울 뿐이며 무엇을 하고자 하는 욕망이 없다.

그렇다고 하지 못하는 일은 없다.

이 세상의 통치자들이 도를 능히 지킬 수만 있다면 세상 만물은 장차
스스로 키워지고 번성하게 될 것이다.

키워진 만물이 욕심으로 무엇을 하고자 한다면 나는 장차 이름 없는
질박함으로 그 욕심을 억누를 것이다.

이름 없는 질박함은 또한 자연 그 자체로서 별다른 욕심도 없게
마련이다.

만물이 욕심을 내지 않고 고요한 상태로 있게 되면 이 세상은 스스로 안정을 이루고 평온함을 누릴 수 있을 것이다.

이 37장은 군주가 세상을 어떻게 다스려야 하는지의 방법에 대한 글이다. 군주가 도(道)를 실천하여 백성들과 하나가 된다면 백성들은 스스로 안정을 이루고 평온함을 누릴 수 있을 것이라고 했다. 도(道)는 본래 가장 하려고 함이 없어도 하지 못하는 바가 없다. 그래서 노자는 뭔가 하려고 하지 말고 가만히 두는 것이 가장 좋다고 말한다. 사람들이 뭔가 하려고 하는 것은, 자신의 삶을 보다 좋은 상태로 만들기 위해서이거나 자기가 속해 있는 세상을 더 좋게 만들고자 하는 것이다.

더 좋은 상태로 만들기 위한 행위를 유위(有爲)라고 하고 이러한 행위를 하지 않는 것을 무위(無爲)라고 한다. 유위(有爲)를 하지 않고 가만히 있으면 오히려 못하는 것이 없는 가장 좋은 상태에 저절로 이른다고 했다. 인간이 만물 중에 유위를 행할 수 있는 유일한 존재일지도 모른다. 노자가 왕을 언급할 때 정치에 대한 것도 있겠지만, 통치자가 가장 좋지 않은 상태에 놓일 가능성이 크기 때문에 인간의 표본으로 말하는 의도도 있다.

사람들이 정해놓은 인위적인 기준에 따라 좋은 상태로 진입하기 위해 노력하는 것은 유위(有爲)이다. 그 인위적인 기준은 시대나 장소에 따라 변할 수도 있는 것이기 때문에 도(道)라는 넓은 각도에서 보면 별 가치가 없음을 알 수 있다. 자연에서는 그런 도(道)의 기준이 없기에 그 기준에 따라 좋은 상태로 가기 위해 유위(有爲)하려는 마음을 갖지 않는 것을 무욕(無欲)이라고 한다. 유위는 자신이 세상에서 잘난 사람이라는 것을 나타내기 위해 만들어 놓은 인위적인 도구(有名)에 불과하다. 그래서 노자는 만물을 인위적으로 도모하려는 욕심이 생기면 장차 무명의 질박함으로 그 도모함을 진압할 것이라고 했다. 이름 없는 질박함은 변화시키고자 하는 그 욕심을 없게 하는 것이라고 말했다. 노자는 그렇게 욕심내지 않아 고요한 상태에 이르게 되면 세상은 장차 스스로 안정을 찾을 것이라는 문구로 마무리하고 있다.

통치자의 마음가짐이나 자세, 의식에 대해서 언급할 때, 독자들은 자신에게 대입하여 이해하면 된다. 이 의식이 무위(無爲)하고 무욕(無欲)하게 되면 자신의 생각과 의식상태는 고요하게 되면서 안정에 이른다.

餘說

노자의 말에 의하면 겉으로 보이는 선의(善意)를 베푸는 것과 그 대가에 대한 상관관계를 생각해 보게 된다. 어쩌면 선행(善行)이라는 것도 결국 자신이 원하는 것을 얻기 위한 하나의 수단에 불과할 수도 있다는 말이다.

자신이 원하는 것을 얻기 위해서는 어떠한 악한 행동조차 정당화될 수 있다고 주장한 마키아벨리는 《군주론》에서 "남을 강성하게 만들어주는 사람은 끝내 스스로를 멸망시킨다. 왜냐하면 그 사람은 약삭빠른 재치와 폭력으로 남들을 강성하게 만들지만 그 덕분에 강성하게 된 그들은 그와 같은 두 자질에 대하여 불신을 느끼게 되기 때문이다."라고 했다.

과연 치세의 정도(正道)란 무엇일까?

마키아벨리는 나랏일이나 개인이나 절반은 운명에 의하여 진로가 결정되고 나머지 반은 사람의 자유의지에 의하여 결정된다고 말한다. 그는 운명을 강물에 비유하면서 강물이 범람하면 들판을 온통 황폐하게 만든다. 그리고 모든 것이 강물에 쓰러지고 휩쓸려 간다. 이럴 경우 미리 강둑을 쌓는 등 예방조치를 취했다면 피해를 줄일 수 있다.

서양열강들이 동양을 침범해 올 때에 일본은 선각자들이 많이 생겨 메이지유신을 통해 나라를 지켰으나 우리나라는 가만히 손을 놓고 있다가 나라를 잃는 치욕을 당했다. 비슷한 상황에서 일본과 조선의 운명을 갈라 놓은 것은 사람들의 의지 때문이다.

마키아벨리의 말이 맞다. 프랑스나 스페인은 무사했는데 이태리가 망한 이유도 예방 부족으로 인한 것이라고 했다. 운명은 항상 바뀌는데 사람은 노력을 하거나 성격을 바꾸지 않고 그냥 고집을 부리면 결국은 운명에 의하여 멸망하게 된다. 세상은 하루가 다르게 바뀌는데 우리의 정치는 조선시대 당파싸움하듯이 정쟁에 일삼다가는 나라꼴이 어떻게 되는지 불 보듯 뻔하다. 마키아벨리는 운명과 싸울 필요가 있을 때에는 너무 신중한 것보다는 강력한 것이 좋다고 했다. 또 운명을 여자에 비유하면서 여자들은 냉정한 사람보다는 용감한 사람에 의하여 정복당하는 것을 바라고 있기에 항상 젊은이들 편이라고 했는데, 이는 젊은이들은 여자들을 대담하게 이끌고 지배하기 때문이라고 결론을 맺었다.

얻는 것과 잃는 것
왕필통행본 제39장

昔之得一者. 天得一以淸, 地得一以寧, 神得一以靈, 谷得一以盈,

萬物得一以生, 侯王得一以爲天下貞. 其致之也.

天無以淸, 將恐裂, 地無以寧, 將恐發, 神無以靈, 將恐歇.

谷無以盈, 將恐竭. 萬物無以生, 將恐滅, 侯王無以貴高, 將恐蹶.

故貴以賤爲本, 高以下爲基, 是以後王自謂孤寡不穀,

此非以賤爲本邪. 非乎. 故致數譽無譽. 不欲琭琭如玉, 珞珞如石.

直譯

昔之得一者
석 지 득 일 자
옛날부터 하나를 얻은 것들이 있다.

天得一以淸 地得一以寧
천 득 일 이 청　지 득 일 이 녕
하늘은 하나를 얻어서 맑고, 땅은 하나를 얻어서 안녕하고,

神得一以靈 谷得一以盈
신 득 일 이 령 곡 득 일 이 영
신은 하나를 얻어 신령스럽고, 골짜기는 하나를 얻어 채우게 되고,

萬物得一以生
만 물 득 일 이 생
만물은 하나를 얻어서 생성되고,

侯王得一以爲天下貞
후 왕 득 일 이 위 천 하 정
군주는 하나를 얻어서 천하를 바르게 한다.

其致之也
기 치 지 야
어찌 그 뿐인가.

天無以淸 將恐裂
천 무 이 청 장 공 열
하늘은 청명함이 없어지고 장차 무너질 것이 두렵고,

地無以寧 將恐發
지 무 이 녕 장 공 발
땅은 안정됨이 없어지고 장차 흩어질 것이 두렵고,

神無以靈 將恐歇
신 무 이 령 장 공 헐
신은 영험함이 없어지고 장차 사라질 것이 두려우며,

谷無以盈 將恐竭
곡 무 이 영 장 공 갈
골짜기는 채운 물이 없어지면 장차 마를 것이 두려우며,

萬物無以生 將恐滅
만 물 무 이 생 장 공 멸
만물은 생성됨이 없어지면 장차 소멸될 것이 두려우며,

侯王無以貴高 將恐蹶
후 왕 무 이 귀 고　장 공 궐
군주는 고귀함이 없어지면 장차 실각될 것이 두렵다.

故貴以賤爲本
고 귀 이 천 위 본
그러므로, 귀함은 천함을 근본으로 삼고,

高以下爲基
고 이 하 위 기
높음은 낮음을 바탕으로 삼으니,

是以侯王 自謂孤寡不穀
시 이 후 왕　자 위 고 과 불 곡
이로써 군주는 스스로 외톨이며 부족하고 쭉정이로 부른다.

此非以賤爲本邪 非乎
차 비 이 천 위 본 야　비 호
이것이 천한 것을 근본으로 삼는 것이 아니겠는가? 그렇지 아니한가?

故致數譽無譽
고 치 수 예 무 예
고로 명예롭게 되려고 술수를 써서 도달하면 명예로움이 없어진다.

不欲琭琭如玉
불 욕 록 록 여 옥
옥이 구르는 것처럼 아름답게 되려고 하지 말고,

珞珞如石
낙 락 여 석
여기저기 굴러다니는 돌처럼 처신한다.

解說

　이 39장은 얻는 것과 잃는 것의 대비되는 두 가지 상황을 상정하여 논하고 있다.

도(道)가 없으면 덕(德)이 생기고 예(譽)는 좋지 않은 것의 시작이다. 일시적으로 나타나는 현상에만 집착하지 말고 사물을 보는 관점을 보이지 않는 근본 이치에 두라고 주문하고 있다.

문장의 앞부분에서는 하나를 얻는 것들로 하늘의 맑음, 땅의 안정됨, 의식의 영묘함, 군주의 올바른 다스림을 언급하고 있다. 하나를 얻었을(得) 때의 상황과 그것이 없어졌을(無) 경우, 즉 하늘, 땅, 신, 골짜기, 만물 군주가 제각각 하나를 얻어서 맑음, 안정, 영험, 채움, 생성, 고귀함이 되고, 그들이 제각각 그것이 없어졌을 때 무너짐, 흩어짐, 사라짐, 마름, 소멸, 실각이 된다고 하였다. 그리고 이들은 얻은 것이 없어지는 상황이 될까 봐 두려워해서 그렇게 되지 않도록 노력한다는 점을 왕의 사례로 표현하고 있다.

군주가 나라를 바르게 한 것은 하나를 얻어서 고귀함을 지니고 있었기 때문으로 보고 있다. 그런데 고귀함을 잃어버릴까 봐 두려워해서 스스로를 외톨이며 부족하고 쭉정이라고 부른다고 했다. 이것은 군주가 귀함은 천함을 근본으로 삼고, 높음은 낮음을 바탕으로 삼는다는 것을 알고 있다는 것이다. 이것은 군주뿐만이 아니라 하늘, 땅, 신, 골짜기, 만물 등도 이미 알고 실행하고 있어서 청명, 안정, 영험, 채움, 생성을 지속하고 있다. 여기서의 곡(谷, 골짜기)은 여근곡(女根谷)이며 생산의 작용을 의미한다.

인간의 이성(理性)은 하나로 보기보다는 둘로 보기 쉽기 때문에, 인간은 무위(無爲)보다는 인위(人爲)에 가깝고 자연은 무위에 가깝다고 본다. 인간은 이성이 있기 때문에 만물 중에서 가장 뛰어난 존재라고 생각하겠지만, 그것이 오히려 인간을 복잡다단하게 만드는 것일 수도 있겠다.

이성을 지닌 인간은 어떤 것을 인식하기 위해서는 그것을 두 가지의 양태로 구분해야만 가능하다는 것이다. 또한 그렇게 인식되기 때문에 사물이나 사실이 실제로 그렇게 되어 있다고 생각하기에 두 가지로 인식한 후에는 그중에서 어느 한쪽에 가치의 무게를 두기 쉽다.

만물을 단일의 관점에서 보면 생성되고 소멸하는 것은 포괄적인 성질이다.

하늘의 청명한 기운이 없어지면 장차 먹구름이 몰려와 소나기로 쏟아질 것이다. 땅에서 안정된 기운이 사라지고 지진이나 해일 혹은 화산이 폭발하게 되면 모든 것이 흩어져 어지러운 상황이 전개되는 것에 두려움을 느낀다. 신령함이 있을 때에는 영험하지만, 그것이 장차 사라진다면 두려움으로 다가올 것이다. 골짜기가 생기가 있을 때에는 물이 채워져 생동감이 느껴지지만 말라버리면 그 속에서 살아가던 생명체도 없어지고 만다. 결국 만물은 생성과 성장이 없어지면 장차 쇠락과 소멸의 과정을 밟는다.

군주도 생왕할 때에는 고귀함으로 나라를 통치하겠지만 고귀함이 사라지고 리더십을 잃게 되면 장차 실각될 것이 두려움으로 다가온다. 비록 무리한 수단과 방법을 동원하여 목적을 달성했다 하더라도 그다음 수순으로 그 권좌도 없어지고 마는 것이다.

이러한 세상의 이치를 전체적인 관점에서 본다면 생할 때 멸할 것을 대비하여 두려워하면서 소멸을 항상 염두(念頭)한다면 오래갈 것이다. 하지만 사람들은 이러한 것들이 둘로 나누어져 있다고 여기기에 두 가지 중에서 얻는 것에만 집착하다 보니 오히려 빨리 잃게 된다.

노자의 도(道)는 형이상학적(形而上學的) 실체이고 철학체계는 도일원론(道一元論)을 견지하고 있다. 도는 천지만물의 시원이며 유일한 존재로서 하나인 것이다. 그것은 시공간을 초월하므로 언제나 변함이 없는 항존성(恒存性)으로 어디에나 존재하며 우주만물을 다스리는 법칙이기도 하다.

빅뱅과 블랙홀, 항성과 행성, 동식물의 생장·소멸, 사계절의 순환, 등은 모두 도의 이법(理法)에서 나온 것이다. 이러한 도(道)의 이법이 없다면 천체의 생성과 소멸, 행성과 위성의 공전과 자전, 계절의 바뀜, 심지어 신의 영험스러움도 존속할 수 없을 것이다.

우주의 삼라만상은 도의 눈에 보이지 않은 작용으로 존재하고 있다.

천지화육(天地化育)의 일을 포괄하여 다스려도 잘못을 저지르지 않고, 모든 만물 하나하나를 미세한 부분에 이르기까지 성취시키면서도 어느 하나 빠뜨리는 것이 없으며, 교체 순환하는 밤낮의 법칙에 있어서도 두루 통한다.

주(周)나라 때 기초가 완성되었다고 하여 《주역(周易)》이라고도 하는 《역경(易經)》을 만든 주역(主役) 중에 한 사람이 바로 노자라고 본다. 그는 주나라의 수장실사(守藏室史), 즉 왕실 서고(書庫)의 관리를 맡아 그 직책을 수행했었기 때문이다. 따라서 역경(易經) 속에 표현된 역도(易道)와 노자 서물의 도(道)와는 서로 직관적인 기저(基底)를 공유(共有)한다고 할 수 있다.

통치자의 무상심無常心

왕필통행본 제49장

原文

聖人無常心, 以百姓心爲心. 善者吾善之, 不善者吾亦善之, 德善,

信者吾信之, 不信者吾亦信之, 德信.

聖人在天下, 歙歙, 爲天下渾其心, 百姓皆注其耳目. 聖人皆孩之.

直譯

聖人無常心 以百姓心爲心
성 인 무 상 심 이 백 성 심 위 심
성인은 고정된 마음이 없고, 백성의 마음을 자신의 마음으로 삼는다.

善者 吾善之
선 자 오 선 지
선한 자를 성인은 선하게 대하고,

不善者 吾亦善之 德善
불 선 자 오 역 선 지 덕 선
선하지 않는 자도 성인은 선하게 대하기에 덕의 선함이요,

信者 吾信之
신 자 오 신 지
믿음이 있는 자를 성인은 믿음으로 대해주고,

不信者 吾亦信之 德信
불 신 자 오 역 신 지 덕 신
믿음이 없는 자도 성인은 역시 믿음으로 대해주니, 덕의 믿음이다.

聖人在天下 歙歙
성 인 재 천 하 흡 흡
성인은 세상 속에 있으면서 세상의 모든 것을 다 받아들여,

爲天下渾其心
위 천 하 혼 기 심
세상과 함께 그 마음을 어울리니

百姓皆注其耳目
백 성 개 주 기 이 목
백성 모두가 그 (말과 행동을) 듣고 보면서 따르게 되므로,

聖人皆孩之
성 인 개 해 지
성인은 (백성들을) 모두 어린아이와 같이 여긴다.

意譯

　　성인은 동일하게 적용해야 할 규범의식, 이른바 항상심(恒常心)이 없다. 그래서 백성을 대할 때 그들을 규범으로 재단하지 않고 그들의 입장에서 그들의 마음을 자신의 마음으로 삼는다. 선한 자를 성인은 선하게 대하고 선하지 않은 자도 역시 선하게 대한다. 그렇게 도를 실천하는 덕이 선을 확대시킨다는 것을 알기 때문이다. 믿음이 있는 자를 성인은 믿음으로 대하고 믿음이 없는 자도 믿음으로 대한다. 그렇게 하는 도를 실천하는 덕이 믿음을 확대시킨다는 것을 알기 때문이다.

성인은 세상 속에 있으면서 천하를 위해서 어떻게 해야 한다는 의식이 오히려 문제를 야기한다는 것을 알고 세상의 모든 것을 다 받아들여, 세상과 함께 그 마음을 어울리니, 백성 모두가 그 말과 행동을 듣고 보면서 분명한 의식을 가지고 따르게 되므로, 성인은 그러한 백성들을 모두 어린아이와 같이 여긴다.

解說

이 49장은 통치자의 무상심(無常心)에 대하여 언급한 내용이다. 통치자로서의 성인(聖人)이 백성과 혼연일체가 되어 무위지위(無爲之爲)로 나라를 다스리면 백성들의 마음이 깨달은 사람을 따라 저절로 순수해진다는 주장이다. 이 문장에서 말하는 무상심(無常心)은 개인적으로 지향하는 욕구나 가치, 사회적으로 합의된 목표나 이상 등이 반영된 기준에 따라서 감각하거나 지각하거나 의지하거나 하는 등의 행위를 하지 않는다는 뜻이다. 즉 무상심(無常心)은 확고하게 고정된 사상이나 철학이 없는 마음을 의미한다. 따라서 깨달은 사람은 마음에 고정된 바가 없으며, 백성들의 마음으로써 자기 마음을 삼는 열린 마음이다. 어떤 사람의 어떠한 생각이나 가치관도 수용하고 받아들여 줄 수 있는 열린 마음이 바로 무상심이다.

이러한 무상심은 주체성이 없는 부화뇌동 같지만 어떠한 경우에도 흔들리지 않고 흐트러지지 않는 마음, 그것이 바로 덕(德)이다. 덕은 고정된 것이 아니기 때문에 흔들리지 않는다는 점에서는 오히려 굳은 상심(常心)이다. 그래서 깨달은 사람은 언제나 선(善)으로서 사람을 대한다. 선한 것도 선하게 대하고, 선하지 않은 것도 선하게 대하니, 나에게 선하게 하는 사람에게 선하게 대하고 선하지 않은 사람에게도 마찬가지로 선하게 대한다.

믿음이 있는 사람도 믿음으로 대하고, 믿음이 없는 사람도 믿음으로 대하니, 나를 믿는 사람을 믿으며, 나를 믿지 않는 사람도 역시 믿는다. 즉 상대가 나를 믿거나 믿지 않거나에 관계없이 나는 상대를 믿는다는 것이 덕의 믿음이다. 덕은 믿음이기 때문에 어떤 상대나 어떤 경우에도 관계없이 상선(常善)이고 상신(常信)이다. 이와 같이 상선, 상신을 유지하는 마음이 바로 무상심(無常心)이다.

깨달은 사람은 세상 속에 살아가면서 세상의 모든 것을 다 받아들여, 세상과 함께 어울리니 백성 모두가 그 말과 행동을 듣고 보면서 따르게 되므로, 깨달은 사람은 그러한 백성들을 모두 어린아이와 같이 여긴다. 백성들이 깨달은 사람의 말을 듣고자 기다리고, 그를 바라보며 기대를 해도 깨달은 사람은 그런 백성을 그저 어린아이로만 본다는 것이다. 모두를 어린아이처럼 여길 따름이지 그들을 향해 지시하거나 자신을 내세우지 않는다. 또한 깨달은 사람은 선과 악을 구분하는 절대적인 기준이 없다는 것을 알기 때문에 백성들을 선한 사람과 악한 사람으로 나누지도 않는다.

餘說

《한비자》의 〈유로(喻老)〉편 제21장에 이 49장이 인용되어 있기에 옮겨왔다.

翟人有獻豐狐, 玄豹之皮於晉文公.
적 인 유 헌 풍 호   현 표 지 피 어 진 문 공

文公受客皮而歎曰, 此以皮之美自爲罪.
문 공 수 객 피 이 탄 왈   차 이 피 지 미 자 위 죄

夫治國者以名號爲罪, 徐偃王是也. 以城與地爲罪, 虞虢是也.
부 치 국 자 이 명 호 위 죄   서 언 왕 시 야   이 성 여 지 위 죄   우 괵 시 야

故曰 罪莫大於可慾.
고 왈   죄 막 대 어 가 욕

"옛날 적나라 사람이 꼬리가 붙은 여우와 검은 표범 가죽을 진나라
의 문공에게 바쳤다. 문공은 사신에게서 그 가죽을 받아들고 개탄하며
이것은 가죽이 아름다웠기 때문에 그것이 화가 되어 망한 것이라고 말
했다. 무릇 나라를 다스리는 군주가 인의라는 명예를 존중하여 망신한
예가 있었으니 서나라의 언왕이 그렇고. 성과 토지를 소중히 한 나머지
망신한 예가 있었으니 우가 그렇다. 그래서 노자는 욕심이 많은 것보다
더 큰 죄가 없다고 한 것이다."

다스림은 도의 실천이다

왕필통행본 제53장

使我介然有知, 行於大道, 唯施是畏. 大道甚夷, 而民好徑.

朝甚除, 田甚蕪, 倉甚虛. 服文綵, 帶利劍, 厭飮食, 財貨有餘.

是謂盜夸. 非道也哉.

使我介然有知
사 아 개 연 유 지
만약 나에게 아는 것이 개연성이 있다면,

行於大道 唯施是畏
행 어 대 도 유 시 시 외
큰 도를 행할 수 있다면, 오직 두려워할 줄 알고 기뻐해야 할 것이다.

大道甚夷 而民好徑
대 도 심 이 이 민 호 경
큰 도는 매우 쉽지만, 사람들은 지름길을 좋아한다.

朝甚除 田甚蕪 倉甚虛
조 심 제　전 심 무　창 심 허
조정은 심하게 버려졌고, 논밭은 잡풀이 우거지고, 창고는 텅 비었는데도,

服文綵 帶利劍
복 문 채　대 리 검
아름답게 채색된 옷을 입고, (허리에는) 날카로운 칼을 차고,

厭飮食 財貨有餘
염 음 식　재 화 유 여
음식을 물리도록 먹으며, 재화가 남아돌아간다.

是謂盜夸 非道也哉
시 위 도 과　비 도 야 재
이러한 것을 두고 큰 도둑질이라고 한다. 도가 아니구나!

意譯

　　만약 나에게 아는 것이 있게 하는 능력이 주어진다면, 그래서
통치자가 되어 큰 도를 시행할 기회가 온다면, 오직 두려워할 줄 알고
베풀어야 할 것이다. 왜냐하면 큰 도는 오히려 쉬워서 모두 같이 가야
하는데 사람들은 저 혼자 지름길로 가려고 한다. 조정은 도를 심하게
외면하고 있고, 백성들을 차출하여 농사지을 사람이 모자라서 논밭은
잡풀이 우거지며, 백성들의 창고는 텅 비었는데도, 관료들은 아름답게
채색된 옷을 입고, 허리에는 날카로운 칼을 차고, 기름진 음식을
물리도록 먹고 있으며, 백성들로부터 거두어들인 재화가 넘쳐나는
지경이다.

　　이러한 것을 두고 큰 도둑질이라고 한다. 도의 실현이 아니구나!

　이 53장에서는 다스림은 도의 실천이기에 자신이 깨달은 그대로 위정자들을 인도한다면 그들에게 큰길로 가라고 하겠다는 것이다. 하지만 대부분의 사람들은 그 길로 향하는 것을 두려워한다. 큰길은 누구에게나 매우 쉬운데도 사람들은 그 큰길에서 벗어나려 한다는 점이다.

　다스림은 도의 실천으로 해야 함에도 통치자는 지식과 지혜를 지름길이라고 생각하고 그것으로 다스림을 행하며, 욕심을 채우려는 위정자와 백성들의 어려움을 표현하고 있다. 큰 도는 매우 쉬워 구성원들이 모두 같이 가야 하는데 사람들은 저 혼자 지름길로 가려고 한다. 지름길로 질러가는 것은 무리에서 빠져나와 자기 혼자 가는 것이다. 남들보다 먼저 가고 싶고, 남들보다 빨리 가고 싶고, 자기 혼자만 가기 위해 지름길을 찾는다. 그러한 결과물로 세상은 아래에 언급된 상태와 같이 된다.

　위정자가 심하게 부패하였으므로 농경지는 매우 황폐해졌고 그들의 창고는 텅텅 비었다. 조정에 사람이 없다는 것이니, 위정자들이 나랏일을 내팽개쳐 두고 자기 뱃속을 채우기에만 바쁜 탓에 조정에 사람이 보이지 않는다는 것이다. 관리자들이 개인적인 이권에 몰두하여 나랏일에 소홀히 하고 민생을 돌보지 않음으로써 야기된 결과로 당연히 전답은 버려지고 곳간은 텅 비게 된다.

　화려하게 채색된 옷을 입고, 날카로운 칼을 차고, 좋은 음식을 입에 물리도록 먹고, 재물을 가득 쌓아 놓았다는 이 말은 위정자들의 한심한 작태로 예나 지금이나 공히 벌어지고 있다. 이러한 행위를 저지르는 것은 마치 지름길을 좋아하는 사람들이 사는 모습인 것이다. 남의 처지는 안중에도 없고, 백성들의 삶이 어떠하던지 아랑곳없이 오직 자신의

욕심만 채우려는 무리가 바로 혼자서 지름길을 가는 자이다. 나에게
아는 것이 있도록 주어진다면, 그래서 큰 도를 행할 수 있다면, 오직 두
려워할 줄 알고 기뻐해야 한다는 문구가 이 문장의 핵심이다.

餘說

우리의 고전인 춘향전에 보면 위정자인 변학도가 그 고을 주민들을
착취한 내용이 나온다. 아래는 암행어사 이몽룡이 변학도의 생일잔치
에서 읊었다는 시(詩)다.

金樽美酒千人血, 玉盤佳肴萬姓膏, 燭淚落時民淚落, 歌聲高處怨聲高
금 준 미 주 천 인 혈 옥 반 가 효 만 성 고 촉 루 낙 시 민 루 낙 가 성 고 처 원 성 고

금빛 화려한 고급 잔에 담긴 맛좋은 술은 백성 천 명의 피요,
옥쟁반에 담긴 맛있는 고기는 만백성의 기름을 짠 것이니,
촛농이 떨어질 때면 백성의 눈물도 같이 떨어지고,
풍악소리가 높아질수록 원망하는 소리도 높아진다.

선행은 덕의 실천이다

왕필통행본 제54장

善建者不拔, 善抱者不脫, 子孫以祭祀不輟.

修之於身其德乃眞, 修之於家其德乃餘, 修之於鄕其德乃長,

修之於國其德乃豊, 修之於天下其德乃普.

故以身觀身, 以家觀家, 以鄕觀鄕, 以國觀國, 以天下觀天下.

吾何以知天下. 然哉以此.

直譯

善建者不拔 善抱者不脫
선 건 자 불 발 선 포 자 불 탈
선하게 잘 세운 것은 뽑히지 않고, 잘 품은 것은 이탈되지 않아,

子孫以祭祀不輟
자 손 이 제 사 불 철
자손들이 지내는 제사는 그치지 않을 것이다.

修之於身 其德乃眞
수 지 어 신 기 덕 내 진
이 도로 자신을 수양하면 그 덕이 참되고,

修之於家 其德乃餘
수 지 어 가 기 덕 내 여
이 도로 집안을 보살피면 그 덕이 여유가 있고,

修之於鄕 其德乃長
수 지 어 향 기 덕 내 장
이 도로 고을을 보살피면 그 덕이 장구하고,

修之於國 其德乃豊
수 지 어 국 기 덕 내 풍
이 도로 나라를 다스리면 그 덕이 풍성하고,

修之於天下 其德乃普
수 지 어 천 하 기 덕 내 보
이 도로 천하를 다스리면 그 덕이 두루 미친다.

故以身觀身
고 이 신 관 신
그러므로 자신으로서 자신을 판단하고,

以家觀家 以鄕觀鄕
이 가 관 가 이 향 관 향
집안으로써 집안을 판단하고, 고을로써 고을을 판단하며,

以國觀國 以天下觀天下
이 국 관 국 이 천 하 관 천 하
국가로써 국가를 판단하고, 천하로써 천하를 판단한다.

吾何以知天下
오 하 이 지 천 하
내가 어찌 천하가 그러한 줄 알겠는가?

然哉以此
연 재 이 차
그렇게 되기 때문에 이것(도리)이다.

　도(道)는 선하게 잘 세운 것은 참된 풍요를 가져오기 때문에 뽑힐 이유가 없고, 잘 품어 유지하고 있는 것은 참된 평안을 주기 때문에 벗어나게 할 이유가 없으니, 선조들이 이러한 도리를 알고 실행하면 자손들이 지내는 제사는 그치지 않을 것이다.

　이 도(道)로 자신을 수양하면 그 덕(德)이 참되고, 이 도로 집안을 보살피면 부모는 사랑하고 자식은 효도하며 형제는 우애가 있고 부부는 믿음과 정숙을 실행하니 그 덕이 여유가 있고, 이 도로 고을을 보살피면 어른을 공경하고 어린아이를 아끼며 잘 기르고 어리석고 힘없는 자를 잘 보살피게 되니 그 덕이 장구하고, 이 도로 국가를 다스리면 군주는 믿음을 보이고 신하는 충성하며 정치는 공정해지고 사사로움이 없어지니 그 덕이 풍성하고, 이 도로 천하를 다스리면 말하지 않아도 저절로 다스려지고 믿음이 충만하게 되어 그 덕이 두루 천하에 펼쳐지게 된다.

　그러므로 자신으로서 자신을 판단하고, 집안의 선행으로 그 집안의 덕을 판단해볼 수 있고, 고을의 선행으로 그 고을의 덕을 판단해볼 수 있으며, 나라의 선행으로 그 나라의 덕을 판단해볼 수 있고, 천하의 선행으로 그 천하의 덕을 판단해볼 수 있다. 내가 어찌 천하가 그러한 줄 알겠는가? 이 도리는 자신의 수양부터 천하의 다스림까지 그렇게 되기 때문이다.

이 54장은 선행이 결과적으로 덕의 실천임을 말하는 문장이다. 이 문장의 내용은 장차 통치자가 될 사람에게 항상 도(道)에 대하여 벗어나지 말 것을 언급하고 있다고 본다.

도에 근거한 순수한 상태와 마음가짐을 참됨이라 하고, 그 상태와 마음가짐을 벗어나지 않고 행동하는 것을 선행이라 하며, 도의 작용이 만물에 이롭게 베풀어지는 것을 덕이라 한다.

첫 문구인 선하게 잘 세운 것은 뽑히지 않고, 잘 품은 것은 이탈되지 않는다는 이 말은 만약에 세운 것이 뽑히거나 품은 것이 이탈한다면 그것은 잘 세우지 못했고 잘 품지 못해서 그렇다는 의미이다. 그런데도 자신의 부족함을 탓하지 않고 그 원인을 다른 곳으로 돌리면 잘못이라고 말하고 있다.

그 다음은 잘 세우고 잘 품은 경우 어떠한 결과가 나오는지를 하나의 예를 들기 위하여 조상에 대한 제사(祭祀)를 언급하고 있다. 선조들이 이러한 도리(道理)를 알고 실행하면 그 자손들은 제사 모시기를 그치지 않게 된다고 말했다.

자손들이 그들의 조상에 대한 제사를 끊는다는 것은 조상들이 세워 놓은 것들을 뽑는다는 의미이며, 조상들이 품은 것에서 이탈했다는 뜻이다. 유가(儒家)의 대표적인 인물인 공자의 중심사상도 제사를 지내는 것에 있다. 도리를 제대로 아는 사람은 자기 자신을 돌아보며 판단하고, 가정을 판단하고, 마을을 판단하고, 나라를 판단하고, 천하를 판단한다고 하였다.

사사로운 일이 조금이라도 미흡할 때 그 원인을 자기 자신에게서 찾아가는 사람은 결코 후회하지 않게 된다. 집안의 경우에 일부라도 불미스러울 때는 그 원인을 다른 곳으로 돌리지 않고 자신의 집안 내부에서 찾는다면 후회하지 않는다. 이러한 경우에 마을 국가 천하의 문제도 각기 그 구성체 내부에서 그 원인을 찾아 진단하고 수위를 높여간다면 실패하지 않을 것이다.

이 문장에서 말하는 도리(道理)를 제대로 안다면, 모든 것을 내 탓으로 여기고 잘 해낼 수 있는 사람이 되려면 내면의 힘을 기르기 위해 노력할 것이니 결국은 후회하지 않는 인생을 살 수 있게 된다.

눈에 보이지 않지만 자기 자신의 내면적인 능력을 키워 선하게 잘 세워 뽑히지 않고 잘 품어서 이탈하지 않도록 함으로써 삶의 참된 여유와 풍요로움을 추구할 수 있을 것이다.

餘說

《한비자》의 〈유로(喻老)〉편 제21장에 이 54장이 인용되어 있기에 옮겨놓는다.

楚莊王旣勝, 狩於河雍, 歸而賞孫叔敖.
초 장 왕 기 승　수 어 하 옹　귀 이 상 손 숙 오

孫叔敖請漢間之地, 沙石之處.
손 숙 오 청 한 간 지 지　사 석 지 처

楚邦之法, 祿臣再世而收地, 唯孫叔敖獨在.
초 방 지 법　녹 신 재 세 이 수 지　유 손 숙 오 독 재

此不以其邦爲收者, 瘠也, 故九世而祀不絶.
차 불 이 기 방 위 수 자　척 야　고 구 세 이 사 부 절

故曰 善建不拔, 善抱不脫, 子孫以其祭祀世世不輟. 孫叔敖之謂也.
고 왈　선 건 불 발　선 포 불 탈　자 손 이 기 제 사 세 세 불 철　손 숙 오 지 위 야

초나라의 장왕이 하옹 싸움에서 진나라에게 승리하고 귀국하여 손숙오를 포상하려 했을 때 손숙오는 한수의 모래와 자갈이 많은 토지를 받았다. 초나라의 법에 의하면 신하에게 녹은 주는 것은 2대뿐이며 그 후에는 그 토지를 회수하도록 되어 있었다. 다만 손숙오만이 예외로서 그 녹은 그대로였다. 그의 토지가 회수되지 않는 것은 그의 토지가 메말라 있었기 때문이었다.

그리하여 9대에 이르기까지 그 땅을 점유하여 조상에게 제사를 지내고 있었다. 그래서 노자는 선하게 잘 세운 것은 뽑히지 않고, 잘 품은 것은 이탈되지 않는 것처럼 조상의 제사를 대를 이어 그칠 날이 없다고 한 것이다. 이것은 손숙오를 두고 이르는 말이다.

법치 法治 의 한계

왕필통행본 제57장

原文

以正治國, 以奇用兵. 以無事取天下. 吾何以知其然哉, 以此.

天下多忌諱, 而民彌貧, 民多利器, 國家滋昏,

人多伎巧, 奇物滋起, 法令滋彰, 盜賊多有.

故聖人云, 我無爲而民自化, 我好靜而民自正,

我無事而民自富, 我無欲而民自樸.

直譯

以正治國 以奇用兵
이 정 치 국 이 기 용 병
바름으로 나라를 다스리고, 바르지 못함으로 병력을 사용하고,

以無事取天下
이 무 사 취 천 하
일을 하지 않음으로써 천하를 취한다.

吾何以知其然哉, 以此
오 하 이 지 기 연 재   이 차
내가 어떻게 그러함을 알 수 있는가? 이것 때문이다.

天下多忌諱 而民彌貧
천 하 다 기 휘 이 민 미 빈
세상에 꺼리고 싫어하는 것이 많아지면 백성은 빈곤해지고,

民多利器 國家滋昏
민 다 리 기 국 가 자 혼
백성들에게 이기가 많아지면 국가는 혼란해지며,

人多伎巧 奇物滋起
인 다 기 교 기 물 자 기
사람들이 기교가 많아지면 기이한 일이 자주 일어나게 되고,

法令滋彰 盜賊多有
법 령 자 창 도 적 다 유
법령이 더욱 뚜렷해지면 도적은 오히려 많아진다.

故聖人云
고 성 인 운
그러므로 성인이 말하기를,

我無爲而民自化
아 무 위 이 민 자 화
내가 하는 바가 없어도 백성들은 스스로 변화되고,

我好靜而民自正
아 호 정 이 민 자 정
내가 고요한 것을 좋아하면 백성은 저절로 바르게 되고

我無事而民自富
아 무 사 이 민 자 부
내가 일을 벌이지 않아도 백성은 자연히 넉넉해지고,

我無欲而民自樸
아 무 욕 이 민 자 박
내가 하고자 함이 없어도 백성들은 저절로 순박하게 산다.

　　법을 세워 나라를 바르게 다스리려 하면, 이를 속이려는 행위가 생기게 되어, 병력을 사용해야 할 지경에 이르게 된다. 병력을 사용하는 일을 하지 않음으로써 천하를 취한다. 내가 어떻게 그러함을 알 수 있는가 하면 다음에 말하는 이것 때문이다. 세상에 법령이 빈번하고 금하는 것이 많으면, 간사함과 속임수가 생겨나서 백성들은 서로 반목하며 빈곤해지고, 쓸모 있는 제도와 도구는 나라를 강하게 하려는 것인데, 백성들에게 이기가 많으면 서로 이득의 추구를 앞세우게 되어 국가는 혼란해지며, 사람들이 기교가 많으면 교묘함과 거짓이 생기고, 교묘함과 거짓이 생기면 기이한 일이 자주 일어나게 되는데, 이는 법령이 뚜렷해지면 오히려 도둑질과 외부침입자가 많아진다. 즉 나라를 법령으로 다스리면 결과만을 제어하려 하기 때문에, 근본을 세우지 못하고 인색함 혼란 기이함이 생겨나, 백성들은 결국 도적이 되는 것이다.

　　그러므로 성인이 말하기를, 내가 무위하여 하늘을 거스르는 바가 없으면 백성들은 저절로 변화되고, 내가 고요함을 좋아하여 말 없는 가르침을 행하면 백성들은 저절로 바르게 되고, 내가 무위로 일을 처리하며, 백성들을 고달프게 하지 않으면, 백성들은 각각 자신의 일에 충실하게 되어 저절로 부유해지고, 내가 하고자 하는 욕심 없으면, 백성들은 스스로가 온전하게 된다 하였다.

　　이 57장에서는 법을 내세우는 바른 다스림의 한계와 무위지위(無爲之爲)의 효과를 언급하고 있다. 나라를 바른 법으로 다스리고 군사를 책

략으로 다루는 것은 유위행이며 천하를 취하려고 한다면 억지로 일을 만들지 않는 무위지위로 해야 한다고 주장하고 있다.

무위와 무사(無事)하면 세상은 저절로 잘 다스려지며, 바른 다스림을 행한다고 하면서 법령을 공표하고 규제를 강화하면, 도적이 많아져 군대를 써야하는 일이 생길 것이라고 했다. 법령으로 나라를 다스리는 것은 유위의 일이며, 그 결과 나타나는 부작용을 구체적으로 표현하고 있다. 도로써 나라를 다스리면 나라가 평안하고, 바름으로써 나라를 다스리면 바름을 속이는 것이 일어나고, 무위지위하면 천하를 취할 수 있다. 48장에서도 천하를 얻으려면 늘 무위로써 하고, 유위에 이르면 천하를 얻기에 부족하다고 했다. 따라서 바름으로 나라를 다스리고, 바르지 못함으로 병력을 사용하고, 무사(無事)로써 천하를 취한다.

도로써 나라를 다스리면, 근본을 높이고 대응하게 하지만, 바름으로 나라를 다스리면 법을 세워 공격하는 것이니, 근본이 서지 않고 천박해져, 백성들은 어찌할 바를 모르게 되어 군대를 사용해야 하는 지경에 이르게 된다. 노자는 이러한 일을 하지 않으면 오히려 천하를 취할 수 있다고 말하면서 그 이유를 밝히고 있다. 바름으로 나라를 다스리기 위해서는 통치자가 내린 바름의 판단에 따르게 된다. 통치자의 판단은 자기가 통치하는 데 도움이 되는 것은 바른 것이며, 방해가 되는 것은 바르지 못한 것으로 분류되기 쉽다.

이 기준에 따라 백성들에게 도움이 되는 행위는 하고 방해가 되는 것은 하지 말라고 명하게 된다. 백성들은 여기에 따라 꺼리고 기피하는 일이 생기게 되고 꺼리고 기피하는 일이 많아지면 더욱 가난해진다고 언급하고 있다.

법령이 많아져서 백성들에게 빈번하게 적용되면 백성 중에서 일부는 더욱 가난하게 되고 도적이 되지 않고는 살아갈 수 없게 된다. 내가 무엇을 하겠다고 나서는 일이 없으면, 백성은 저절로 바르게 되며, 내가 무사 무위하게 처신하면 백성의 살림은 저절로 넉넉해지는 것이다. 내가 욕심이 없으면 백성들도 그것을 본받아 저절로 순박해진다는 주장에는 그 시대적 아픔과 부조리한 정치에 대한 고발이 깔려 있다.

통치자들은 백성들의 고통이나 참상은 아랑곳하지 않고 이기적인 공명심과 탐욕에서 전쟁이나 거창한 일을 떠벌리기를 좋아하였다. 백성들은 전쟁과 과중한 세금, 부역 등으로 신음하게 될 수밖에 없었다. 노자는 이 점이 안타까워 통치자에 대하여 제발 욕심 좀 버리고 백성을 이대로 내버려두라고 호소하고 있는 것이다. 무사 무위가 최상의 정책임을 역설하는 그의 주장에는 그 시대상황의 고민이 담겨 있는 것이다. 한때 세계를 호령했던 몽골제국의 칭기즈칸도 정복을 거듭하면서 오히려 국가의 법령은 점점 더 줄여나갔다고 한다. 노자의 정치철학은 그 시대의 현실적 상황을 염두에 두어야만 제대로 이해될 수 있을 것이다.

물론 시대의 변화로 인해 이 57장의 내용은 현대과학의 시대와는 꽤 거리가 있는 구절들도 있지만, 그중에서 "以正治國, 以奇用兵. 我好靜이면 民自正과 我無欲이라야 民自樸"이라는 문구는 이 세상이 끝나는 날까지는 변함없는 진리일 것이다.

"바름으로 나라를 다스리고, 바르지 못함으로 병력을 사용하고, 내가 고요한 것을 좋아하면 백성은 저절로 바르게 되고, 내가 하고자 함이 없어도 백성들은 저절로 순박하게 산다."

위 문구를 현시대의 위정자들과 대비해 본다면 시사(示唆)하는 바가 클 것이다.

나라를 다스리는 기준
왕필통행본 제58장

原文

其政悶悶, 其民淳淳, 其政察察, 其民缺缺.

禍兮福之所倚, 福兮禍之所伏, 孰知其極.

其無正也, 正復爲奇, 善復爲妖. 人之迷, 其日固久.

是以聖人方而不割, 廉而不劌, 直而不肆, 光而不燿.

直譯

其政悶悶 其民淳淳
기 정 민 민 기 민 순 순
다스림이 불투명하고 답답하면, 백성들은 제멋대로가 되고,

其政察察 其民缺缺
기 정 찰 찰 기 민 결 결
다스림이 밝고 자세하면, 백성들은 슬기롭고 올바르게 된다.

禍兮福之所倚 福兮禍之所伏
화 혜 복 지 소 의 복 혜 화 지 소 복
화에는 복이 의지하고, 복에는 화가 잠복하는 곳이니,

孰知其極
숙 지 기 극
누가 그 끝을 알 것이냐?

其無正也 正復爲奇
기 무 정 야 정 복 위 기
세상에는 올바른 것이 없고, 정상적인 것도 거짓으로 돌아오고,

善復爲妖
선 복 위 요
훌륭한 것도 또한 요괴스러운 것으로 되니,

人之迷 其日固久
인 지 미 기 일 고 구
사람이 미혹된 나날이 오래구나!

是以聖人 方而不割
시 이 성 인 방 이 불 할
그러므로 성인은 방정하지만 편가르지 않고,

廉而不劌 直而不肆
염 이 불 귀 직 이 불 사
청렴하다고 상처 입히지 않고 곧지만 방자하지 않고,

光而不燿
광 이 불 요
빛나지만 드러내려 하지 않는다.

意譯

'민민(悶悶)'이나 '순순(淳淳)'처럼 똑같은 단어를 붙여놓으면 원래의 뜻
과는 전혀 다른 의미가 된다. 통치자의 다스림이 왔다 갔다 하면서 불
투명하고 답답하면, 백성들은 제멋대로가 되고, 다스림이 밝고 자세하
게 되면, 백성들은 슬기롭고 올바름으로 찾아가게 된다.

화(禍)는 복(福)이 의지하는 곳이고, 복은 화가 숨어들어 있는 곳이다. 누가 참된 정치의 한계와 그 끄트머리를 알 수 있겠는가? 부정을 바로잡기 위해서는 올바름이 확고해야 하는데 끝까지 지속하는 그러한 올바름은 기대하기 힘들다. 왜냐하면 올바른 것도 거짓으로 되돌아오고, 훌륭한 것도 요괴스러운 것으로 변질되어 돌아오기 때문이다. 사람들이 이러한 이치를 모른 채 미혹한 지는 참으로 오래되었다. 그러므로 성인은 자신이 옳고 그름을 구별해서 옳게 행동하지만, 다른 사람들의 옳고 그름을 구별해서 편 가르지 않는다. 자신은 청렴하지만 다른 사람들을 청렴하지 않다고 말함으로써 상처 입히지 않는다. 자신은 빛나는 훌륭한 삶을 살지만 남들에게 자신의 삶이 훌륭하다는 것을 일부러 드러내려고 하지는 않는다.

解說

이 58장에서는 나라를 다스리는 기준에 대한 내용으로 언급해 놓았다. 모든 현상은 고정된 것이 없이 항상 변하므로 그 변하는 현상 자체에 집착하여 끌려다니지 말고 그 변화 이전의 드러나지 않은 내면에 안정되게 머무르라고 했다.

또한 겉으로는 상대적인 양변 중 한쪽에 치우쳐 머물지 말고 상황에 따라 주변과 조화를 이루어 가며 적응하라고 일러주고 있다.

통치자가 자신의 방법이 옳고 그름을 떠나서 백성의 견지에서 볼 때 통치자의 다스림이 왔다 갔다 하면서 불투명하고 답답하면, 백성들은 제멋대로가 되고, 다스림이 밝고 자세하게 되면, 백성들은 슬기롭고 올바름으로 찾아가게 된다.

그렇지만 통치자가 자신이 통치하는 것이 옳다는 신념을 갖고 백성들을 감시하고 일일이 제어를 하게 되면 백성들은 그 통제에서 벗어나기 위한 방도를 찾다가 그들의 심성도 나빠질 수밖에 없게 된다. 설사 그 방법이 옳다고 하더라도 강제적인 수단을 사용하면 백성들의 자발성을 잃게 하는 더 큰 잘못을 저지르게 될 수도 있다. 통치자는 자신이 하는 일이 올바른 선(善)이고 이 일에 방해가 되는 자를 악(惡)으로 여기는 이분법적 사고에 빠질 수 있다.

이에 대해 본문에서는 "화(禍)는 복(福)이 의지하는 곳이고, 복은 화가 숨어들어 있는 곳이다. 누가 참된 정치의 한계와 그 끝을 알 수 있겠는가?"라고 묻고 있다. 태극의 이치가 음(陰)과 양(陽)으로 분화되기 전의 상태로 음과 양이 서로 꼬리를 물고 돌아가는 이치요 형상이듯이, 재앙(禍)과 행복(福)도 시작과 끝이 없으며 상호의존적이다. 이러한 이치는 올바름 속에 옳지 못함이 있고 착함 속에 이미 악함이 있다는 것이다.

통치자가 옳지 못함을 바로잡기 위해서는 올바름이 고정되어 있어야 하는데 끝까지 지속되는 올바름은 없다고 하였다. 그런데 어찌 통치자가 자신의 생각을 백성들에게 강제할 수 있느냐고 묻는다. 즉 자신의 생각이 옳고 상대방의 생각은 옳지 않다는 사고(思考)가 얼마나 문제인가를 적시하고 있다. 사람들의 이러한 미혹된 생각은 오래되었고 견고하다고 탄식하고 있다.

이 58장은 57장과 비슷한 주제로 그 연장선상의 내용을 담고 있다. 57장에서는 통치자가 바르게 통치하든 그렇지 못하든 유위(有爲)인 부국강병을 목표로 하는 이상 이미 나라를 잘못 다스리고 있다는 점을 들면서 무위지위(無爲之爲)를 지향해야 한다는 점을 언급하고 있다.

55장과 57장에서도 그 기저(基底)에는 자신은 바르고 상대방은 그르다는 생각이 깔려 있다. 58장은 바로 자신이 바르다고 여기는 그 마음이 문제라는 점에 대해 적시하면서 이 이치를 대부분 사람들이 오랫동안 잘 모르고 이분법에 입각한 사고를 옳다고 여기고 있음을 우려하고 있다.

餘說

　마키아벨리는 로마의 초대왕인 로물루스와 그 뒤를 이은 누마와 툴루스 이 세 명의 왕이 모두 탁월한 능력을 갖추고 겸손했다고 평했다. 탁월한 군주의 뒤를 이은 군주가 허약하더라도 왕국이 유지되나 허약한 군주를 허약한 군주가 이으면 그 왕국은 유지할 수 없다고 했다. 그가 말한 허약한 군주란 통상 전쟁에 대비하지 않는 통치자를 말한다고 했다.

　로물루스가 워낙 출중했기 때문에 그를 이은 누마는 평화와 종교만으로 로마를 다스릴 수 있었다. 누마와 같은 평화주의자는 국운에 따라 국가를 유지할 수도 있으나 로물루스처럼 신중함과 무력으로 대비하는 통치자는 어떤 경우에도 국가를 보위한다고 했다. 역사적으로 음흉하고 비열한 행위는 마치 마키아벨리즘의 실천이라고 여기는가 하면, 심지어 마키아벨리가 무슨 음모가인 것처럼 인식되기까지 했다. 마키아벨리의 사상이 그의 사후에 이와 같이 변질된 것을 두고 마키아벨리의 인생은 그의 사후에 새로 시작되었다는 식으로 꼬집는 경우도 있었다.

국가의 운영에 대하여
왕필통행본 제59장

原文

治人事天莫若嗇. 夫唯嗇是以早服, 早服謂之重積德.

重積德則無不克, 無不克則莫知其極. 莫知其極可以有國,

有國之母可以長久.

是謂深根固柢, 長生久視之道.

直譯

治人事天 莫若嗇
치 인 사 천 막 약 색
사람을 다스리고 하늘을 섬기는 데에 아낌 만 한 것이 없다.

夫唯嗇 是以早服
부 유 색 시 이 조 복
오직 여기서의 아낌이라는 것은 순리에 따르는 것이고

早服謂之重積德
조 복 위 지 중 적 덕
순리에 따르는 것을 일러 덕을 거듭 쌓는다고 한다.

重積德則無不克
중 적 덕 즉 무 불 극
덕을 거듭 쌓으면 이기지 못할 것이 없게 되고,

無不克則莫知其極
무 불 극 즉 막 지 기 극
극복하지 못할 일이 없게 되면, 그 능력의 끝을 알 수 없다.

莫知其極 可以有國
막 지 기 극 가 이 유 국
그 능력의 끝을 알 수 없게 되면 나라를 소유할 수 있고

有國之母 可以長久
유 국 지 모 가 이 장 구
근본(아낌)를 행하면 (그 나라는) 오래 갈 수 있다.

是謂深根固柢 長生久視之道
시 위 심 근 고 저 장 생 구 시 지 도
이것을 뿌리가 깊고 하고 바탕을 굳게 하며 장구하게 유지되는 도이다.

意譯

    사람을 다스리고 하늘을 섬기는 일에 있어 아낌 만 한 것이 없다.
오로지 여기서의 아낌은 순리에 따르는 것이고 그 대상인 사람을
다스리고 하늘을 섬기는 일이다. 순리에 따라 사람을 다스리고
하늘을 섬기는 일을 일러 덕을 거듭 쌓는다고 한다. 덕을 거듭 쌓으면
이기지 못할 것이 없게 되어 억지로 따라야 할 일이 없다. 다시 말하면
자신이 자유롭게 결정할 수 있는 능력을 갖게 된다. 극복하지 못할
일이 없게 되면 자신이 자유롭게 결정할 수 있는 능력의 끝을 알 수
없게 된다.

    그 능력의 끝을 알 수 없이 굉장하게 되면 나라를 소유할 수 있게

된다. 나라를 얻는 근본인 아낌을 지속적으로 행함으로써 나라를
오래 유지할 수 있다. 이것을 일러 뿌리는 깊고 바탕을 굳게 하며
어떠한 조직이나 환경이라도 오랫동안 살아남게 하고 주관할 수 있는
도리이다.

이 59장에서는 국가의 운영에 대하여 언급한 내용으로 어쩌면 가장
무서운 말일 수도 있다. 이 문장에서 사천(事天)은 하늘에 제사지내는
것을 의미하고, 조복(早服)은 순리에 따른다는 것으로 노자가 만든 단어
이며 서경(書經)에도 나온다.

나라를 다스리는 기본이념으로 도를 바탕으로 삼으려면 우선 사람과
하늘을 소중하게 아끼는 것부터 배우라고 했다. 사람과 하늘을 소중하
게 아낄 줄 알면 이미 도인적인 지도자로서 자격을 갖추기 시작한 것이
며, 이는 집중적으로 덕을 닦아서 쌓은 것이고, 그렇게 덕을 쌓으면 이
세상에 불가능한 일이 없어지며 그 능력이 무한하다는 것이다. 아낀다
는 것은 백성들을 자애로움으로 대하고 언행을 절제하며 소중히 여기
며 두루 살피는 것이다.

상대를 만났을 때 즉시 자신을 낮추고 상대에게 따를 때 덕이 거듭
쌓인다고 말했다. 왜냐하면 그때마다 그 사람들이 자신을 따르는 일이
거듭되어 주변에 자신의 일을 진심으로 함께 하고자 하는 사람들이 많
아지고, 수준이 깊어지기 때문이다.

이렇게 덕(德) 쌓는 일을 거듭하면 극복(克服)하지 못할 일이 없다고
언급했다. 덕이 쌓이면 어려운 일도 함께 잘 처리해 나가니 큰일도 쉽

게 극복할 수 있게 된다. 그래서 어느 정도의 큰일까지 극복하는 사람이 되었다면, 장차 가장 큰 조직인 나라까지도 얻게 될 것이라고 했다. 그리고 이 아낌의 원리를 안다면 국가를 소유할 뿐만 아니라 오랫동안 유지할 수 있다고도 했다. 이것은 뿌리를 깊게 하고 바탕을 굳게 하며 장구하게 유지되기 때문이다.

아랫사람이 말을 듣지 않거나 물의를 일으켜 주변에 피해를 입혔을 때, 그 조직의 책임자가 "제 부덕(不德)의 소치(所致)다."라고 말하는 경우가 있다. 만약에 책임자가 이 말을 진심에서 우러나와서 말했다면, 59장의 내용을 제대로 이해하고 실천하는 사람으로 볼 수 있다. 부덕의 소치는 장(長)으로서 덕이 부족했기 때문에 구성원이 말을 듣지 않거나 불미스러운 것에 대하여 잘못을 인정한다는 말이다. 덕이 부족했다는 것은 부하들을 대할 때 그들을 무시했거나 그들의 의견에 즉시 따르지 않았다는 의미이다. 조직의 장(長)이 아랫사람을 아낀다면 그들의 의견을 충분히 수렴할 뿐만 아니라 그들의 허물도 감싸야 한다.

이 아낌의 원리는 인사(人事)에 적용됨은 물론이고 경제의 원리로도 쓰인다. 외부에서 들어오는 수입을 아껴 쓰고 지출을 적게 하면 당연히 돈은 쌓이게 된다. 27장에서 성인은 사람을 구하는 것을 잘하고 사람을 버리지 않는다고 하였다. 즉 사람을 소중히 생각하고 아낀다는 것이다. 또한 모든 물건을 잘 구하고 결코 버리지 않는다고도 하였다. 이와 같이 사람과 물건을 아끼는 것이 바로 이 장에서 말하는 색(嗇)이다. 그리고 이것이야 말로 덕을 무겁게 쌓는 일이 되는 것이다.

사람을 다스리거나 자연을 대하는 데 있어서 아낌 만 한 것이 없다고 하면서 아낌의 중요성을 강조했다. 여기서의 아낌은 빨리 그 대상인 사람을 다스리고 하늘을 섬기는 일에 따름이라고 했다. 그리고 여기서 빨리 대상에게 따른다는 것은 상대를 만나자마자 내 의견을 접어두고 상대방의 의견을 존중한다는 말이다.

통치자가 본인의 의견을 접어두는 행위를 아낌(嗇)이라는 글자로 표현했다. 자신의 의견을 아껴두고 상대의 의견을 존중해서 따르면 결과적으로는 상대가 나에게 따르게 된다는 이치를 말하고 있다. 이것을 58장에서는 통치자가 민민(憫憫)하면 상대인 백성은 순순(淳淳)히 따른다고 했다. 그 동일한 원리가 58장에서는 인간 세상에만 적용되었고, 59장에서는 인간과 자연(天)에까지 확대 적용시켰다.

《징비록(懲毖錄)》은 서애 유성룡(柳成龍)이 지은 임진왜란 회고록이자 경세서이다. 징비는 "지난날을 반성하고 훗날에 근심이 없도록 한다."라는 뜻으로 《시경(詩經)》의 〈소비(小毖)〉 편에서 따온 말이다. 《징비록》에는 임진왜란 직전 일본 정세와 일본과의 외교 관계, 전쟁에 대비하기 위한 조선의 국방 태세를 비롯해 이순신 장군과 명나라군의 참전, 강화회담 정유재란 등 핵심적 내용을 담아냈다.

유성룡은 국가 위기를 극복한 리더다. 그의 리더십은 오늘날에도 담아야 할 교훈과 지혜가 있다.

첫 번째, 인재등용의 혜안이다. 이순신이나 권율을 기용한 것은 다 알려진 사실이나 인재를 구할 때 폭넓은 시각으로 그 사람의 장점을 부각시키고 인재를 적재적소에 배치해야 함을 강조했다.

두 번째, 천심과 민심을 아울러 헤아릴 줄 아는 리더였다. 하늘의 순리와 인심의 가는 방향을 세심히 살펴 전란기에 애민정신을 실천해 국민을 심리적으로 안정시키려 했다.

세 번째, 외교적인 명분과 실리를 동시에 취할 수 있었던 탁월한 리더십을 발휘했다. 그는 명나라에 원군을 청할 때 구걸하지 않고 임진왜란 원인이 "명나라를 치러가는 길을 내달라."는 일본 요구를 조선이 거절해 일어났다고 주장하고 명의 의리를 지키려다 일본의 침입을 받았기에 명이 조선을 지원해야 한다는 주장을 펼쳤다.

네 번째, 그의 리더십 중심에는 항상 충효가 자리잡고 있었다. 언제나 어떤 판단, 결정에도 나라사랑이 우선했다. 개인적 사심을 버리고 살신성인의 대의명분의 자세로 펼친 애국심은 길이길이 역사에 기억될 것이다.

상처를 입히지 않으려면
왕필통행본 제60장

原文

治大國, 若烹小鮮. 以道莅天下, 其鬼不神. 非其鬼不神, 其神不傷人.

非其神不傷人, 聖人亦不傷人. 夫兩不相傷, 故德交歸焉.

直譯

治大國 若烹小鮮
치 대 국 약 팽 소 선
큰 나라를 다스리는 것은 마치 작은 생선을 삶는 것과 같다.

以道莅天下 其鬼不神
이 도 리 천 하 기 귀 불 신
도로서 세상에 임하면 귀신도 신령한 힘을 발휘하지 못한다.

非其鬼不神
비 기 귀 불 신
그 귀신이 신령한 힘을 내리지 않는 것이 아니라,

其神不傷人
기 신 불 상 인
그 신령한 힘이 사람을 해치게 하지 않는다.

非其神不傷人
비 기 신 불 상 인
그 신령한 힘이 사람을 해치지 않을 뿐만 아니라,

聖人亦不傷人
성 인 역 불 상 인
성인 또한 사람을 해치지 않는다.

夫兩不相傷
부 양 불 상 상
양쪽(귀신과 성인)이 서로를 해치지 않으므로

故德交歸焉
고 덕 교 귀 언
그 덕을 주고받아 서로에게 돌아가게 한다.

解說

이 60장에서는 상처를 입히지 않음이 강조되는 문장으로 큰 나라를
다스리는 데 있어 작은 생선을 불에 익혀서 요리하듯이 하라고 충고하
고 있다. 이 말은 작은 생선은 쉽게 상처를 입기 때문에 작은 생선이 상
처를 입지 않을 정도로 조심해서 다루라는 말이다. 큰 나라는 작은 나
라와 백성들을 다스리는데, 작은 나라는 큰 나라에 비해 약하고 상처
를 입기 쉽다. 상처를 쉽게 입을 수 있는 이들을 작은 생선을 요리하듯
이 조심스럽게 다루는 것이 도를 앞세워 세상에 임하는 자세라고 했다.
도를 바탕으로 세워진 세상에서는 귀신도 신통력을 부리지 못하고 도
를 닦은 성인조차도 사람들에게 영향을 끼치지 못할 정도로 전체가 도
의 작용인 일원적인 도로 돌아온다고 말하고 있다. 이렇게 도를 앞세워
세상에 임하면 귀신도 신령한 힘을 발휘하지 못한다고 했다. 귀신이 나
쁜 일을 할 수 있는 신령한 힘을 발휘하지 못하면 인간 세상에 나쁜 일

이 줄어들게 된다.

큰 나라를 다스리는 통치자가 도로서 작은 나라를 대하거나 백성들을 대할 때 귀신들은 그곳에 있는 사람들에게 상처를 입히지 못한다. 성인이 남에게 상처를 주지 않기 위해 조심한다면, 귀신은 그런 것에 아랑곳하지 않지 않고 자신이 하고 싶은 것을 마음대로 하는 존재이다. 성인은 덕을 많이 쌓았기 때문에 사람을 대할 때나 귀신을 대할 때도 상대에게 상처를 입히지 않는다. 인간에게 나쁜 영향을 끼치는 귀신도 성인을 만나게 되면 오히려 덕을 쌓아가는 존재가 되고 만다.

59장에서 덕을 많이 쌓은 사람은 즉시 상대를 따르는 것이고, 즉시 상대를 따르는 것은 상대를 아끼기 때문이라고 했으며 60장에서 이렇게 하는 까닭은 상대에게 상처를 주지 않기 위해서이다. 사람들은 일반적으로 자신의 말이나 행동으로 비롯될 수 있는 상처를 남에게 주지 않기 위해 노력한다. 상대에게 상처를 받지 않았는데도 상대에게 의식적으로 상처를 입히는 사람은 인격적으로 문제가 있다. 이 사람은 자신이 베푼 덕이 자신에게 되돌아옴을 모르고 일시적인 이익에만 집착하고 있기 때문에 장기적으로는 덕(德)이 부족하여 사회에서 낙오자가 된다.

성인(聖人)은 의식적으로든 무의식적으로든 상대에게 상처를 주지 않으려고 조심하는 사람이다. 이에 비해 세상을 살면서 상대에게 상처를 주는지 주지 않는지에 대해 무관심한 사람은 귀신같거나 귀신에 홀린 사람이다. 그러한 사람은 결과적으로 덕이 부족해 외롭고 힘든 상태인데 자신을 진심으로 아껴주는 성인을 만나면 서로에게 상처를 주지 않고 그 덕을 주고받아 서로에게 돌아가게 한다.

나라를 다스림에 있어 57장에서는 무사(無事), 58장에서는 민민(憫憫), 59장에서는 아낌(嗇)이 강조되었다면 이 60장에서는 상처를 입히지 않음(不傷)이 강조되고 있다. 이러한 각 장의 핵심용어들은 모두 일맥상통(一脈相通)하고 있다.

57장의 무사(無事)는 단순히 일을 하지 않는 것이 아니라 남에게 상처를 입히는 일을 하지 않는 것이다. 58장의 민민(憫憫)은 찰찰(察察)하지 않다는 의미이고 찰찰의 뜻은 "지나치게 꼼꼼하고 자세하다."이다. 상대를 지나치게 꼼꼼하고 자세하게 살펴 자신의 영향력에 두려고 하면 그 상대에게 상처를 입힐 수 있으므로 상대가 하는 대로 민민하게 두라는 말이다. 59장의 아낌은 즉시 상대와 순리에 따르는 것(早服)이다. 상대에게 즉시 따르지 않고, 복종시키려거나 자신의 생각대로 하려고 한다면 상대에게 상처를 입히게 된다.

인접국隣接國과의 외교

왕필통행본 제61장

原文

大國者下流, 天下之交, 天下之牝. 牝常以靜勝牡, 以靜爲下. 故大國以下

小國, 則取小國, 小國以下大國, 則取大國. 故或下以取, 或下而取.

大國不過欲兼畜人, 小國不過欲入事人, 夫兩者各得其所欲, 大者宜爲下.

直譯

大國者下流
대 국 자 하 류
큰 나라는 하류와 같아서

天下之交 天下之牝
천 하 지 교 천 하 지 빈
천하만물이 교차하는 곳이니, 천하의 암컷이 된다.

牝常以靜勝牡
빈 상 이 정 승 모
암컷은 항상 고요하게 있으나 수컷을 이기는데,

以靜爲下
이정위하
고요하게 있음으로써 낮춤이 되기 때문이다.

故大國以下小國 則取小國
고 대국이하소국 즉취소국
큰 나라가 작은 나라보다 낮춤으로써 소국을 얻고,

小國以下大國 則取大國
소국이하대국 즉취대국
작은 나라가 큰 나라보다 낮춤으로써 대국을 얻는다.

故或下以取 或下而取
고혹하이취 혹하이취
따라서 혹은 낮춤으로 취하기도 하고, 혹은 낮추어서 취해진다.

大國不過欲兼畜人
대국불과욕겸축인
큰 나라는 아울러 함께 양육하고자 할 뿐이고,

小國不過欲入事人
소국불과욕입사인
작은 나라는 (대국 밑에) 들어가 통치자를 섬기고자 할 뿐이다.

夫兩者各得其所欲
부양자각득기소욕
대체로 양쪽이 각각 바라는 대로 얻으려면,

大者宜爲下
대자의위하
큰 쪽이 마땅히 낮추어야 한다.

意譯

　　큰 나라는 큰 강이나 바다처럼 하류와 같다. 하류는 많은 시냇물과
강물들이 모여들듯 천하만물이 교차하는 곳이니, 큰 나라는 세상의

많은 수컷들을 모여들게 하는 암컷과 같다는 것이다. 암컷은 항상 고요하게 있으나 수컷을 이기는데, 암컷은 고요하게 있음으로써 수컷보다 낮추거나 따르는 자세를 취하기 때문이다. 그러므로 큰 나라가 작은 나라보다 낮춤으로써 작은 나라를 얻게 된다. 이와는 반대로 작은 나라가 큰 나라보다 낮춤으로써 큰 나라를 얻게 된다. 따라서 서로 간에 혹은 낮추어 상대를 취하게 되기도 하고, 혹은 낮추게 되면서 상대에게 취해지기도 한다.

큰 나라는 아울러 함께 작은 나라 사람들까지 양육하고자 할 뿐이고, 작은 나라는 큰 나라 밑에 들어가 그 나라의 통치자를 섬기고자 할 뿐이기 때문이다. 대체로 큰 나라와 작은 나라 양쪽이 각각 바라는 대로 얻으려면 큰 쪽이 마땅히 그 아래가 되어 낮추어야 한다.

解說

이 61장에서는 큰 나라와 다른 인접국가 사이의 외교관계에 에 대하여 충고하는 내용이다. 큰 나라는 자신을 낮춤으로써 다른 나라들을 포용하는 외교정책을 구사하라고 했다. 고요하고 낮추는 자세를 강조하는데 그것은 위대한 도의 참모습이기도 하며 고요하다는 것은 마음이 안정되어 있다는 것이고 욕심이 없다는 것이다. 자신을 낮춘다는 것은 안으로는 상대방의 위에 설 수 있는 실력을 갖추고 있으며 밖으로는 언제나 부드러운 태도로써 상대를 이긴다. 그것은 언제나 약함과 수동적인 자세로써 강하고 능동적인 수컷을 이겨내는 것이다. 수동적인 것이 결국은 능동적인 것이 된다는 것은 노자 특유의 반어법이고 역설이기도 하다. 그러므로 부드러움은 단순한 부드러움이 아니라 겉으로는 부드러우나 안으로는 강한 면모를 갖춘 부드러움인 것이다.

이와 마찬가지로 큰 나라는 작은 나라를 그러한 힘으로 쉽게 제압할 수 있다. 큰 나라는 넓은 바다처럼 천하만물이 교차하는 곳이고, 세상의 많은 수컷들을 모여들게 하는 암컷과 같기 때문에 하류와 같다고 했다. 바다는 개천이나 강보다 아래에 있어 시냇물과 강물은 하류(下流)인 바다로 흘러가기 때문이다. 이렇게 큰 나라는 작은 나라들이 모여드는 중심 역할을 하고 있다.

마찬가지로 발정기의 암컷이 수컷들을 모여들게 하여 수컷들끼리 힘을 다해 싸우지만 암컷은 고요하게 기다렸다가 최후의 승자를 받아들인다. 이때 겉으로는 승리한 수컷이 암컷을 차지하는 것처럼 보이지만, 사실은 고요하게 기다리는 암컷이 항상 수컷을 이긴다. 암컷은 최후의 승자에게 수용되는 낮은 자세를 취하지만 결과적으로는 수컷들을 사력(死力)으로 싸우게 하여 가장 강한 정자(精子)를 받아들이기 때문이다.

큰 나라는 작은 나라보다 낮은 곳에 처함으로써 작은 나라들이 모이게 한다. 그래서 낮은 곳에 놓인다는 것은 큰 나라 입장에서 작은 나라를 얻는 방법이 된다. 큰 나라가 원하는 바는 작은 나라 백성들까지 아울러 받아들여 그 울타리 내에 두고자 함이고, 작은 나라가 원하는 것은 큰 나라의 영향권으로 들어가 그 통치자를 섬기고자 함이다.

또한 큰 나라와 작은 나라가 모두 원하는 바를 이루기 위해서는 큰 나라가 마땅히 먼저 아래가 되어야 한다고 강조한다. 왜냐하면 큰 나라는 작은 나라에게 배신당한다면 부분을 잃겠지만, 작은 나라는 큰 나라에게 배신당하면 전부를 잃을 수 있기 때문에 더욱 상대에 대한 경계를 많이 해서 쉽게 무릎을 꿇지 않는다.

큰 나라가 먼저 겸허한 자세로 작은 나라를 대하게 되면, 작은 나라는 마음에서 우러나와 큰 나라에 의존하려 하고 보호받고자 하는 것이다.

강과 바다는 낮은 위치에 있기 때문에 능히 이 세상의 모든 물줄기를 받아들일 수 있는 것이다.

餘說

《장자》라는 저술의 마지막 편은 잡편의 〈천하(天下)〉인데, 다음과 같은 글이 쓰여 있다.

不離於宗 謂之天人
불 리 어 종　위 지 천 인

不離於精 謂之神人
불 리 어 정　위 지 신 인

不離於眞 謂之至人
불 리 어 진　위 지 지 인

以天爲宗 以德爲本 以道爲門 兆於變化 謂之聖人
이 천 위 종　이 덕 위 본　이 도 위 문　조 어 변 화　위 지 성 인

以仁爲恩 以義爲理 以禮爲行 以樂爲和 薰然慈仁 謂之君子
이 인 위 은　이 의 위 리　이 례 위 행　이 락 위 화　훈 연 자 인　위 지 군 자

以法爲分 以名爲表 以參爲驗 以稽爲決 其數一二三四也
이 법 위 분　이 명 위 표　이 참 위 험　이 계 위 결　기 수 일 이 삼 사 야

百官以此相齒 以事爲常 以衣食爲主 蕃息畜藏 老弱孤寡爲意
백 관 이 차 상 치　이 사 위 상　이 의 식 위 주　번 식 축 장　노 약 고 과 위 의

皆有以養 民之理也
개 유 이 양　민 지 리 야

사람으로써 근원으로부터 떨어지지 아니한 사람을 일러 하늘이 낸 사람이라 하고, 사람으로써 순수함으로부터 떨어지지 아니한 사람을 일러 신에 가까운 사람이라 하며, 사람으로써 참된 것으로부터 떠나지 않은 사람을 일러 지극함에 이른 사람이라 하고, 사람으로써 하늘의 원리를 근원 삼고, 큰 덕을 본분으로 삼으며, 원칙을 드나드는 문으로 삼고, 모든 일어나는 변화를 초월하는 사람을 일컬어 성인이라 하는 것이다. 사람으로써 어짊으로 은혜를 베풀고, 옳은 것으로 이치를 삼으며, 예의로써 행동을 하고, 즐김으로써 화합을 이끌고, 따뜻한 마음씨로 자애와 어짊을 베푸는 사람을 일컬어 군자라고 한다.

법에 의해 판가름하고, 명분으로 자신을 드러내며, 결정을 할 때는 여러가지를 다 살펴 하나, 둘, 셋, 넷 하듯이 분명하게 해야만 한다. 모든 관리들은 서로 이가 맞는 것처럼 틀어짐 없이 일해야 하고, 백성 섬기는 것을 떳떳함으로 하여, 백성들이 먹고 입는 것을 주된 일로 삼고, 가축들은 늘리고 재산은 비축할 수 있도록 해주며, 늙었거나 어린아이들과 홀아비나 과부들로 의지할 데 없는 이들에게 마음을 두어 그들 모두를 양육하는 것이 바로 백성을 다스린다는 것이다.

2,600년 전에 살았던 사람들이 생각하던 위정자의 품위와 차순위 관리자들이 해야 할 일은 지금도 변한 것은 없다. 우리가 고전을 상고 하는 것은 글자를 읽고 해석하자는 것은 아니다.

현덕玄德의 통치법

왕필통행본 제65장

古之善爲道者, 非以明民, 將以愚之. 民之難治, 以其智多.

故以智治國, 國之賊, 不以智治國, 國之福. 知此兩者亦稽式. 常知稽式

是謂玄德. 玄德深矣遠矣, 與物反矣, 然後乃至大順.

古之善爲道者
고 지 선 위 도 자
옛날의 도를 잘 닦은 자는

非以明民 將以愚之
비 이 명 민 장 이 우 지
백성들을 총명하게 하지 않고 오히려 어리석게 만든다.

民之難治 以其智多
민 지 난 치 이 기 지 다
백성들을 다스리기 어려운 것은, 지혜가 많기 때문이다.

故以智治國 國之賊
고 이 지 치 국 국 지 적
그러므로 지혜로써 나라를 다스리는 것은 나라를 해치는 것이고,

不以智治國 國之福
불 이 지 치 국 국 지 복
지혜로써 나라를 다스리지 않는 것이 나라의 복이다.

知此兩者 亦稽式
지 차 양 자 역 계 식
그런데 이 두 가지를 아는 것 또한 정해진 법칙이니,

常知稽式 是謂玄德
상 지 계 식 시 위 현 덕
항상 정해진 법칙을 아는 것을 일러 현덕이라 한다.

玄德深矣遠矣 與物反矣
현 덕 심 의 원 의 여 물 반 의
현덕은 심오하고 멀어서, 만물과 함께 근원으로 되돌아가니,

然後乃至大順
연 후 내 지 대 순
그렇게 한 후에 이르러야 도(道)에 크게 따르게 된다.

이 65장은 왜 나라를 지혜가 아닌 덕으로 다스려야 하는지를 설명하고 있다. 도가 꾸며진 지혜로 세상에 알려지면 그것으로 인해 나라에 해악을 주게 되며 꾸며진 지혜 없이 올바르게 진리로써 세상에 알려진다면 나라 전체에 덕이 베풀어진다는 것이다.

옛날에 도를 잘 터득한 사람은 백성들을 총명하게 하지 않고 오히려 우매하게 만든다. 백성들을 다스리기 어려운 것은 그들에게 지혜가 많기 때문이다. 그러므로 나라를 지혜로 다스리면 나라를 해치는 것이고

지혜로 나라를 다스리지 않는다면 나라를 복되게 하는 것이다.

나라를 지혜로 다스리면 나라를 해치는 것이라 하고 지혜로 나라를 다스리지 않는다면 나라를 복되게 하는 것이라 했는데 오히려 반대가 아닌가? 일반적으로 통치자가 나라를 지혜롭게 다스려야 나라를 부강하게 하고 국민들을 행복하게 살도록 해줄 수 있다. 왜 반대로 말하는지 그 이유를 아는 것이 이 문장의 핵심이다.

학불학(學不學)이라는 관점에서 보면 불학(不學)을 하지 않고 학벌을 높여서 출세하기 위해 배운 사람들이 있다. 이들은 자신의 목적을 위해 나라의 관직이라는 수단을 사용하는 사람이다. 겉으로는 나라의 일을 열심히 하는 것처럼 보이지만 자신의 부귀를 더 우선시하는 것이 이 사람들의 본심이다. 나라가 위기에 처했을 때 강자에게 붙어서 자신의 부귀를 지키거나 키워간다. 고양이에게 생선을 맡기는 격이 된 이러한 위정자를 일컬어 나라의 도적이라고 말했다.

평상시에는 올바른 도(道)에 따라 나라에 봉사하고, 나라가 위기에 처하면 기꺼이 목숨 바쳐 나라를 구하는 위정자를 일컬어 나라의 복(福)이라고 말했다. 위정자들이 나라의 적(賊)인지 복(福)인지는 그들의 본심을 봐야 한다.

이 적(賊)과 복(福) 두 가지를 아는 것도 또한 정해진 법칙이기에, 항상 정해진 법식을 구분하고 헤아릴 줄 아는 것을 일러 현덕(玄德)이라고 했다. 현덕은 이상적이고 고차원적인 노자의 도(道)가 실현된 깊고 바른 행위이다.

두 가지를 구분하는 기준인 계식(稽式, 정해진 법칙)은 곧 배움의 진정한 목적이 어디에 있느냐를 구분하는 기준이다. 진정한 배움의 목적이 자신의 출세와 부귀에 있는가와 그렇지 않은가의 기준이다. 현덕은 심

오하고 멀어서 만물과 함께 근원(원시반본, 原始反本)으로 되돌아가니, 그렇게 한 후에 이르러야 도(道)에 크게 따르게 된다고 결론을 내렸다.

餘說

《군주론》에서 밝혀놓은 마키아벨리의 정치사상이 사악하다는 비난을 받게 된 것은 종교개혁과 종교 전쟁이라는 시대 상황과 밀접한 관련이 있다. 그 당시는 종교적·도덕적 대의와 명분을 앞세우며 상대방의 부도덕성을 비난하던 시기였기에 마키아벨리즘은 정치 선동을 위한 좋은 표적이 되었다. 그래서 군주 입장에서는 자신들의 정책을 정당화하는 것처럼 보이는 마키아벨리의 주장을 내심 환영했으나, 그들과 다른 입장의 교황과 귀족층은 마키아벨리의 부도덕성을 내세워 군주를 비난했던 것이다. 그러한 사고방식으로 행동하는 사람을 가리켜 마키아벨리스트라고 일컬었다.

마키아벨리즘을 사악한 것으로 비난하는 글을 영국의 추기경 폴(Pole)이 최초로 남겼다. 그는 마키아벨리를 인류의 적으로 규정하고, 《군주론》은 진정한 신앙심을 말살하고 사회생활을 파괴시키는 내용을 담고 있다고 하였는데, 이것을 계기로 사악한 마키아벨리상이 처음으로 제시된 것이다.

이 같은 비난으로 말미암아 마키아벨리가 정치가는 그 정치목적을 달성키 위해 어떠한 수단을 사용하여도 좋다고 생각하는 사람처럼 대중들에게 인식되었고, 그러한 관점이 마키아벨리즘을 낳은 것이다. 그 이후 역사상 음흉하고 비열한 행위는 마치 마키아벨리즘의 실천이라고 여겼으며, 마키아벨리가 무슨 음모가인 것처럼 인식되기까지 했다. 마키아벨리의 사상이 그의 사후에 이와 같이 변질된 것을 두고 마키아벨리의 인생은 그의 사후에 새로 시작되었다는 식으로 꼬집기도 했다.

통치자의 치세법
왕필통행본 제66장

原文

江海所以能爲百谷王者, 以其善下之, 故能爲百谷王.

是以欲上民, 必以言下之, 欲先民, 必以身後之.

是以聖人處上而民不重, 處前而民不害.

是以天下樂推而不厭. 以其不爭, 故天下莫能與之爭.

直譯

江海所以能爲百谷王者
강 해 소 이 능 위 백 곡 왕 자
강과 바다가 능히 모든 골짜기들의 왕이 될 수 있는 것은,

以其善下之
이 기 선 하 지
그 골짜기보다 진정으로 아래로 가기 때문에,

故能爲百谷王
고 능 위 백 곡 왕
고로 능히 백곡의 왕이 될 수가 있다.

是以欲上民 必以言下之
시 이 욕 상 민 필 이 언 하 지
이로써 백성들의 위에 있게 되는 것은, 필시 말을 낮추기 때문이며,

欲先民 必以身後之
욕 선 민 필 이 신 후 지
백성들의 앞에 서게 되는 것은, 필시 몸을 뒤에 두기 때문이다.

是以聖人處上而民不重
시 이 성 인 처 상 이 민 부 중
이로써 성인은 위에 머물러도 백성들이 무겁게 여기지 않으며,

處前而民不害
처 전 이 민 불 해
앞에 있어도 백성들은 방해된다 하지 않는다.

是以天下樂推而不厭
시 이 천 하 락 추 이 불 염
이로써 세상 사람들은 즐겁게 추대하면서 싫다고 하지 않는다.

以其不爭
이 기 부 쟁
(성인은) 다투지 아니하기에

故天下莫能與之爭
고 천 하 막 능 여 지 쟁
그러므로, 세상 사람들이 그와 더불어서는 다툴 수가 없다.

解說

이번 66장은 통치자의 치세법에 관한 내용인데, 자신을 높이면 낮아지고, 자신을 낮추면 높아진다는 이치의 치세관을 말하고 있다. 그 이치로 강과 바다로 모든 계곡의 물이 모여드는 까닭은 강과 바다가 강제해서가 아니라 스스로 낮은 위치를 잘 지키고 있기 때문이다. 이렇

게 억지로 강제하지 않아도 저절로 그렇게 되는 것을 노자는 무위지위(無爲之爲)라 한다. 무위지위로 가장 높은 자리에 오르기 위해서는 사람들이 즐겁게 모여들어 그를 통치자로 추대하면 된다. 즉 사람들이 그의 그늘(통치) 아래에 있으면 좋다고 여기도록 하면 된다.

강제적으로 자신에게 모이라고 하면 일시적으로 모일 수는 있지만 지속되지는 않는다. 백성의 위에 있고자 하면 반드시 그 백성의 아래에 있지 않으면 안 된다고 하였다. 그래야만 위에 있어도 백성들이 그의 말을 무거워하지 않기 때문이라고 했다. 그리고 이어지는 문장에서 백성의 앞에 서기를 바란다면 반드시 몸으로써 백성의 뒤에 있지 않으면 안 된다고도 하였다. 그래야만 앞에 있어도 백성에게 해가 되지 않는 것으로 여겨지기 때문이라고 했다.

백성들이 통치자의 말을 무겁게 여기지 않고, 그가 앞에 있어도 자신들에게 해가 되지 않게 여기도록 하는 자를 수양이 완성된 사람이라고 말한다. 모든 백성들이 통치자를 기꺼이 왕으로 추대를 하면 자연스럽게 만백성의 위에 있게 된다. 이렇게 백성들이 그를 왕으로 추대하면서 싫어하지 않는 이유는 통치자가 다투지 않기 때문이라고 말했다. 통치자가 다투지 않으니 그래서 세상의 누구도 그와 더불어 다툴 수가 없다고 했다.

백곡의 왕인 강과 바다처럼 낮은 곳에 있으려는 자세에 대해 8장에서는 사람들이 싫어하는 낮은 곳으로 향하는 물의 성질을 높이 평가하여 상선약수(上善若水)를 말하고 있다. 상선약수의 이유로 물이 만물을 이롭게 하지만 다투지 않기 때문이라고 말한다. 돋보이는 자리인 높은 자리에 가려고 하고, 천시받는 낮은 자리는 회피한다. 그런데 물은 높은 곳에서 기꺼이 낮은 자리로 찾아간다. 강과 바다가 계곡보다 낮은 곳에 임하고 있으니 그곳으로 물들이 모여들고 있다. 왕도 백성들의 삶에 물처럼 꼭 필요한 존재로 권력을 휘두르지 않고 기꺼이 자신은 낮은 곳에 머물러 백성들로 하여금 자신의 말을 무겁게 여기지 않게 하며, 몸을 뒤로 물려 백성들의 윤택한 삶에 피해를 주지 않는다.

강과 바다가 모든 계곡의 왕인 까닭은 그것의 본성이 아래로 향하기 때문이다. 그래서 이러한 강과 바다를 계곡의 우두머리로 비유하고 있으며, 그것의 본성을 아래로 지향하는 것으로 보았다. 즉 수양이 완성된 사람이 백성의 위에 있고자 할 때 반드시 낮추는 말로서 스스로 겸허해야 한다. 그러므로 백성들 위에 서려고 하면 반드시 말은 자신을 낮추어야 하고, 백성들의 앞에 서고자 할 때에도 반드시 자신을 뒤에 둔다.

정치라는 것이 백성을 위한다는 명분으로 행하지만 기실 위정자들은 세상 사람들 위에 군림하면서 짐이 될 뿐만이 아니라, 백성을 인도한다고 앞에 서 있지만 실제로는 백성들이 살아가는데 방해물일 뿐인 경우가 많다. 천하를 떠맡기면서 온 세상이 즐거워하는 사람은 수양이 완성된 사람이며 나라를 다스릴 자격이 있는 사람이다. 그런 인품은 남과 다투지 않으므로 천하가 그와 다툴 수 없다. 세상 사람들이 기꺼이 추대하면서도 결코 그것을 위해 남다른 사람과 다투거나 경쟁하지 않는 사람이라야 수양이 완성된 사람이다.

餘說

강해(江海)가 백곡(百谷)의 장(長)이 될 수 있는 것은 곡천(谷川)보다 낮은 위치에 있기 때문이다. 노자(老子)의 저서(著書) 66장과 비슷한 문장이 《회남자(淮南子)》 16卷 〈설산훈(說山訓)〉에 나오는데, 다음과 같다.

江海所以能爲百谷王者
강 해 소 이 능 위 백 곡 왕 자
강과 바다가 능히 수많은 계곡의 왕자가 될 수 있는 것은

以其善下之
이 기 선 하 지
계곡보다 밑에 있기를 좋아하므로

故能爲百谷之王
고 능 위 백 곡 지 왕
고로 능히 백곡의 왕이 될 수가 있다.

또 회남자(淮南子)에는 다음과 같이 비슷한 내용이 나온다.

江河所以能長百谷者
강 하 소 이 능 장 백 곡 자
큰 강과 하천이 수많은 계곡의 장이 될 수 있는 것은

能下之也
능 하 지 야
능히 계곡보다 낮은 위치에 있기 때문이다.

夫惟能下之
부 유 능 하 지
오직 낮은 위치에 있기에

是以能上之
시 이 능 상 지
능히 윗자리에 설 수 있는 것이다.

개울은 위에서 흐르고 냇물은 그 아래에서 흐르기에 냇물은 개울보다 크다. 냇물은 위에서 흐르고 강물은 그보다 아래에서 흐르기에 강물은 냇물보다 크다. 강물은 위에서 흘러내리고 바다는 아래서 강물을 받아들이기에 바다는 강물보다 크다. 한 공동체를 이루어 나라를 세웠다면 상하와 귀천을 따지지 말고 다 같이 하나 되어 동고동락하자는 것이 노자의 치세관(治世觀)이다.

왕필본에는 "欲上民과 欲先民"이라는 구가 나온다. 그런데 죽간본에는 '欲'이 없이 "在民前과 在民上"이라 나온다. 통치자가 되려는 사람은 백성 앞에서 겉으로도 마음속으로도 진정으로 겸손해야 한다고 노자는 강조하고 있다.

전쟁에 임하는 자세

왕필통행본 제68장

原文

善爲士者, 不武, 善戰者, 不怒. 善勝敵者, 不與, 善用人者, 爲之下.
是謂不爭之德, 是謂用人之力, 是謂配天, 古之極.

直譯

善爲士者 不武
선 위 사 자 불 무
선으로 행하는 관리자는 쓸데없이 용감하지 않고,

善戰者 不怒
선 전 자 불 노
전투를 잘하는 자는 함부로 죽이지 않는다.

善勝敵者 不與
선 승 적 자 불 여
적을 가장 잘 이기는 자는 틈을 주지 않고,

善用人者 爲之下
선 용 인 자 위 지 하
사람을 가장 잘 쓰는 자는 몸을 낮춘다.

是謂不爭之德
시 위 부 쟁 지 덕
이를 일러 다투지 않는 덕이라 하고,

是謂用人之力
시 위 용 인 지 력
이를 일러 사람을 쓰는 능력이라 하며,

是謂配天 古之極
시 위 배 천 고 지 극
이를 일러 하늘과 짝이 되는 예로부터 전해오는 지극한 이치라 한다.

意譯

　진정 참되게 행하는 문무를 겸비한 인물은 무력에 의존하지 않고, 진정으로 전투를 잘하는 자는 홧김에 상대를 죽이지는 않는다. 적을 가장 잘 이기는 자는 맞붙어 싸워도 상대에게 빈틈을 보이지 않고, 사람을 가장 잘 쓰는 자는 상대를 높이고 자신을 낮춘다. 이를 일러 다투지 않는 덕이라 하고, 이를 일러 사람을 쓰는 능력이라 하며, 이를 일러 하늘과 짝이 되는 예로부터 전해오는 지극한 이치, 즉 도(道)의 경지에 이르렀다고 한다.

解說

　이 68장은 전쟁에 임하는 자세를 언급한 것으로 부득이하게 전쟁을 해야 한다면, 쓸데없이 용감하지 않고 함부로 죽이지도 않으며, 싸울지라도 다수의 인명을 살상하지 않고 선을 행하고 자애로움으로 임해야 한다고 주장하고 있다.

훌륭한 무사(武士)는 무공이 뛰어나기 때문에 맨손으로도 상대를 제압할 수 있지만, 무기를 사용하지 않으므로 싸움을 일으키지 않으려 하기 때문이다. 진정으로 싸움을 잘하는 고수는 화내지도 않고 아예 적을 만들지도 않는다. 싸움을 해서 이기기보다 적을 처음부터 만들지 않는 것이 중요하다. 그래서 적을 가장 잘 이기는 자는 적과 맞서지 않고 무기를 잘 사용하지도 않는다.

옛날부터 전해오는 지극한 이치가 세 가지임을 밝혀두고 있다. 세 가지는 다투지 않음(不爭), 사람을 씀(用人), 하늘과 짝함(配天)이 그것이며, 이 세 가지에 모두 덕(德)을 붙여 해석할 수 있다.

첫째로 남과 다투지 않으면서 살아가는 싸우지 않는 부쟁지덕(不爭之德)에 대해 말하고 있다. 다투지 않는 덕을 지닌 사람을 보고 흔히 원만(圓滿)한 성격이라고 말한다. 원만한 성격을 지닌 사람은 남에게 강제를 쓰는 방식을 차마 하지 못한다. 이러한 원만함은 만나는 사람들을 모두 자기편으로 만들 수 있기 때문에 사람을 쓰는 덕이라고도 할 수 있다.

둘째로 나에게 쓰임이 있도록 사람들을 잘 다루는 용인지덕(用人之德)에 대해 말하고 있다. 사람을 다스리는 술수(術數)로 사용한다면 용인술(用人術)이 되는 것이며, 현대에 이르러서는 이 용인술을 조직관리 및 경영기법에 적용되고 있다.

셋째로 하늘을 내 편으로 만드는 방법에 하늘과 짝이 되는 배천지덕(配天之德)에 대해 말하고 있다. 이것을 하늘과 상대되는 예로부터 전해오는 지극한 이치라고 말한다. 비록 인간이지만 그 덕이 높아져서 하늘과 짝이 될 만큼의 수준이 되면 하늘이 내 편이 되어 자신을 돕는다는 것이다.

주변의 사람들과 다툼이 없는 부쟁지덕은 모든 사람을 내 편으로 만들 수 있는 용인지덕뿐만 아니라 하늘까지도 내 편으로 만들 수 있는 배천지덕까지 갖추는 것은 옛날부터 내려오고 미래에까지 지속적으로 이어질 지극한 이치라 해도 별다른 무리가 없을 것 같다.

餘說

종교와 과학을 연결시키는 것이 철학이다. 철학은 과학에는 길을 제공하고 종교에는 합리성을 제공한다. 삶의 세계와 죽음의 세계는 모두 우주의 일부분이다. 단지 에너지의 레벨이 다르기 때문에 육신(肉身), 혼(魄)을 가지고는 갈 수 없으며, 죽음 이후의 세계는 에너지의 레벨이 다양하기 때문에 사람이 죽으면 영혼백(靈魂魄) 중에서 영(靈)은 그 에너지에 맞는 곳으로 방향성을 가지고 우주의 그 공간으로 이동하고, 백(魄)은 땅속의 육신과 함께하며 혼(魂)은 영과 백 사이를 염속(念速)으로 이동할 수 있다. 우리가 공부를 하고 수행을 하고 덕을 쌓는 등의 모든 행위가 결국은 영혼의 에너지를 높이는 일인 것이다. 영혼의 에너지가 높은 사람은 만물에 널리 이로움을 주는 인간이다. 그것이 바로 홍익인간인 것이다. 그런데 현대 종교들은 물질 위에서 성장하면서 철학적 사고를 잃어버렸다.

68장은 죽간본(竹簡本)에는 실려있지 않고 금서본(帛書本)에는 나온다. 또한 백서본과 왕필통행본(王弼通行本)은 마지막 부분에서 다소의 차이가 있다. 금서본에는 "是謂不爭之德 是謂用人 是謂配天 古之極也"이라고 쓰여 있고 왕필통행본은 "是謂不爭之德, 是謂用人之力, 是謂配天, 古之極"으로 되어 있다. 금서본을 번역하면 "이것을 다투지 않는 덕(德)이라 하고, 이것을 사람 쓰는 능력이라 하며, 이것을 하늘과 짝할 수 있는 옛날부터 전해오는 지극한 이치라 한다."이다.

첫 번째 문구의 사(士)는 우리가 알고 있는 선비가 아니고 문무(文武)를 겸비한 인물을 일컬었는데 조선시대 때 유교사상의 영향으로 왜곡되었다.

전쟁을 다스리는 지혜

왕필통행본 제69장

用兵有言, 吾不敢爲主而爲客, 不敢進寸而退尺.

是謂行無行, 攘無臂, 扔無敵, 執無兵. 禍莫大於輕敵, 輕敵幾喪吾寶.

故抗兵相加, 哀者勝矣.

直譯

用兵有言
용 병 유 언
전쟁시에 이런 말이 있다.

吾不敢爲主而爲客
오 불 감 위 주 이 위 객
나는 감히 (전쟁의) 주동자가 되지 않고 응전자가 되어.

不敢進寸而退尺
불 감 진 촌 이 퇴 척
감히 한 치를 나아가기보다는 한자씩 물러나겠다.

是謂行無行 攘無臂
시 위 행 무 행   양 무 비
이를 가리켜 행함이 없이 행하고, 팔뚝 없이 물리치며,

扔無敵 執無兵
잉 무 적   집 무 병
쳐부술 적이 없고, 집을 병기가 없는 것 같다.

禍莫大於輕敵
화 막 대 어 경 적
화는 적을 가볍게 여기는 것보다 큰 것이 없으니,

輕敵幾喪吾寶
경 적 기 상 오 보
적을 가볍게 여기면 내 보배를 거의 잃은 것이다.

故抗兵相加 哀者勝矣
고 항 병 상 가   애 자 승 의
그러므로 백병전으로 맞서게 되면 불쌍히 여기는 자가 이긴다.

意譯

　전쟁시에 다음과 같은 말이 있다.

　나는 전쟁에 있어 감히 주도자가 되지 않고 한 발 물러 서 있는 응전자가 되어, 감히 한 치도 나아가지 않고 오히려 한자씩 물러선다.(참고적으로 밝혀두자면 1자(尺)는 12촌(寸)이다.) 이것을 가리켜, 싸움을 행함이 없이 행하고, 팔뚝을 걷어붙이지 않고도 물리치며, 쳐부술 적이 없고, 집을 병기가 없는 것 같다고 했다. 적을 가볍게 보는 것보다 화가 큰 것은 없으니 적을 가볍게 보면 자신의 보물(삼보인 자애, 검소, 겸양)을 거의 잃게 된다. 그러므로 전쟁시에 백병전으로 맞서게 되면 생명과 재산을 잃은 사람들을 생각하여 불쌍히 여기는 쪽이 민심을 얻게 되어 이기게 된다.

이 69장에서는 전쟁을 다스리는 지혜에 대하여 언급한 내용으로 전쟁으로 군사를 다룰 때에는 주체로서 행동하지 말고 관찰자로서 행동하고 조금이라도 공격적인 자세를 취하지 말고 적과 맞부딪치지 않도록 방어 자세로 임해야 한다고 주장했다.

전쟁에 있어서도 보배(삼보)를 잃지 않으면 승리할 수 있다는 것을 말했다. 전쟁은 상대를 가볍게 여기고 싸움에 이길 수 있고, 또 이기면 상대를 마음대로 다룰 수 있다는 생각이 없으면 전쟁을 일으킬 수 없다. 그런데 이런 생각이 바로 삼보(三寶)를 잃는 것이기에 망하는 길이라는 점을 지적하고 있다. 상대의 생명과 재산을 마음대로 하려고 전쟁을 주도하는 자는 겸양하지 않으며, 검소하지 않고, 자애롭지 못하다고 보고 있다. 전쟁을 일으키는 주도자가 되려는 생각 자체를 하지 않을 뿐만 아니라, 응전자가 되어서도 뒤로 물러설 수 있을 때까지 물러선다는 것은 죽이는 것을 목적으로 삼지 않는다는 뜻이다.

이어지는 문구에서 언급하기를 이것을 가리켜 싸움이라는 행함이 없이 행하고, 팔뚝을 걷어붙일 일이 없으며, 쳐부술 적이 없고, 잡을 병기(兵器)가 없는 것 같다고 했다.

이렇게 하기 위해서는 자신을 드러내려고 하지 않으며, 사치를 하려고 하지 않고, 남의 고통을 들어주며 기쁨을 주려고 노력하는 삼보를 지키는 행위가 선행되어야 한다. 이런 노력을 하는 자는 감히 전쟁을 일으켜 백성들의 삶을 파괴시키지 않는다. 부득이하게 싸우게 되었을 경우에는 이기는 것인데 적을 가볍게 보는 것보다 화가 큰 것은 없다고 말했다. 상대를 가볍게 보면 방심을 하게 되어 허를 찔리는 실수를 하게 될 가능성이 많은 것도 있겠지만 더 큰 이유로 상대를 가볍게 보는 행위 자체가 삼보(三寶)를 거의 잃기 때문이라고 했다. 자신을 백성보다 귀중하게 여기는 통치자는 필연적으로 자애, 검소, 겸양이라는 삼보를 잃게 되며, 결국은 자신을 따르던 사람들을 떠나게 만든다.

餘說

진시황제 34년(B.C 213년), 천하통일을 경축하는 잔치가 궁에서 열리고 있었다. 이 자리에서 신하들이 황제의 공덕을 칭송하며 축배를 올렸다. 이런 와중에 순우월이라는 신하가 앞에 나아가 경전을 인용하여 옛것을 찬미하고 현재를 풍자하는 발언을 했다. 이에 승상 이사라는 자가 순우월의 발언에 반론을 제기하며 옛것을 빙자하여 현세를 비판하고 민심을 교란시키는 행위는 용서할 수 없다고 비난했다. 그러면서 진나라 역사 이외의 다른 서적은 모두 불살라 없애고 추후에 다시 옛 시서(詩書)에 대하여 논하는 자가 있다면 극형에 처할 것이며, 옛 것을 옳게 여기고 현재를 비판하는 자는 일족을 멸할 것 등을 주청(奏請)하였다. 진시황제는 이사의 주장을 받아들여 의약이나 농사에 관한 서적과 《주역(周易)》만을 남기고 다른 서적은 모두 불살라 없애게 했다. 이 분서(焚書) 정책에 유생들이 일어나자 그들까지 생매장하는 강경 탄압책을 취했는데, 이게 그 유명한 분서갱유(焚書坑儒) 사건이다.

분서의 결과로 진나라는 사상적인 통일을 못했을 뿐만 아니라 고대 문화의 전적(典籍)을 파괴하고 소멸하는 문화의 말살정책을 초래하고 말았다.

갱유사건 또한 정치적 견해가 다른 유생들의 육체는 인위적으로 제거할 수 있었겠으나 정신적으로는 도리어 많은 반발을 불러일으켰다.

결과적으로 이 사건은 진왕조의 통치기반을 약화시켜 멸망의 길을 걷게 했다.

전쟁은 역사적으로 볼 때 종교와 관련된 전쟁이 가장 많았고 거기에는 여자가 관계되어 있었다. 로마의 율리우스 카이사르와 그의 정치적 파트너인 마르쿠스 안토니우스 그리고 이집트의 클레오파트라를 사이에 두고 종교와 애정 관계가 빚은 전쟁의 종국에는 원로원 모두에 의해 카이사르가 살해되고 안토니우스와 클레오파트라는 자결(自決)하는 비극으로 끝나면서 그 사건들을 소재로 한 희곡과 영화는 지금도 사람들 입에 오르내리고 있다. 세익스피어의 희곡인 〈안토니우스와 클레오파트라〉, 버나드 쇼의 〈시저와 클레오파트라〉가 있고 영화로는 〈안토니우스와 클레오파트라〉가 있으며 미켈란젤로와 티에폴로 등 화가들의 미술작품에 소재로 등장했고 그 밖에 다큐멘터리 등의 대중매체와 예술분야에서 널리 회자되었고 활용되었다.

통치자의 마음가짐

왕필통행본 제72장

原文

民不畏威, 則大威至. 無押其所居, 無厭其所生. 夫唯不厭, 是以不厭.

是以聖人, 自知不自見, 自愛不自貴. 故去彼取此.

直譯

民不畏威 則大威至
민 불 외 위 즉 대 위 지
백성들이 위엄을 두려워하지 않으면, 큰 위엄에 이르게 될 것이다.

無押其所居 無厭其所生
무 압 기 소 거 무 염 기 소 생
그들의 거처를 압박하지 말고, 그들의 생업을 힘겹게 하지 말라.

夫唯不厭 是以不厭
부 유 불 염 시 이 불 염
대개 억압하지 않으면, 힘겨워하지 않는다.

是以聖人 自知不自見
시 이 성 인 자 지 불 자 현
이로써 성인은 자신의 (본성을) 알지만, (밖으로) 자신을 드러내지 않고,

自愛不自貴
자 애 불 자 귀
자신을 사랑하지만 자신을 귀하게 내세우지 않는다.

故去彼取此
고 거 피 취 차
그러므로 저것(귀한 것)은 버리고 이것(아끼는 것)은 취한다.

解說

　이번 72장에서는 통치자 개인의 내면과 외면의 마음가짐에 대하여 언급한 내용으로 자신을 드러내거나 또한 귀하게 여기도록 하는 일이 얼마나 무서운 일인지를 잘 나타내고 있다. 자신을 드러낸다는 것은 상대보다 자신이 더 우월하고 귀한 존재라는 것이 전제(前提)된다. 그리고 이것은 상대가 자기보다 열등하기 때문에 우월한 내가 상대를 가르치고 통제해야 함을 당연하게 여기게 된다. 백성들이 나라의 권위를 두려워하지 않는다면 통치권이 마비되어 나라의 기능이 상실되는 더 큰 위협에 이르게 될 것이라고 했다. 그래서 통치자는 백성들이 거주하는 곳을 압박하지 말고 그들의 생업을 억압하여 그들로 하여금 삶을 힘들어하지 않도록 해야 한다. 백성들이 삶에 지쳐서 살고자 하는 의욕을 상실한다면 나라의 어떠한 통치행위도 아무런 소용이 없게 되기 때문이다.

　통치자가 백성들을 괴롭히지만 않는다면 백성들은 자신들의 삶을 포기하는 단계까지 가지는 않는다는 생각이다. 통치자 입장에서는 백성들의 거주지에 대한 압박을 그만두어, 백성들이 자신의 삶을 싫어하는 단

계까지 가지 않도록 조심해야 한다. 통치자는 백성들의 자유로운 삶을 명분 없이 축소시켜서는 안 된다는 것이다. 노자는 통치자가 백성들에게 명분 없이 속박을 하는 이유는 자신을 드러내고자 함과 귀하게 여김 때문이라고 말했다.

수양이 완성된 사람은 자신을 알려고 노력하지만 자신이 알고 있음을 드러내려고 백성들에게 강제적인 방법을 동원하여 통제하지는 않는다. 그리고 자신을 사랑하지만 자신을 귀(貴)하게 여기도록 백성들을 천(淺)하게 대하지도 않는다. 따라서 수양이 완성된 사람은 자신을 드러내려고 함과 자신을 귀하게 여김을 물리치고, 자신을 알려고 함과 사랑함을 취한다. 자신을 드러내고 귀하게 여겨서는 안 된다고 하는 것은 부당한 지배력의 행사에 초점을 맞춘 것 같다. 통치자가 지배력을 행사하면서 자신의 행위가 부당할 수 있다는 의식이 없으면 백성들은 자유를 침해당하게 된다. 살고자 하는 의욕이 상실되면 그들은 더 이상 국가의 통치에 따르지 않는다.

수양이 완성된 사람은 자신의 본성은 알지만 밖으로 자신을 드러내지 않고, 자신을 사랑하지만 자신을 귀하게 자존심을 내세우지도 않는다. 그러므로 수양이 완성된 사람은 자기를 아끼는 것은 취하고 자기가 귀하다고 생각하는 것은 버린다.

餘說

근대 정치론의 선구자인 마키아벨리는 그의 저서 《군주론》에서 군주의 덕목으로 권모술수만을 주장하고 내세우는 것은 아니고 백성들에게 두려움을 받는 통치자가 되라고 말하면서도 민심이 등을 돌리는 순간 군주의 권력과 목숨도 달아날 수 있다는 사실을 강조하고 있다.

법을 엄격하게 집행하되 백성들의 재산을 노리지 말고 적절한 명분 없이 법을 내려서는 안 된다는 논리를 펴고 있다. 통치자는 백성들의 비지배(非支配)의 자유를 최대한 지켜주고, 명령으로 인한 자유의 제한에 대해서는 그 정당함을 백성들에게 인식시켜야 한다고도 말했다. 즉 통치자는 시민들의 자유로운 삶을 최대한 보장하되, 부분적인 자유를 제한하는 명령조차도 시민들이 수용할 수 있는 분위기와 지혜를 보여줘야만 권력을 지속시킬 수 있다고 주장했다.

중국 명대(明代)의 시인 종성(鍾惺)이 읊은 〈무자비(無字碑)〉라는 시(詩)가 있다. 무자비(無字碑)란 진시황(秦始皇)이 세상의 학문과 학자를 모두 불태우고 땅에 묻기 전에 태산(泰山)에 올라 이제 이 세상에는 지식(知識)을 전하는 글은 없다는 자랑스러운 뜻으로 황백색(黃白色)의 돌에 단 한 자의 글자도 새기지 않고 세운 기념비(紀念碑)를 말한다.

如何季世事
여 하 계 세 사
어떻게 이런 말세적 일이 일어났는가.

反近結繩初
반 근 결 승 초
원시시대 새끼를 묶어 뜻을 전하던 시대로 되돌았구나.

民不可使知
민 불 가 사 지
백성들이 알게 해서는 안 된다면서

眇眇欲其愚
경 경 욕 기 우
서두르고 서둘러 백성들을 어리석게 하고자 하여

隱然示來者
은 연 시 래 자

은연중에 내보인 것이

此意卽焚書
차 의 즉 분 서

이것이 바로 분서하겠다는 뜻이었네.

생사여탈 生死與奪 의 잣대

왕필통행본 제 74장

原文

民不畏死, 奈何以死懼之. 若使民常畏死, 而爲奇者, 吾得執而殺之, 孰敢.

常有司殺者殺. 夫代司殺者殺, 是謂代大匠斲.

夫代大匠斲者, 希有不傷其手矣.

直譯

民不畏死
민 불 외 사
백성들이 죽음을 두려워하지 않는다면,

奈何以死懼之
내 하 이 사 구 지
백성을 어찌 죽이는 것으로 겁나게 할 수 있겠는가?

若使民常畏死
약 사 민 상 외 사
만약 백성들에게 항상 죽음을 두려워하게 해 놓고서

而爲奇者 吾得執而殺之 孰敢
이 위 기 자 오 득 집 이 살 지 숙 감
기이한 짓을 하는 자를 내가 잡아 죽인다면, 누가 감히 하겠는가?

常有司殺者殺
상 유 사 살 자 살
항상 죽이는 일을 맡은 관청이 있어서 죽이는 것이다.

夫代司殺者殺
부 대 사 살 자 살
무릇 죽임을 맡은 관청을 대신해서 죽이면

是謂代大匠斲
시 위 대 사 장 착
이는 뛰어난 목수를 대신해서 (나무를) 깎는다고 한다.

夫代大匠斲者
부 대 대 장 착 자
무릇 뛰어난 목수를 대신하여 (나무를) 깎는 자는,

希有不傷其手矣
희 유 불 상 기 수 이
그 손에 상처를 입지 않는 자가 드물다.

意譯

　형벌을 앞세우면 결국에는 백성들이 죽음의 형벌조차 두려워하지 않
게 되는데, 어찌 죽음을 겁내게 하는 수단을 써서 백성들을 다스릴 수
있겠는가? 만약 백성들에게 항상 죽음을 두려워하게 해 놓고서 기이한
짓을 하는 자를 내가 잡아 죽인다면 누가 감히 하겠는가? 부연하자면
죽는 것을 백성들이 처음에는 무서워 승복하겠지만, 곧 죽음을 무서워
하지 않게 될 것이다.
　항상 죽이는 일을 맡은 관청이 있어서 죽이는 것이니 그 관청이란 바

로 하늘이 맡아서 집행하는 것이다. 무릇 죽임을 맡은 관청을 대신하여 죽이면, 이는 뛰어난 목수를 대신하여 나무를 깎는 것과 같다. 대개 뛰어난 목수를 대신하여 나무를 깎는 자는, 그 손에 상처를 입지 않는 자가 드물다.

解說

이 74장은 생사여탈(生死與奪)의 잣대에 대한 내용으로, 나라를 형벌로써 위엄을 세워 다스리는 것과 도로써 다스리는 것에 대하여 언급해 놓은 문장이다. 이 장에서는 형벌로써 세상을 다스릴 수 없다는 점을 강조하고 있다.

통치자가 형벌 위주로 나라를 다스린다는 것은 어리석은 일일뿐더러 부작용이 생기고 혼란을 잡을 길이 없게 된다. 사람이 다른 사람을 심판하고 처단하는 것을 마치 뛰어난 목수를 대신하여 손기술이 서툰 자가 나무를 깎는 것과 같다. 뛰어난 목수가 있는데 섣불리 그의 흉내를 내다보면 결국은 자신의 손만 다치게 되는 것이다. 통치자가 무위지위의 도로써 나라를 다스린다면, 백성들은 저절로 따르게 마련이다.

가혹한 형벌과 빈틈없는 관료 조직으로도 민심을 잃은 권력은 하루아침에 무너지게 되는 경우를 역사적으로도 무수히 알고 있다. 국가가 위엄과 형벌을 앞세우면 결국에는 여러 가지 부작용에 봉착할 것이고, 도를 실천하며 자애, 검소, 겸양으로 다스리면 설령 나쁜 짓을 하는 자가 있다 할지라도 하늘에 맡기면 된다는 것이다.

사람을 죽이는 것은 하늘의 이치로 하는 행위라야 한다. 74장에서도 72장과 73장에 이어 인위적인 행위를 하면 안 되는 이유가 연달아서 언급되고 있다. 특히 국가를 통치하는 일은 백성들의 생사가 달린 문제이기 때문에 더욱 그렇다는 것이다. 서툰 통치자는 폭정을 동원하면 백성들이 두려움에 떨면서 자신의 말을 듣는 줄 알고 있다. 그러나 한계에 도달하면 백성들이 이렇게 죽으나 저렇게 죽으나 마찬가지라고 생각해서 더 이상 통치자의 말을 듣지 않게 된다. 그래서 백성들이 죽음을 두려워하지 않는다면, 어찌 죽이는 것으로 백성들을 겁나게 할 수 있겠는가? 백성들로 하여금 죽음을 두려워하는 상태를 유지하기 위해서는 백성들이 자신의 삶에 대한 희망이 지속적으로 솟아나야 한다.

삼보(三寶, 자애, 검소, 겸양)를 지닌 뛰어난 통치자는 백성들을 자식 보듯이 자애해야 하고, 자신의 경제생활을 검소하게 유지해야 하며, 겸양으로 자신의 잘났음을 드러내려고 하지 않아야 한다. 가장 뛰어난 통치자는 백성들이 다만 그가 있는지를 알 뿐이라면, 그 통치자는 백성들을 당연히 무력으로 인위적인 겁박을 하지 않고 지켜봐주면서 백성들이 위험에 처하거나 도움이 필요할 때만 말없이 자연스럽게 도와주는 위정자라고 말했다.

餘說

한비자는 법가사상을 완성한 인물로 한나라의 귀족 출신이었다고 한다. 그는 순자의 문하생으로 귀족 출신이지만 다른 제자백가의 사상가들과는 달라 언변이 서툴고 말을 더듬는 눌변가로 알려져 있다. 하지만 그는 박학다식한 식자(識者)로서 기울어가는 나라를 되살리려고 일관되게 부국강병을 주장했으나, 당시의 한나라 왕은 그의 주청(奏請)을 받아들이지 않았다.

한비자의 사상이 탁월하다는 것을 알아본 인물은 진시황이었다고 한다. 그는 한비자의 사상을 접하고서 이 글을 지은 자와 만나 사귈 수 있다면 죽어도 한이 없겠다고 말했다고 한다.

진시황은 그 당시 재상이었던 이사(李斯)의 계략에 의해 한나라를 공격하게 되었다. 이에 한나라의 왕은 한비자를 사신으로 보내 전쟁의 수습을 도모하였다. 그러나 순자의 문하생으로 한비자와 같이 수학했던 이사의 질투와 음모에 걸린 한비자는 자신의 억울함을 호소했음에도 불구하고 진시황은 그를 투옥하였고 사약을 내려 생을 마감하게 되었다. 그가 죽은 지 3년 후 한나라는 진나라에 의해 멸망하고 말았다.

한비자는 비록 진시황에게 죽임을 당했으나 그의 사상은 진시황에 의해 실현된다. 진시황이 취한 통치법은 단 한 가지도 한비자의 법가이론에 따르지 않았던 적이 없었다는 전언이 그것을 뒷받침해 준다. 결국 한비자의 법가이론은 전국시대를 마감하게 하는 데 일조하였고, 그는 새로운 정치를 만들어 가는 사상적 이론의 토대를 마련해준 셈이다. 법가이론을 집대성한 그는 봉건 전제정치의 체제를 적극적으로 이끈 인물이다.

백성의 삶을 힘들게 하는 통치자

왕필통행본 제75장

原文

民之饑, 以其上食稅之多, 是以饑. 民之難治, 以其上之有爲, 是以難治.
民之輕死, 以其上求生之厚, 是以輕死. 夫唯無以生爲者, 是賢於貴生.

直譯

民之饑
민 지 기
백성들이 굶주리는 것은

以其上食稅之多 是以饑
이 기 상 식 세 지 다 시 이 기
위에서 세금을 먹는 것이 많기 때문이며, 그래서 굶주린다.

民之難治
민 지 난 치
백성들을 다스리기 어려운 것은,

以其上之有爲 是以難治
이 기 상 지 유 위 시 이 난 치
그 윗사람의 인위적인 행위가 있음이며, 그래서 다스리기 어렵다.

民之輕死
민 지 경 사
백성들이 죽음을 가벼이 여기는 것은,

以其上求生之厚 是以輕死
이 기 상 구 생 지 후 시 이 경 사
윗사람이 삶을 두텁게 추구함이며, 그래서 죽음을 가벼이 여긴다.

夫唯無以生爲者
부 유 무 이 생 위 자
무릇 오직 인위적인 행위에 따르지 않는 삶을 사는 자는

是賢於貴生
시 현 어 귀 생
고귀한 삶을 사는 자보다 더 현명하다.

意譯

백성들이 굶주리는 것은, 위에서 세금을 많이 걷고 후한 삶을 살려하기 때문이며, 그래서 백성들이 굶주린다.

백성들을 다스리기 어려운 것은, 그 윗사람을 위한 형벌을 앞세우고 백성들을 노역에 동원하는 인위적인 행위가 있음이며, 그래서 다스리기 어렵다.

백성들이 죽음을 가벼이 여기는 것은, 윗사람이 삶의 후함을 추구하는 지도자들의 착취와 형벌과 노역 때문이며, 그래서 죽음을 가벼이 여긴다.

무릇 오직 인위적인 행위에 따르지 않는 삶을 사는 자는 남들과 비교하여 고귀한 삶을 사는 자보다 더 현명하다.

　이 75장에서는 백성의 삶을 힘들게 하는 통치자를 언급한 내용으로
자신을 위하고 후한 삶을 살려는 통치자들에게 방향을 제시하는 글이
다. 72장에서 군주가 위엄을 내세우지 않음으로써 진정으로 큰 위엄을
세울 수 있고, 73장에서는 삶과 죽음을 관장하고 있는 것은 천도(天道)
이며, 74장은 형벌을 앞세우고 죽음을 두려워하게 하는 수단으로는 백
성을 다스릴 수 없다고 했다.

　통치자들이 자신을 위함과 삶의 후함을 추구하는 것을 멈춘다면, 저
절로 권위와 존귀함이 서고, 백성들은 힘겨워하지 않고 죽음을 가벼이
여기지 않으며, 나쁜 짓을 하지 않아서 세상은 결국 평안하게 될 것이
라는 논리이다. 백성들이 굶주림과 폭정으로 죽음까지도 가벼이 여기
게 되면서 나라를 다스리기 어려운 지경이 된 구체적인 원인과 그 해결
방안이 제시된다.

　백성들이 굶주리게 된 원인은 위정자의 과중한 세금 징수 때문이다.
통치자가 의도적으로 어떤 일을 도모하면서 착취하게 되면 그것은 곧
백성들의 생활이 피폐해질 수밖에 없다. 이렇게 되면 생활고에 시달리
는 백성들은 죽음을 두려워하지 않고 범법자가 되는 것이다.

　백성들이 굶주리는 것은 그 윗사람들이 먹을 세금이 많음에 따라 발
생한다.

　통치자의 입장에서는 자기 나라가 다른 나라보다 부자이고 강한 나
라가 되어야 자신의 영향력을 행사할 수 있는 영역이 커지기 때문이다.
백성들은 통치자가 자신들을 하나의 도구나 수단으로 취급한다는 사
실을 알게 되고 그의 통제에 따르지 않게 된다. 그들은 굶주려서 죽음
으로 몰리는 상황인데다가 개돼지 취급까지 당한다면 위정자를 따르지

않는 것은 당연한 것이다.

그냥 자유롭게 살도록 놔두면 백성들은 스스로 의식주를 해결하면서 살아간다. 통치자가 하는 일은 백성들 사이에 분쟁이 있으면 해결해주고 외부의 침략을 막아주며 스스로 살아갈 수 없는 처지에 놓인 사람을 돌봐주는 정도의 일에 그쳐야 한다. 백성들이 죽음을 가벼이 여기는 것은 그 윗사람이 삶을 두텁게 추구하기 때문이다. 백성들은 굶주림에 시달리면서 굶어죽으나 맞아죽으나 마찬가지라는 생각에 이르게 되니 목숨을 담보로 어떤 일이든지 하게 된다. 무서운 것이 없는 백성들이 많아지면 통치는 무너지고 결국 윗사람도 모든 것을 잃게 된다.

무릇 오직 인위적인 행위에 따르지 않는 삶을 사는 자는 남들과 비교하여 고귀한 삶을 사는 자보다 더 현명하다고 한 것이다. 윗사람이 현명하지 못하면 자신의 삶을 두텁게 하면서 백성들을 죽음으로 내몬다. 윗사람 중에서 인위적인 행위에 따르지 않는 삶을 사는 자는 자신을 높고 귀하게 여기지 않는다. 그래서 인위적인 행위에 따르지 않는 삶을 사는 자는 고귀한 삶을 사는 자보다 더 현명하다고 말했다.

餘說

니콜로 마키아벨리가 《군주론》을 집필하게 된 동기(動機)는 메디치가문에 잘 보여 관직에 다시 진출하기 위한 사적인 욕구에 기인한다고 알려져 있다. 이 책에는 마키아벨리가 "로렌초 데 메디치 전하께 올리는 글"이라는 헌정사(獻呈辭)가 붙어있다. 하지만 불행하게도 로렌초 데 메디치는 이 《군주론》을 들춰보지도 않았다고 전해진다. 참고로 군주론의 모델은 교황 알렉산드르 6세의 아들이자 르네상스 시대 이탈리아의 전제군주이기도 했었던 체사르 보르자였다고 한다. 체사르 보르자는 로렌초와는 비교도 되지 않을 만큼 교양이 낮고 자기 야망을 실현하는 것밖에 생각하지 않은 인물이었다고 한다.

마키아벨리에 관한 가장 큰 아이러니는 그가 책 내용과는 한참 동떨어진 모습으로 살았다는 점이다. 《군주론》만큼 이해보다 오해를 더 많이 받는 저서(著書)도 드물 것이다. 이 책이 사람들에게 회자되면서 각광을 받았는가 하면 수난과 반박을 받으면서도 수없이 재해석되면서 역사에 끼친 영향 또한 만만치 않은 게 사실이다. 바티칸의 교황 바오로 5세는 선량한 시민들에게 해로움을 끼치는 요설(饒舌)이라는 이유로 군주론을 포함한 마키아벨리의 모든 저작물에 대하여 금서(禁書)의 낙인을 찍기도 하였다. 반면 성경 대신 《군주론》을 품고 다닌다는 비판을 받았던 리슐리외 추기경은 마키아벨리가 강조한 국가이성을 왕국의 통치이념으로 확립하려 시도하기도 했다. 한편 현대에 와서는 정치영역보다 기업이나 조직의 경영에서 군주적 냉혹함을 덕목으로 삼아 무한경쟁 시대의 인간관계 처세서로도 관심을 끌고 있다.

유약柔弱이 견강堅强보다 좋다

왕필통행본 제76장

原文

人之生也柔弱, 其死也堅强. 萬物草木之生也柔脆, 其死也枯槁.

故堅强者死之徒, 柔弱者生之徒. 是以兵强則不勝, 木强則兵(折).

强大處下, 柔弱處上.

直譯

人之生也柔弱
인 지 생 야 유 약
사람이 살아 있으면 부드럽고 약하지만

其死也堅强
기 사 야 견 강
죽고 나면 단단하고 강해진다.

萬物草木之生也柔脆
만 물 초 목 지 생 야 유 취
만물과 초목도 살아있을 때는 부드럽고 약하지만

其死也枯槁
기 사 야 고 고
죽으면 시들고 마른다.(굳고 강해진다.)

故堅强者死之徒
고 견 강 자 사 지 도
그러므로 굳고 강한 것은 죽음의 무리이고,

柔弱者生之徒
유 약 자 생 지 도
부드럽고 약한 것은 삶의 무리다.

是以兵强則不勝
시 이 변 강 즉 불 승
그런 까닭에 병력이 강하면 이기지 못하고

木强則兵(折)
목 강 즉 절
나무도 강해지면 곧 꺾인다.

强大處下 柔弱處上
강 대 처 하 유 약 처 상
강하고 큰 것은 아래에 있게 되고 부드럽고 약한 것은 위에 있게 된다.

解說

이 76장에서는 부드럽고 약함이 단단하고 강함보다 좋은 이유를 설명하고 있다. 그 이유는 부드럽고 약함은 삶의 무리들이 지니는 특징이며, 단단하고 강함은 죽음의 무리들이 지니는 특징이라고 했다. 그 근거로 인간이 살아 있으면 부드럽고 약하지만 죽으면 단단하고 강해짐을 들고 있다.

세상의 만물과 초목도 살아있을 때는 부드럽고 약하지만 죽으면 시들고 마름에도 적용된다고 말함으로써 자연의 이치나 원리로 나타내고 있다. 하지만 사람들은 대부분 부드럽고 약함보다 단단하고 강함을 선호(選好)한다. 단단하고 강함이 생존경쟁에서 부드럽고 약함보다 유리하다고 생각하기 때문이다.

이러한 경쟁은 개인뿐만이 아니라 사회의 각 조직들 간에도 일어나고 결국은 국가 간에도 경쟁과 분쟁으로 이어진다. 국가 간의 경쟁은 결국에는 전쟁을 불러일으키고 그 전쟁에서 이기기 위해 군비경쟁을 하지 않을 수 없다. 하지만 오히려 전쟁에서 이기기 위해서는 강병(强兵)이 되면 이길 수 없다고 말한다.

이러한 이치는 나무도 너무 강하면 쉽게 재앙을 만나 꺾이는 것과 같기 때문이라고 했다. 이에 비해 부드럽고 약한 나무는 휘어지기에 꺾이거나 뽑히지 않는다. 강하고 큰 개인이나 조직은 필연적으로 경쟁상대가 생기게 되며, 오히려 타도의 대상이 되기 때문에 더 빨리 쇠락으로 접어들게 된다. 그래서 강대한 것은 아래에 있게 되고, 유약한 것은 위에 있게 된다고 말했다. 이것은 유약한 것이 강대한 것보다 더 좋은 조건에 있다는 것을 의미한다. 군대가 강하면 유약한 군대에게 이기지 못한다고 했다. 여러 장(章)을 통해서 유약한 것이 견고하고 강한 것을 이긴다고 했고, 약한 것이 강한 것을 이기고, 부드러운 것이 단단함을 이긴다고 했다.

세상에서 가장 부드러운 것이 가장 강한 것을 부순다고 했지만 일상에서는 그와 반대의 현상을 자주 보게 되는데 왜 반대로 말하는가? 그 이유는 강자와 약자가 싸우면 강자가 이기는 것처럼 보이지만 그렇지 않다는 것이다. 이것은 일시적인 현상에 불과하며 전체를 보지 못한 단견(短見)에 불과하다는 것이다. 오히려 그렇게 생각하는 것에 근원적인 문제가 있다고 보고 있다.

만물은 강대해지면 곧 쇠락하는데 이것을 가리켜 도(道)에 어긋난다고 했다. 도가 아닌 것은 빨리 그쳐야 함에도 도(道)가 아닌 그 순간의 강함을 추구하면서 그것을 보지 못하니 반대 방향으로 가는 것이다. 그래서 되돌아가는 것이 도의 움직임이고 약한 것이 도의 쓰임이라고 했다.

한순간의 강함에 불과한데도 자신이 진정으로 강하고 잘났다고 약자를 얕보는 사람이 많은 사회는 행복은 줄어들고 그만큼의 불행이 늘어나게 된다. 한순간의 강한 힘으로 약자를 굴복시킬지라도 일시적이고 부분적으로 그렇게 할 수 있을 것이다. 그 우월감이라는 것도 상대적이어서 자신보다 더 강한 자에 대해서는 열등감을 가지게 될 수밖에 없다. 그 열등감을 갖지 않아도 되는 최강자는 결국은 단 한 사람뿐이다. 그것도 한시적인 기간 동안에만 가능할 것이다. 대인관계에서의 처세는 부드럽고 굽히는 태도가 바람직하다고 본다.

餘說

마키아벨리는 《군주론》에서 어떻게 하면 군주가 자신이 쟁취하고 소유한 지위와 권력을 상실하지 않고 잘 유지할 수 있는지를 세세하게 설명하고 있다. 그래서 이 책은 세상에서 어떻게 하면 잘 살아갈 수 있을지에 대하여 자신의 무릎을 칠 정도로 놀라운 정보를 제공해 준다. 마키아벨리가 알려주는 방법대로만 행동한다면, 쉽게 권력도 쟁취하고 그 권력을 오래도록 유지하게 될 수도 있을 것이다. 그야말로 이 책은 인간의 탐욕에서 우러나오는 권력욕을 채우는 비법을 알려준다.

하지만, 담백한 삶을 추구한다면 마키아벨리가 제시하는 삶과는 상당한 거리감이 있다는 사실을 알게 될 것이다. 마키아벨리는 서슬 퍼런 칼춤을 추는 것이 세상의 가장 현명하고 지혜로운 삶이라고 주장하지만, 그러한 목적의 삶이 과연 현명하고 지혜로운 삶인지는 독자 여러분의 판단에 맡길 수밖에 없다.

이 76장은 죽간본에는 없으며 금서본에는 나온다.
"木强則兵"이라는 문구가 왕필통행본에는 兵으로 되어 있으나 금서본 등 다른 곳에서는 '恒, 競, 共' 등으로 되어 있으며 문맥의 흐름으로 볼 때 '折'로 해석해야 옳다.
"나무도 강해지면 곧 꺾인다."

☯

부드럽고 나약한 것의 위력

왕필통행본 제78장

原文

天下莫柔弱於水, 而攻堅强者, 莫之能勝, 以其無以易之.

弱之勝强, 柔之勝剛, 天下莫不知, 莫能行.

是以聖人云, 受國之垢, 是謂社稷主. 受國不祥, 是謂天下王. 正言若反.

直譯

天下莫柔弱於水
천 하 막 유 약 어 수
이 세상에 물보다 더 부드럽고 나약한 것은 없으나,

而攻堅强者
이 공 견 강 자
만일 단단하고 강한 것을 공격한다면,

莫之能勝
막 지 능 승
물에 앞서 더 (공격에) 쓰일 만한 게 없는데,

以其無以易之
이 기 무 이 역 지
이 사실은 그 무엇으로도 바꿀 수가 없다.

弱之勝强
약 지 승 강
물의 부드러움이 굳센 것을 이긴다는 것과,

柔之勝剛
유 지 승 강
물의 유약한 것이 강한 것을 이긴다는 것을,

天下莫不知 莫能行
천 하 막 부 지 막 능 행
세상에 모르는 사람이 없지만, 이를 실천으로 옮기지 못한다.

是以聖人云
시 이 성 인 운
그런 까닭에 깨달은 사람은 말하기를,

受國之垢
수 국 지 구
나라의 잘못되고 더러운 것을 받아들이면,

是謂社稷主
시 이 사 직 주
그는 그 나라 사직의 주인인 것이고,

受國不祥 是謂天下王
수 국 불 상 시 이 천 하 왕
나라의 허물을 그것은 내 잘못이라고 받아들이는 자라야 왕일 수 있다.

正言若反
정 언 약 반
올바른 말은 반대로 말한 것처럼 들린다.

　이 78에서는 부드럽고 나약한 것의 위력에 대한 내용으로 8장의 '상선약수(上善若水)'에 이어서 한 번 더 세상에 물보다 부드럽고 여린 것은 없지만 단단하고 강한 것을 다스릴 수 있는 것 또한 물만한 것이 없다고 주장했다. 부드러움이 굳센 것을 이긴다는 것과, 약한 것이 강한 것을 이긴다는 이치를 세상에 모르는 사람이 없지만, 이를 실천으로 옮기지 못한다는 것을 강조하고 있다. 이 세상에서 물보다 더 부드럽고 약한 것은 없으나, 그 물이 세상에서 가장 단단하고 강한 것을 공격하면 이에 앞서 더 공격에 쓰일 만한 것이 없다고 했다. 또한 이 사실은 그 무엇으로도 바꿀 수가 없다고도 했다.

　이러한 이치에 대해서 알고 있으면서도 실행에 옮기는 일은 쉽지가 않다. 나라의 더러운 일을 떠맡는 사람은 사직의 주인인 것이고 나라의 허물에 대한 것은 내 잘못이라고 받아드리는 자라야 왕일 수 있다고 했다. 나라의 일 중에는 상서로운 일도 있을 것이고 상서롭지 못한 일도 있을 것이다. 그 누구도 하기 싫어하는 더럽고 상서롭지 못한 일을 떠맡은 사람이 사직의 주인이거나 왕이 된다고 말했다.

　물은 가장 부드럽고 약하기 때문에 모든 생물들이 살아가는 데 필수적인 요소가 되는 것이다. 물은 만물을 이롭게 하면서도 다투지 않고 자신을 내세우지도 않으며 남들이 싫어하는 곳에 스스로 머문다고 했다. 물은 온갖 더러운 것들을 받아들여서 그것을 정화시킨다. 정화시키기 위해서 자신이 더럽혀진 만큼 그 상대는 깨끗한 상태가 된다. 이러한 이치를 아는 깨달은 사람은 나라의 통치를 그러한 이치대로 펼칠 때 지속가능하다고 언급했다.

　물이 더러운 것을 받아주고 씻어내기 때문에 세상만물의 존속이 가능하듯이, 어느 집단이든지 그 속에서 더럽고 힘든 일을 맡아서 수행하는 누군가가 있기 때문에 그 집단은 존속이 가능한 것이다. 이러한 더럽고 힘든 일을 맡은 자가 당연히 그 집단의 수장(首長)이 되어야 한다. 만약에 더럽고 궂은일은 하지 않으려 하고 좋은 결과만을 차지하려는 사람이 통치자가 된다면 그 나라의 백성은 불행하게 될 수밖에 없다.

지금 우리 사회는 이와 반대로 나라의 더럽고 궂은일을 하지 않으면서 그 대가만 바라는 사람들이 기를 쓰고 위정자가 되려고 한다. 그러니 이 세상은 물과 같은 자연의 이치와는 정반대로 돌아가는 것이다. 어느 누군가가 그 집단의 더럽고 궂은일을 대가 없이 성실하게 하다 보면 구성원들이 가만두지 않는다. 만약 그들의 추천으로 어쩔 수 없이 수장이 된다면, 그는 운명으로 받아들이고 남들에게 도움이 되는 일을 하는 것에 보람을 느끼면서 성실하게 수행할 뿐이다. 물의 성상(性狀)과 위정자가 물의 교훈을 어찌 본받아야 하는가에 대하여 따져서 제대로 해설하자면 몇 날을 두고 하더라도 부족할 것이다.

餘說

백거이(白居易)는 당(唐)나라의 현실주의 시인으로 시왕(詩王)과 시마(詩魔)로 불리기도 했으며 자는 낙천(樂天)이고 호는 향산거사(香山居士)다. 제목이 〈간저송(澗底松)〉인 아래의 시는 일종의 풍자시로, 자질에 문제가 있으면서도 집안이 좋아 고위직을 세습하는 이들이 있는 반면에 재능을 갖추고도 출신이 미천하다는 이유로 어울리는 자리를 갖지 못한 채 하위직을 전전하는 이가 있는 세태를 풍자하고 있다.

간저송(澗底松)은 "골짜기 낮은 곳에 있는 소나무"란 의미로 재능과

덕망을 갖추고도 지위가 높지 않은 자리에 있는 인재에 비유했다.

有松百尺大十圍
유 송 백 척 대 십 위
키는 백척이요 둘레는 열아름인 소나무가 있는데,

生在澗低寒且卑
생 재 간 저 한 차 비
나고 자란곳이 깊은 골짝 차갑고 낮은 곳이었네.

澗深山險人路絶
간 심 산 험 인 로 절
골은 깊고 산이 험해 사람길이 끊긴 곳이라서,

老死不逢工度之
노 사 불 봉 공 도 지
늙어 죽기까지 목수 만나 크기를 재 보지도 못했네.

天子明堂缺梁木
천 자 명 당 결 량 목
대궐 명당을 짓는데 쓰일 대들보감이 없는데도,

此求彼有兩不知
차 구 피 유 양 부 지
이쪽에서는 찾는데도 저쪽에 있는 걸 서로 몰랐다네.

誰嗡蒼蒼造物意
수 유 창 창 조 물 의
그 누가 조물주의 뜻은 창창하다 했는가!

但與之材不與地
단 여 지 재 불 여 지
재목감은 주었어도 있어야할 자리를 주지 않았잖아.

金張世祿黃憲賢
김 장 세 록 황 헌 현
김일제와 장안세에겐 세습녹봉을 주고 황헌에겐 지혜를 주었다네.

牛衣寒賤貂蟬貴
우 의 한 천 초 선 귀
도롱이야 천한 옷이고 담비가죽 옷이야 귀하지만,

貂蟬與牛衣 高下雖有殊
초 선 여 우 의 고 하 수 유 수
가죽 옷과 도롱이야 비록 높낮이가 다르지만,

高者未必賢 下者未必愚
고 자 미 필 현 하 자 미 필 우
높은 사람 현명하고 낮은 사람 어리석지는 않다네.

君不見
군 불 견
그대는 보지 못하는가!

沈沈海底生珊瑚
심 심 해 저 생 산 호
바다가 깊어야 그 속에서 산호가 살고,

歷歷天上種白楡
력 력 천 상 종 백 유
역역한 저 하늘 달이라야 계수나무 자란다오.

한편 〈간저송 속편(澗底松 續編)〉은 간저송을 지은 후 여러 해가 지난
어느 날 시제(詩題)의 대상이었던 그 소나무가 심한 풍설(風雪)에 꺾이어
촌가(村家)의 땔감이 되는 것을 본 뒤 지었다고 한다. 〈간저송 속편〉의
내용은 백거이 자신 또한 뜻 한 번 펴지 못하고 저 간저송처럼 땔감이
되는 것에 비유하고 있다.

☯

이상적인 나라의 모습
왕필통행본 제80장

原文

小國寡民, 使有什佰之器而不用, 使民重死而不遠徙, 雖有舟輿, 無所乘之,

雖有甲兵, 無所陳之. 使人復結繩而用之, 甘其食, 美其服, 安其居, 樂

其俗.

隣國相望, 鷄犬之聲相聞, 民至老死, 不相往來.

直譯

小國寡民
소 국 과 민
작은 나라 적은 백성이라면,

使有什佰之器而不用
사 유 십 백 지 기 이 불 용
수많은 기물이 있다 하여도 사용할 필요가 없고,

使民重死而不遠徙
사 민 중 사 이 불 원 사
백성들이 죽음을 무겁게 여기도록 하여 멀리 이주하지 않고,

雖有舟輿 無所乘之
수유주여 무소승지
비록 배와 수레가 있어도 그것을 타는 일이 없고,

雖有甲兵 無所陳之
수유갑병 무소진지
비록 갑옷과 무기가 있어도 그것을 펼칠 일이 없게 된다.

使人復結繩而用之
사인부결승이용지
백성들로 하여금 다시 새끼줄을 묶어 사용케 하고,

甘其食 美其服
감기식 미기복
그 음식을 맛있게 먹고, 그 의복을 아름답게 입고,

安其居 樂其俗
안기거 낙기속
그 집을 안식처로 여기고, 그 풍속을 즐기게 된다.

隣國相望 鷄犬之聲相聞
인국상망 계견지성상문
이웃나라를 서로 바라보고, 닭과 개소리가 서로 들린다 하더라도,

民至老死 不相往來
민지노자 불상왕래
백성들은 늙어 죽을 때까지 서로 왕래하지 않는다.

解說

이 80장에서는 이상적인 나라의 모습을 묘사한 내용으로 노자의 직관력에 의한 깊이 있는 개념적 의미를 표현한 문장과는 달리 어떤 특정인의 이상향을 추구하는 듯한 공상적인 나라의 모습을 보여주고 있다. 이 문장은 현대인의 사고방식과도 동떨어진 내용이다. 즉 이상적인 국

가로 작은 나라 적은 백성이라는 첫 문구에서부터 마지막 문구까지의 내용이 그 반증이다.

그곳에 사는 사람들은 의식주(衣食住)에 불편함이 없이 만족하며 자신들의 풍속을 충분히 즐긴다고도 했다. 그들은 비록 자신의 음식이 보리밥에 한두 가지 반찬일망정 맛있게 행복하게 먹는다. 그러면서 부자들의 산해진미(山海珍味)를 부러워하지 않는다. 비록 자신의 의복이 낡고 변변찮은 것이라 할지라도 자신의 의복을 아름답게 여긴다. 그러면서 고관대작(高官大爵)의 화려한 옷을 부러워하지도 않는다. 비록 그 집이 오막살이라 할지라도 번듯한 기와집 못지않은 편안한 안식처로 여기면서 편안히 거처로 삼는다.

이와 같은 자신들에게 주어진 여건에 만족하면서 정답게 오손도손 사는 삶을 소중히 여기며, 여러 가지 풍속을 여유롭게 즐기고 있기 때문에 다른 어떠한 대상도 부러워하지 않는다. 그러므로 이웃나라를 서로 바라보고 닭과 개의 소리가 서로 들린다 할지라도 그 나라 백성들은 늙어 죽을 때까지 서로 왕래하지 않는다고 하였다. 이웃나라와 왕래하지 않는다는 것은 그 나라의 도움 없이도 살아갈 수 있다는 의미이며, 그 나라와 비교해서 자신들의 삶을 부족하게 여기지 않는다는 것이다. 굳이 이웃나라에 갈 일이 없을뿐더러 설령 그 나라에 갈 때 사용하는 배와 수레가 있다고 하더라도 탈 일이 없다. 이 소국에서는 비록 갑옷과 무기가 있어도 그것을 펼칠 일이 없다고 말했다.

백성들이 죽음을 가벼이 여기는 것은 그 위에 있는 사람이 자신의 삶을 두텁게 여기기 때문에 백성들의 죽음을 가벼이 여기는 것이다. 죽음을 가볍게 여기는 사람은 수단과 방법을 가리지 않고 성공에 매달리거나 자포자기한 부류일 것이다. 소국에 사는 사람들은 남과 비교하지 않고 자신의 삶에 만족하며 즐겁게 살아가므로 모두가 인간답다.

이들은 남과 비교하지 않기 때문에 자신보다 더 많이 가진 사람들을 시기하거나 부러워하지 않는다. 또한 자신보다 적게 가진 사람을 업신여기거나 무시하지도 않는다. 세상에 앞서지 않고 오히려 뒤로 물러서는 것을 근원적 해결의 방법으로 보았다. 그래서 백성들로 하여금 옛날처럼 다시 새끼줄을 묶어 사용하게 한다고 하였다. 그 불편함과 투박함에 만족하면서 생활을 영위할 수 있다면 어떤 상황에서도 즐겁게 살수 있게 된다는 것을 백성들에게 알려 욕심 없이 서로 위하며 검소하게 살아갈 때 진정한 행복도 있다는 것이다.

노자의 저서(著書)는 진리를 직관과 통찰로써 탐구하여 서술한 경전인데, 이 80장은 이상향을 묘사한 내용으로 직관에 논리가 포함되어 있다.

餘說

《한비자》라는 책은 법가(法家)를 대표하는 한비자의 사상이 집약되어 있는 법치술의 고전으로 평가받고 있다. 이 책은 총 20권 55편으로 구성되어 있으며 역대의 수많은 인물, 역사적 사건, 우화 등이 기술되어 있어 중국의 고대 사회를 가늠해 볼 수 있다.

그가 주장하는 법가사상의 핵심은 법(法), 술(術), 세(勢)이다. 법은 모든 사람이 지켜야 할 원칙이며, 술은 인간을 다루고 조종하는 방책이고, 세는 법과 술을 발휘하는 배타적이고 유일한 권한을 말한다. 이 권한은 하늘이 부여한 것도 아니고 왕이기 때문에 부여받은 것도 아니며, 오로지 왕이 군주의 자리에 있기 때문에 주어진다는 것이다.

한비자는 중요한 것은 현재이고, 법은 그런 의미에서 객관적이고 분명해야 한다고 생각했으며 법이 신분이나 직책에 구애되지 않고 적용되어야 한다고 주장했다. 그는 인간을 이기적인 존재로 설정하고 다양한 이익이 상충하는 집단에서 군주가 신하와 백성의 충성심에만 기대어 다스리기란 불가능하다고 보았다. 한비자는 그의 스승인 순자의 성악설을 직접적으로 계승하여 신하와 백성을 다스리는 최선의 방법으로 법을 제시했다. 그러면서 철저한 준법을 위해 형벌을 부과하여 두려움을 주고, 법을 만인에게 평등하게 적용하여 사사로움에 얽매이지 않으며, 어떠한 관용이나 인정도 배제되어야 한다고 주장했다. 군주는 치세의 과정에 법령을 시행함에 있어 신하나 백성들에게 절대로 휘둘려서는 안 된다고 보았다.

한비자는 인간의 본성이 자신의 이익만을 추구한다는 관점을 견지하고 있으며, 그는 법칙이라는 범주 내에서 모든 것을 해결할 수 있다는 강한 신념을 보여주고 있다.

담박(澹泊)은 사전에는 담박(淡泊)이라고도 쓰는데, 욕심이 없고 마음이 깨끗하다의 뜻이거나 맛이 느끼하지 않고 깨끗하다는 뜻도 된다고 풀이하고 있다. 제갈량(諸葛亮)의 좌우명으로 〈계자서(誡子書)〉에 "비담박 무이명지(非澹泊 無以明志 : 담박하지 않으면 밝은 뜻이 없다.)"라는 글귀가 있고, 허필(許佖)은 〈담박(澹泊)〉이란 제목의 오언율시(五言律詩)를 읊었다.

澹泊貧家事
담 박 빈 가 사
담박함은 가난한 사람들이 살아가는 법

無燈待月明
무 등 대 월 명
등불이 없으니 달이 밝기를 기다리고

狂歌當歲暮
광 가 당 세 모
미친듯이 노래 부르다가 한해도 저무니

秋氣劍崢嶸
추 기 검 쟁 영
가을 기운이 검처럼 날카롭구나

또 김정희(金正喜)는 "담박명지 령정치원(澹泊明志 寧靜致遠: 담박하고 밝은 뜻과 안락하고 고요함을 먼 곳에 이르게 한다.)"라고 했다.

1 죽간본에는 8장 전체가 없으며 금서본에는 나오는데 상선약수(上善若水)가 상선치수(上善治水) 혹은 상선여수(上善如水)로 적혀 있다. 하지만 若과 如는 모두 be equal to(~와 같다)로 의미가 동일이다.

2 이 문구가 왕필통행본과 하상공본에서는 持(가질 지)로, 금서본은 植(심을 식)으로 기록되어 있다.

3 "추이예지(揣而銳之)"에서도 왕필통행본은 梲(쪼구미 절)을 사용하고 있는데, 하상공본에서는 銳(날카로울 예), 죽간본에서는 群(무리 군)으로, 백서본에서는 允(진실로 윤)으로 기록되어 있다. 왕필통행본의 梲(쪼구미 절)이나 하상공본의 銳(날카로울 예)는 날카롭다는 뜻으로 의미가 동일하지만 群(무리 군)이나 允(진실로 윤)은 그 뜻이 전혀 다르다.

4 다른 말로 동위지현(同謂之玄)

5 미각과 관련되어 상(爽)이 사용될 때는 '상쾌하다'는 뜻보다는 강한 자극으로 본래의 '미각을 잃다'로 쓰인다.

6 15장 첫 구절의 '사(士)'는 죽간본에는 '사(士)'로, 금서본에 '도(道)'로 표기되어 있다.

7 이 20장은 죽간본과 금서본의 내용이 서로 다르다. 죽간본에는 앞부분인 絶學無憂부터 不可不畏까지만 있고, 그다음에 이어지는 문장은 금서본에 나온다. 이후 내용 중 善之與惡(선지여악)과 美之與惡(미지여오)로 각각 다르게 기록된 부분이 또 있지만 그 의미에는 큰 차이가 없다.

8 이 27장은 죽간본에는 빠져있고 금서본에는 나온다.

9 왕필통행본의 "故善人者 不善人之師 不善人者 善人之資"가 금서본에
   는 "故善人 善人之師 不善人 善人之齎也"로 되어있다. 자(資)와 재(齎)는
   그 의미상 크게 다를 바는 없다. 다만 두 번째 문구에 불(不)자가 있
   고 없음의 차이인데, 첫 두 문구의 직역은 "선한 사람은 선한 사람의
   스승이 된다"이다. 이 경우 뒤의 선한 사람은 모든 선한 사람을 가리
   킨다. 금서본의 해당 부분은 "선한 사람은 성인의 스승이 되고 선하지
   않는 사람은 성인의 구원의 대상이 된다"로 번역될 수 있다. 즉 성인
   은 선한 사람을 스승으로 삼아 선행을 본받는 동시에 선하지 않는 사
   람은 이끌어 그 쓰임이 있도록 도움을 주는 사람이다. 성인에게도 스
   승이 필요하고 본받을 일도 있다고 보는 것이다.

10 이 문장의 사(士, 선비)는 문무(文武)를 겸비한 자를 일컬으며 우리나라
   에서는 조선시대 때부터 무(武)가 사라진 반쪽의 선비가 되고 말았다.

11 앞 문장(天下有道~戎馬生於郊)은 죽간본에는 없고 금서본에는 나온다.
   뒷문장(禍莫大於不知足, 常足矣)은 죽간본과 금서본 모두 나온다. 따라
   서 앞 문장은 누군가에 의해 가필(加筆)된 것으로 추정된다.

12 앞구절(爲學日益~無爲而無不爲)은 죽간본과 금서본 모두 나오나 뒷구절
   (取天下~不足以取天下)은 금서본에는 있으며 후대에 가필 된 문구로 추
   정된다.

13 미지빈모지합이전작(未知牝牡之合而全作) 중에서 '全作'은 죽간본과 금
   서본에는 '선노(朘怒)'로 되어 있다. 암수의 교합이라는 문구가 뒤에 언
   급되고 있기 때문에 全作(온전함을 짓다)보다는 朘怒(고추가 화내다)가 어
   쩌면 더 합당할 수도 있겠다.

14 사마(駟馬)는 4마리의 말이 끄는 마차로 이것은 제상이 타는 가마이고, 황제는 9마리가 이끄는 가마를 탔다고 한다.

15 불왈(不曰)은 '말하지 않았다'가 아니라 '말하지 않았느냐?'로 해석되는 강조의문문이다. 노자 당대에는 물음표나 감탄부호 등이 없어 의문형 문장을 구분하기 애매한 경우가 많다. 평서문으로 해석 시에는 뜻이 통하지 않는데 의문문으로 했을 때 의미가 통한다면 그것은 의문문이다.

16 이 63장의 원문은 죽간본과 금서본 그리고 왕필본 사이에 그 내용과 의미에 있어서도 다소의 차이를 보인다. 죽간본에는 중간 부분이 없는 28글자이고 '無'字가 '亡'자로 되어 있다. 아마도 누군가에 의해 가필되었으리라 추정하는 견해도 있다. 간단하게 번역해 보자면 첫 행의 '亡'字는 부러진 칼날 형상의 글자로 '망하다 죽다 없다'는 뜻을 지니며 무(無)字와 통용(通用)된다.

爲亡爲 事亡事 味亡味(위망위 사망사 미망미)

大小之 多易必多難(대소지 다이필다난)

是以聖人 猶難之 故終亡難(시이성인 유난지 고종망난)

『행하는 바 없이 행하고, 일하는 바 없이 일하며, 맛보는 바 없이 맛본다.

크고 작음이라는 분별심으로, 아주 쉽다고 여기게 되면 반드시 어려움이 많아지게 된다.

이로써 제대로 된 사람은 오히려 어렵다고 여기므로, 그런 까닭에 결국은 어려움이 없다.』

17 첫문장인 "其安易持"에서 '易'은 《한한대자전(漢韓大字典)》에 보면 '安'의 의미로도 풀이하고 있다. 즉 편안하다는 의미로서 편안함이라는 주격의 명사로 해석이 되어야 한다. 그런데 대부분의 해설서에서 '쉽다'라는 술어인 형용사로 해석했기 때문에 첫 구절부터 그 뜻이 어긋나게 된다. 즉 이지(易持)는 '편안함이 유지된다.'이어야 함에도 대부분의 번역서에는 술어로 해석을 해서 '유지하기 쉽다.' 혹은 '쉽게 유지한다.'라고 주격을 생략한 번역을 하고 있다. 마음이 안정되면 편안함이 유지된다는 말은 생각의 움직임이 없이 안정되면 마음이 편안하게 유지된다는 뜻이다.

18 이 67장은 죽간본(竹簡本)에 나오지 않으며 백서본(帛書本)에는 나와있다. 왕필통행본과 백서본이 서로 상이(相異)한 부분으로 인해 그 내용에 차이가 있다.

19 '慈'라는 글자는 이 문장에서 '애'와 '자'로 각각 다른 의미로 사용되었다. '애'로 쓰일 때는 '아끼다'의 뜻이고 '자'로 쓰일 때는 '부모가 자식을 사랑한다'는 뜻이다.

20 이 70장에는 '나'를 뜻하는 오(吾)와 아(我)가 모두 적혀있는데, '吾'는 참 나를 뜻하고, '我'는 개인으로서의 나이다. 그래서 오언(吾言)은 내가 말하는 도(道)를 의미한다.

21 원문 중 "是以聖人執左契"와 "有德司契" 이 두 문구가 금서본에는 '右介'와 '介'로 각각 다르게 표기되어 있기에 그 뜻도 달리한다.

갈무리하며

이제는 이성을 가지고 올바른 판단을 해야 할 시기라고 본다.

우리는 조선 중기 이후 공맹(孔孟)에 근거한 주자사상(朱子思想)이 사림(士林)을 휩쓸면서부터 이성을 잃고 판단의 미스를 저질러 왔다. 그 첫째가 '자왈(子曰)'이라고만 하면 그것은 말할 나위도 없이 공자(孔子)가 한 말씀이 되었고, 춘추전국시대 이전의 하고 많은 성씨 바로 뒤에 子가 붙은 다른 이들의 사상은 배척(排斥)되고 말았는데, 그러한 타성(惰性)은 오늘날까지도 이어지고 있는 것으로 보인다.

성씨(姓氏) 뒤에 자(子)가 붙으면 스승이라는 뜻임은 누구나 알고 있을 터이고, 이 子를 붙여 호칭되는 그야말로 수많은 스승과 학문집단을 두고 제자백가(諸子百家)라 한다. 이 '子'가 스승이라는 존칭으로 붙어있는 그 많은 이들 가운데 유일하게 한 사람만은 '子'가 성씨에 붙지 않고 그분의 성씨와는 관계없이 단순한 존칭(尊稱)으로 '노(老, 라오)'가 붙은 인물이 있다. 그가 바로 노자(老子)이다.

노자, 李聃(이담)의 성씨는 李氏(이씨)이므로 공구(孔丘)라는 인물을 공자(孔子)로 치켜세우는 논리라면 이담은 이자(李子)가 되어야 하는 것이다. 그러나 이분에게만은 李子가 아니라 老子로 호칭한다. 이 '老'라는 글자는 《한한대자전(漢韓大字典)》에 의하면 천하지로(天下之老)라 하여,

《예기(禮記)》에 공경(公卿)과 제후(諸侯)들의 우두머리를 뜻하는 것임으로 老子란 의미는 제자백가(諸子百家) 중의 최고 혹은 첫 번째라는 의미인 것이다. 스승 중 최고의 스승으로 그 위로 올려놓을 인물이 없기에 붙은 호칭이 老子이다.

공자와 맹자 등 여타 현인(賢人)들의 저술은 상대적으로 이해하기가 쉽다. 그러나 노자의 서물(書物, 도덕경)은 쓰여 있는 그대로의 문자해석만으로는 이해할 수 없는 부분이나 경우가 많아 도리어 홀대(忽待)를 받게 되었다고 한다면 납득하기 쉬울 것이다.

미구(未久)에 세상을 지배하다시피 석권할 AI(Artificial Intelligence) 시대에 인류의 인문학(The humanities)이 지배력을 잃지 않으려면 찾아야 할 참된 지성 중의 하나가 바로 이 노자의 사상이기 때문이다.

호모 사피엔스(Homo Sapiens)라고 하면서 생각 없이 말하고 믿는 호모 넌사피엔스(Homo Nonsapiens)들이 날로 늘어가고 있다. 호모 사피엔스라는 말은 광의(廣義)로는 인간, 인류라는 뜻이지만, 이 말에는 생각하는 인간이라는 함의(含義)가 있다. 진공관을 사용하는 컴퓨터가 발명되어 큰 집채만 했던 것이 납작한 노트북으로 변하더니 이제는 스마트폰(cell phone, smartphone)의 형태로 작아져 그 속에 거의 인간의 두뇌용량보다 많은 것이 담겨지게 됐으니, 점차 인간은 생각하는 기능을 활용하지 않아도 삶을 유지하는데 별 지장이 없는 시대를 맞았다. IQ가 120인 사람도 스마트폰 하나에 담겨있는 지식을 갖출 두뇌활동을 따라갈 수 없는 게 현실이다. 그러나 아직 컴퓨터와 스마트폰이 스스로 생각하는 기능은 갖추지 못했지만 미구(未久)에 AI가 더 발전하여 스스로 생각하는 기능을 갖게 되면 '사고기능(思考機能)'까지도 인간이 만든 기계로 대체되는 시대가 도래할 수 있을 것이다. 그렇게 되면 우리들 인간의 사고능력(思考能力)은 필요 없게 되고 말 것인가? 그러한 세상이 오기 전에 우리 호모 사피엔스가 진정으로 생각해 보아야 할 것이 있다고 필자는 생각한다.

인간은 유한한 생명을 부여받았다고 생각하기 때문에 죽음을 염려하고 늘 고민한다. 왜 그래야만 하는지를 인간은 생각하려고 하지 않는다. 죽은 뒤를 생각하려면 먼저 내가 있게 된 그 이전부터를 따져야 하는 것인데도, 태어나기 이전은 말끔히 없던 것으로 생각하고 죽은 뒤만 생각하는 모순부터 해결해야 마땅하다고 본다. '나'라는 존재가 있기 전에는 아버지의 정자와 어머니의 난자였고, 아버지와 어머니는 할아버지와 할머니의 그것이었으며, 그 할아버지와 할머니는 증조, 증조는 고조, 고조는 현조, 그리고 또 아담과 이브로 보면 그만인가? 그렇다면 죽은 뒤를 생각하고 고민할 하등의 이유가 없는 것이다. 나의 죽음은 다시 아담과 이브의 정자와 난자가 될 뿐일 것이니까 말이다. 여기에 무슨 내세(來世)가 있고 천당과 극락, 그리고 지옥이 개재될 소지가 있는가?

가만히 머무르지도 못하고 한 방향으로만 질주하는 시간(Time)이라는 연속체 속에 알 수 없는 영원의 연속선상의 한 과정이면서 동시에 그 전체를 이루는 것일 뿐이지 않은가?

이를 가장 명료하게 해석하고 설명한 것이 힌두사상에서 파생한 단 하나만의 진리인 '공(空)'이다. 인도의 범어로는 Śūnyatā이고 이를 영어로 번역한 표현을 우리말로 해석하자면 "지극히 심미적이고 분화되지 않는 영속체"이다. 이를 깨달은 사람이 각자(覺者, Buddha)다. AI시대가 도래하고 AI가 지능적으로 인류보다 앞서는 사고체계를 갖추는 때가 되면 우리 인류는 필경 호모 붓다(Homo Buddha)로 거듭나야만 할 것이다. 그래야만 인류는 우리 우주의 주인일 수 있게 된다. 이러한 새로운 사상을 습득, 유지, 발전시키지 않으면 우리는 미래의 세계에서 기계의 노예로 전락하게 될 수도 있다.

새로운 시대는 이러한 사상적 기반 위에 세워져야만 한다. 이제 마음을 가다듬고 다시 노자가 직관력(直觀力)으로 직설(直說)해 놓은 그 사상(思想)을 배우고 재평가해야 한다. 한편 진정한 지성인으로서 인류의 역사를 알려고 한다면 12권과 부록으로 구성된 토인비의 《역사의 연구》는 읽어봐야 한다고 본다. 그리고 미래를 상정이라도 하고 싶으면 브라운 그린(Brown Green)의 《우주의 구조(The Fabrics of the Cosmos)》 정도는 꿰고 있어야 할 것이다.

　　필자의 혁신적인 《노자 신주석서》를 통해 혼돈의 시대에 올바른 정신과 가치관을 정립하는데 밑거름이 되기를 바라는 마음뿐이다.

庚子年 孟冬에 성남 齊和軒에서

空喩 임주완

空喩 임주완

| 철학박사

- 영남대학교 졸업
- 서울교통공사 정년퇴직
- 齊和노장사상연구소장
- 저서로는 《喝形取類》, 《명강사 25시》
- http://cafe.naver.com/hwalgipungsu

노자新죽척서

초판 1쇄   2021년 03월 05일

지은이   임주완
총괄 · 기획   전재진
디자인   이근택 김다윤
교정 · 교열   전재진 박순옥
마케팅   이연실

발행처   도서출판지식공감
등록번호   제2019-000164호
주소   서울특별시 영등포구 경인로82길 3-4 센터플러스 1117호(문래동1가)
전화   02-3141-2700
팩스   02-322-3089
홈페이지   www.bookdaum.com
이메일   bookon@daum.net

가격   29,000원
ISBN   979-11-5622-575-1   03140

ⓒ 임주완 2021, Printed in South Korea.

- 이 책은 저작권법에 따라 보호받는 저작물이므로 무단전재와 무단복제를 금지하며, 이 책 내용의 전부 또는 일부를 이용하려면 반드시 저작권자와 도서출판지식공감의 서면 동의를 받아야 합니다.
- 파본이나 잘못된 책은 구입처에서 교환해 드립니다.
- '지식공감 지식기부실천' 도서출판지식공감은 창립일로부터 모든 발행 도서의 2%를 '지식기부 실천'으로 조성하여 전국 중 · 고등학교 도서관에 기부를 실천합니다. 도서출판지식공감의 모든 발행 도서는 2%의 기부실천을 계속할 것입니다.
- 표지 제목을 써주신 서이 김희주 작가는 공직에 재직하고 있음.